孔子像

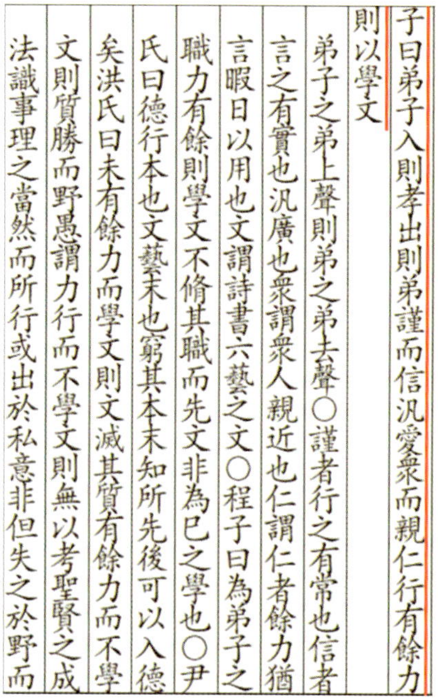

子曰弟子入則孝出則弟謹而信汎愛衆而親仁行有餘力
則以學文
弟子之弟上聲則弟之弟去聲○謹者行之有常也信者
言之有實也汎廣也衆謂衆人親近也仁謂仁者餘力猶
言暇日以用也文謂詩書六藝之文○程子曰為弟子之
職力有餘則學文不脩其職而先文非為己之學也○尹
氏曰德行本也文藝末也窮其本末知所先後可以入德
矣洪氏曰未有餘力而學文則文滅其質有餘力而不學
文則質勝而野愚謂力行而不學文則無以考聖賢之成
法識事理之當然而所行或出於私意非但失之於野而

宋 朱熹《论语集注》书影

元 刘贯道 《梦蝶图》

清 恽寿平 《荷花芦草图》

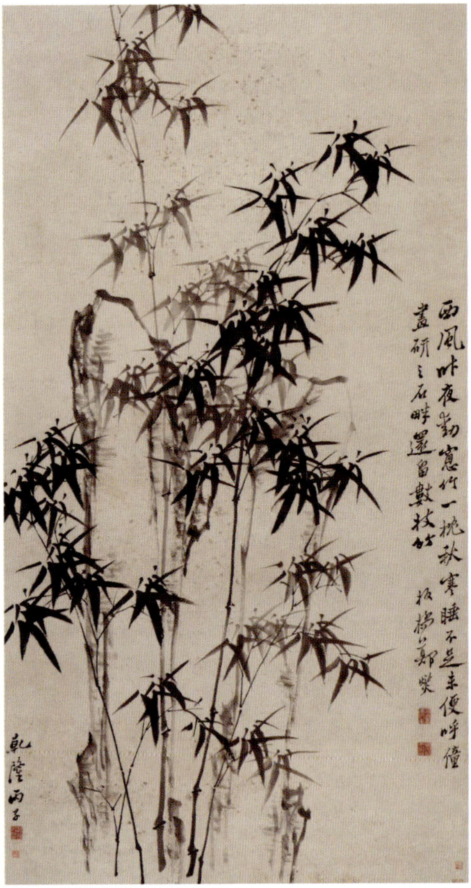

清 郑板桥 《竹石图》

清 郎世宁 《午瑞图》

清 高其佩 《蟾宫折桂图》

明 项圣谟 《林泉高逸图》

杨柳青年画《吉庆有余》

杨柳青年画《连生贵子》

清 郎世宁等 《弘历雪景行乐图》

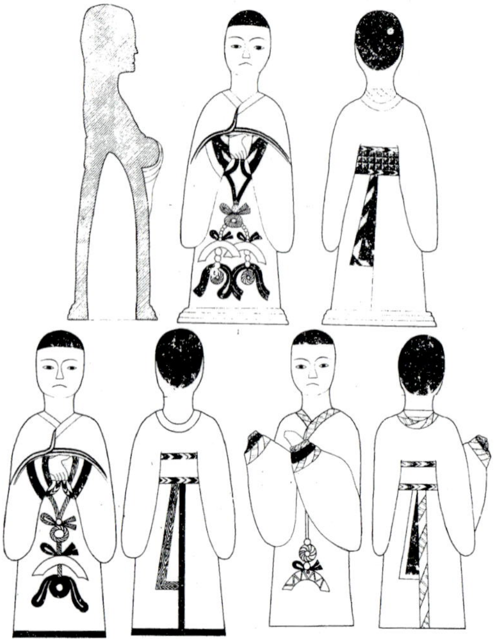

楚式袍服

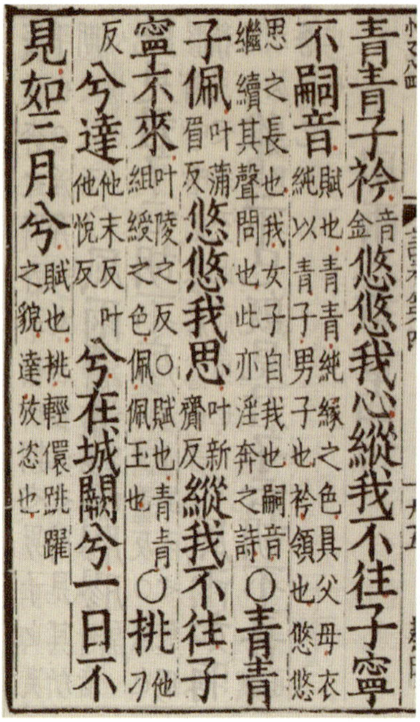

青青子衿音金悠悠我心縱我不往子寧
不嗣音賦也青青純緣之色具父母衣純以青子男子也衿領也悠悠
思之長也我女子自我也嗣音繼續其聲問也此亦淫奔之詩○青青
子佩叶蒲眉反悠悠我思叶新齎反縱我不往子
寧不來叶陵之反○賦也青青組綬之色佩佩玉也○挑他刁
反兮達他末反叶他悅反兮在城闕兮一日不
見如三月兮賦也挑輕儇跳躍之貌達放恣也

南京图书馆藏

宋刻本《诗集传》

汉画拓片 《嫦娥奔月》

明 周臣 《春山游骑图》

鱼蛙纹彩陶盆

东汉 击鼓说唱陶俑

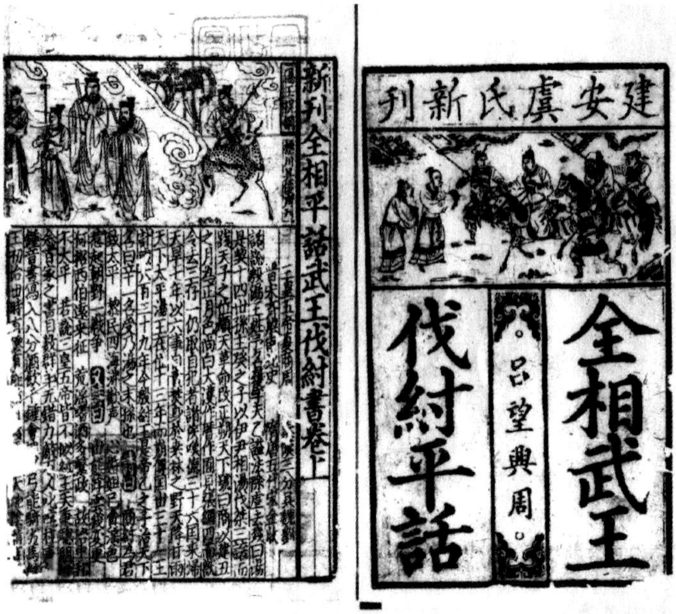
新刊全相平話武王伐紂書卷下

建安虞氏新刊

全相武王

呂望興周

伐紂平話

元刊刻《三国志平话》书影

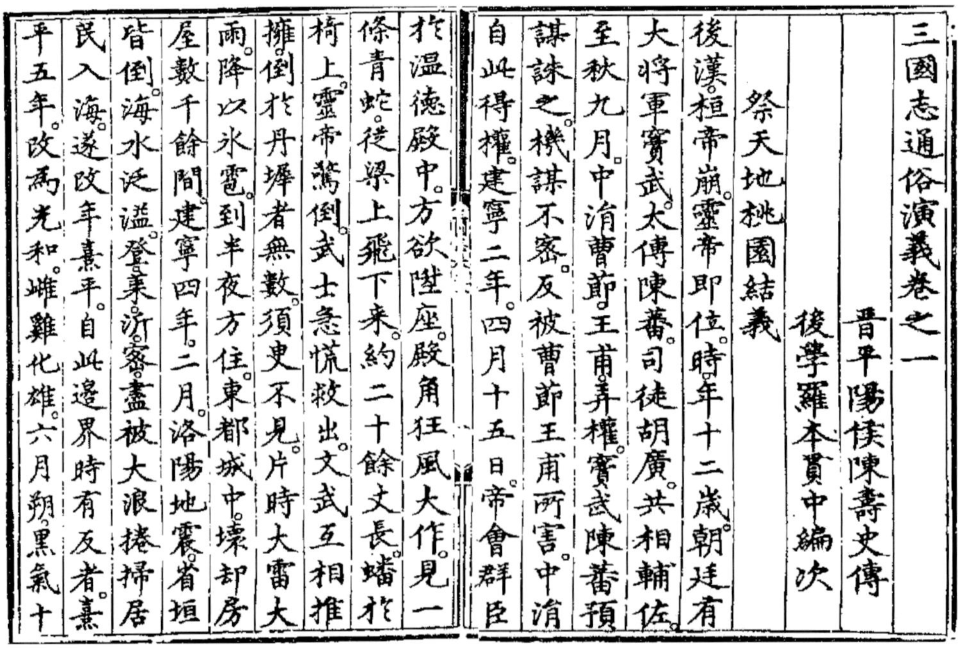
三國志通俗演義卷之一

晋平陽侯陳壽史傳

後學羅本貫中編次

祭天地桃園結義

後漢桓帝崩靈帝即位時年十二歲朝廷有大将軍竇武太傅陳蕃司徒胡廣共相輔佐至秋九月中涓曹節王甫弄權竇武陳蕃預謀誅之機謀不密反被曹節王甫所害中涓自此得權建寧二年四月十五日帝會群臣於温徳殿中方欲陞座殿角狂風大作見一條青蛇從梁上飛下来約二十餘丈長蟠於椅上靈帝驚倒武士急慌救出文武互相推擁倒於丹墀者無數須臾不見片時大雷大雨降以氷雹到半夜方住東都城中壊却房屋數千餘間建寧四年二月洛陽地震省垣皆倒海水泛溢登莱沂密盡被大浪捲掃居民入海遂改年熹平自此邉界時有反者熹平五年改為光和雌雞化雄六月朔黒氣十

明嘉靖元年刊刻《三国志通俗演义》书影

·清源书院人文素养大讲堂·

DAXUESHENG RENWEN SUYANG MINGJIA JIANGZUO

# 大学生人文素养名家讲座（一）

主　编　杨荣祥

语文出版社
·北京·

**图书在版编目（CIP）数据**

大学生人文素养名家讲座. 一 / 杨荣祥主编. -- 北京 : 语文出版社, 2022.9
ISBN 978-7-5187-1594-7

Ⅰ. ①大… Ⅱ. ①杨… Ⅲ. ①大学生—人文素质教育
Ⅳ. ①G640

中国版本图书馆CIP数据核字(2022)第152044号

---

**责任编辑** 康 宁
**装帧设计** 徐晓森
**出　　版** 语文出版社
**地　　址** 北京市东城区朝阳门内南小街51号 100010
**电子信箱** ywcbsywp@163.com
**排　　版** 河北新华第一印刷有限责任公司
**印刷装订** 北京市科星印刷有限责任公司
**发　　行** 语文出版社 新华书店经销
**规　　格** 787mm × 1092mm
**开　　本** 1 / 16
**印　　张** 16.5 插页 4
**字　　数** 249千字
**版　　次** 2022年9月第1版
**印　　次** 2022年9月第1次印刷
**定　　价** 48.00元

---

010-65253954(咨询) 010-65251033(购书) 010-65250075(印装质量)

# 目 录

# 前 言

## 一、关于“综合素质”

如何加强素质教育，如何提高大学生的综合素质，是近年来高等教育改革中经常提到的问题。这里的“素质”所指到底为何？英国人罗伯特·赫勒（Robert Heller）有*Essential Managers-Achieving Excellence*一书，是讲管理人才应该具备的各种能力，中文翻译为《综合素质》（邵蕙译，上海科学技术出版社2001年版）。该书的内容包括：发挥潜能、培养重要个人品质、树立自信、风险管理、培养主观能动性、有效领导、保持健康、追求卓越、提高技能、加强学习、有效思考、改善记忆、提高阅读能力、更加流畅地说写。这些内容，确实属于人的综合素质，但并不是全部。《论语·学而》第六则是“子曰：‘弟子，入则孝，出则悌，谨而信，泛爱众，而亲仁。行有余力，则以学文。’”孔子讲了孝悌、谨信、爱众、亲仁、学文五个方面，这大概是孔子那个时代儒家对一个人综合素质的要求。应该说，不同时代，不同的历史文化背景，对人的综合素质的要求也是不同的。我们现在的教育，提倡“德智体美劳”全面发展，这可以说也是对当代大学生综合素质的要求。目前还没有看到谁给“综合素质”作出明确的定义，各类辞书都没有收录这个条目，连网络上也查不到。《现代汉语词典》第7版收了“素质教育”条，其释义是：“以提高人的素质为根本宗旨的教育。在教育的各个环节中，全面实施德育、智育、体育、美育，着重培养学生的创新精神和实践能力。”据此，我们认为，就大学生的培养目标来说，“综合素质”至少包括品行修为、文化修养、专业知识和健康的身心以及维护身心健康的能力、审美能力和审美情趣等。显然，综合素质强调的是，不仅要有专业知识和专业技能，还应该具有优良的品行，健康的身心，健康的审美情趣，以及尽可能广博的文化知识。

多年来，由于受应试教育的影响，大学在学生的综合素质培养方面，出现了不少问题，学生也习惯了把大部分精力投入到专业学习中，导致培养出来的学生，专业能力很强，但走向社会后，适应工作环境的能力却比较有限；离开自己所学的专业，对别的知识知之甚少；甚至在接人待物、明辨是非方面，也略显“幼稚”。这显然不符合现代大学培养人才的目标。2018年来，教育主管部门陆续提出“新文科”“新工科”“新经管”等概念，其中一个重要内容，就是强调学科交叉融合，加强通识教育，把学生培养成知识结构合理、综合素质过硬的新时期的合格人才。

为此，高校普遍开始重视加强通识教育，要求理工科学生必须学习一定学分的人文通识课程，人文社会科学的学生必须学习一定学分的理工科基础课程。这样的举措，显然对培养复合型人才是非常有益的，对一般大学生的成长也是非常有益的。于是，在许多理工科院校，人文通识教育课程越来越受到重视，理工科院校的学生也很迫切地希望改变自身“懂科学没文化”“懂技术没文化”的形象。一时间，从学校到学生，都把学习人文知识看作提高综合素质的最重要的途径。我们认为，具备较为丰富的人文知识，虽然不是学生综合素质的全部内容，但确实是非常重要的内容；而且丰富的人文知识，将有益于提高人的精神品格、道德情操、审美趣味和创新能力。

## 二、关于“人文素养”

“人文素养”，是指有关“人文”的修为、品行和认识。“人文”一词，最早见于《易经》，《易经·贲卦》云：“观乎天文以察时变，观乎人文以化成天下。”孔颖达疏：“言圣人观察人文，则诗书礼乐之谓，当法此教而化成天下也。”人文原本与天文、地理相对，指关于人的道理，后用来指有关人类的所有知识、经验，包括对自然宇宙以及人自身的一切认知。《辞海》解释“人文”说：“指人类社会的各种文化现象。”在中国传统观念中，“人文”所指博大精深，不仅包括人作为生物体在其发展过程中逐步积累起来的跟自身生活相关的知识或经验，也包括对人作为自然的一部分与自然宇宙之间的关系的认知；而在人类社会当中，人文不仅包含了人们因外在的生存需求如衣、食、住、行所形成的文化习俗，还包含了人们因内在的心理、意识的发展而形成的德行、品质以及认识自然、社会的行为方式。所以，“人文”既是一种知识，也是一种素养，提升人文素养需要不断地学习，也需要不断地自我修炼。

由此可知，“人文素养”所包含的知识甚广，“吾生也有涯，而知也无涯”（《庄子·养生主》），所以人文素养的高低对任何人来说都是相对的。同时，人文素养也不仅仅是知识，它还包括身心的修炼以及为人处世、接人待物等实践活动。那么，要提高大学生的人文素养，就不仅仅是向学生传授人文知识，更重要的是在传授知识的同时，培养学生的人文精神和人文情怀。

当然，广泛涉猎人文知识是非常重要的。苏轼《和董传留别》诗中的名句“腹有诗书气自华”，很经典地阐释了读书学习与人格修养的关系。历代贤哲都把读书学习视为积累知识、增长学问的有效途径，而且强调读书学习更为重要的效果是提升人的精神品格。“腹有诗书”，自然就能脱离粗俗，脱离低级趣味，日积月累，自然养成高雅、超迈的人格气质。清代学者梁章钜在《退庵随笔·政事》中说：“果能读书，沉浸酝酿而有书气，更集义以充之，便是浩然之气。人无书气，即为粗俗气，市井气，而不可列于士大夫之林。”

我们也知道，术业有专攻，对于非人文学科的大学生来说，他们最主要的学习任务还是掌握专业知识，涉猎人文知识，应该是在“行有余力”的基础上再努力的事情。但是，我们必须明白，“它山之石可以攻玉”，人文知识，也许对我们非人文学科的大学生学习专业知识具有意想不到的作用。现在越来越多的学者认识到，科学研究，科技创新，不能缺乏想象力，而人文知识，恰好可以丰富我们的想象力。

我们说，人文是知识，也是素养，人文素养要求将知识化为内在的精神气质。我们博览群书，一方面是为了寻求真理，一方面是为了丰富自己的内心世界。《论语·宪问》说："古之学者为己，今之学者为人。"《荀子·劝学》也说："学恶乎始？恶乎终？曰：其数则始乎诵经，终乎读礼；其义则始乎为士，终乎为圣人。"又说："君子之学也，入乎耳，箸乎心，布乎四体，形乎动静。端而言，蝡而动，一可以为法则。小人之学也，入乎耳，出乎口，口耳之间则四寸耳，曷足以美七尺之躯哉！古之学者为己，今之学者为人。君子之学也，以美其身；小人之学也，以为禽犊。"这都是强调学习知识与身心修炼的关系，强调要将知识化为精神气质。由此说来，提升大学生的人文素养，是与培养大学生健全人格紧密相关的，在课堂上开设各类人文通识教育课程，目的也是要引导学生自觉涉猎人文知识，培养学生的人文情怀，在校园里营造出浓厚的人文氛围。"君子之学也，以美其身。"我们学习应该是为了自身的修炼，自身的人格和能力的提升。

## 三、关于理工科高校人文通识课程

随着大学施行通识教育所产生的积极效果越来越明显，各个高校越来越意识到通识课程建设的重要性，尤其在理工科高校，人文通识教育越来越受到重视。但是，如何开展人文通识教育，既没有官方明确的指导性意见，也没有在学界达成明确一致的意见。很多理工科高校，仅以"大学语文"课统摄人文通识教育，而"大学语文"也没有统一的教学大纲和教材。据我们粗略调查，很多高校的"大学语文"用什么教材，讲什么内容，完全由主讲老师决定，而主讲老师因各自所学专业不同，讲授的侧重点也不同。有的高校还会开设"写作"课，指导学生正确运用规范的语言文字，学会应用文的写作，但是课时很少。

我们认为，人文知识虽然包罗甚广，但并不代表没有基本的知识体系。因此，高校开设人文通识教育课，不能因人设课，而应该明确地建立人文通识教育课程体系，从知识结构出发，引导学生在选修部分课程的基础上，产生自觉学习人文知识的兴趣和热情，养成爱读书、多读书、读好书的习惯。为此，我们认为，可以分层次分类型建设高校的人文通识课程体系。这个体系大致包括：1.基础知识和基本能力类课程。教学目标是培养学生的写作技能，指导学生正确运用规范的语言文字，培养学生一般性的文学审美能力。2.理论知识类课程。教学目标是培养学生人文素养的基础——对文、史、哲以及中国传统文化和各种艺术理论的基本内容有整体性的了解，能够引导有兴趣的学生进一步自学相关知识。3.素质提升类课程。是为部分对古今中外经典名著特别是中国古代经典和人文、艺术知识专题感兴趣的学生开设的课程。可以采用专书研读课的形式（如《论语》研读、《孟子》研读、《老子》研读、《史记》研读、《红楼梦》研读、鲁迅作品研读等），也可以采用书院读书班的形式。4.兴趣实践类课程。是为满足部分学生健康的兴趣爱好而开设的课程，这些课程专业性强，不是大学生的普遍需求，但是这些课程对于培养学生兴趣、陶冶学生情操、活跃校园文化等能够起到非常重要的作用，如各类文化艺术实践类课程。

建设这样的一套课程体系，提供不同层次和不同类型的人文通识课程，学生可以根据所在学校制定的培养方案的要求和自身的兴趣爱好，必修和选修部分课程。这些课程除了给学生传授人文知识，更重要的功能是给学生指示如何广泛涉猎人文知识的门径，让学生管窥人文知识的博大精深，激发学生学习人文知识的热情。

大学生选修通识课程的课时毕竟是有限的，要让学生对人文知识体系有比较全面的了解，比较可行的办法是在人文通识课程体系中设置一门“群英荟萃”的综合类课程，我们开设“清源书院人文素养大讲堂”系列讲座课程，就是基于这样的考虑。这种系列讲座课程的优势是：1.可以容纳涉及相关人文知识的不同学科专业的专题，以此开阔学生的人文视野，使学生对人文知识有广泛的了解。2.可以根据讲座内容的需要，聘请人文学科类不同专业领域的校外知名学者担任主讲人，给学生提供高水平的人文知识专题讲座，激发学生对人文知识的求知欲。3.充分借助校外师资力量和学术资源，既可以让学生开阔眼界，也可以弥补本校师资不足的缺陷。实践证明，我们开设的“清源书院人文素养大讲堂”系列讲座课程是非常成功的，每位主讲专家都为我们精心准备讲演稿，给听讲的学生带来了丰富的人文养分，也为同学们指明了课外自学人文知识的方向和方法。

学海无涯，人文知识单靠课堂传授是不够的，人文素养也不是一天两天就可以养成的，不是听一次两次讲座就可以提高的。大学的人文素质教育，更需要的是营造人文氛围，从而激发学生喜爱人文知识的热情，培养学生的人文情怀。如前所述，“人文”既是知识，也是素养，它需要主观的自觉的精神追求，要有求知的欲望，要有格物致知的兴致，要有日新又新的自我要求，并且浸润其中。这其中所包含品德的修炼和人格的追求，更是需要终生涵养的。

## 四、关于“清源书院人文素养大讲堂”

收录于本书的，是各位作者在北京石油化工学院开设的“清源书院人文素养大讲堂”大学生人文素质教育系列讲座课堂上的讲演稿，共十讲，讲座时间为2020年秋季学期。

系列讲座取名为“清源书院人文素养大讲堂”，依据是北京石油化工学院早在2012年7月就挂牌成立了“清源书院”。“书院”起源于唐代，宋代开始兴盛，直至清代。书院一直是文人们讲学论学、传授知识与传承中华文明的重要场所。近年来，民间和部分高校陆续建成规模不等的各式书院，为继承和发扬中华传统文化各尽所能。北京石油化工学院的“清源书院”秉承古代书院精神，在弘扬中华优秀传统文化、推动校园文化建设方面一直发挥着积极作用。在国家推行“新文科”“新工科”建设的历史背景下，北京石油化工学院作为理工科学校，在坚守以培养新时期首善之区工程师为主要办学特色的同时，也在考虑如何加强学生的人文素质教育，提升学生的综合素养。面对这样的机遇，清源书院理应更好地发挥书院的功能，为学生提供高质量的人文素质教育课程资源，为增强学校的人文气息贡献力量。本系列讲座，由清源书院组织主办，目的是要给学生提供高水平的人文知识养分，活跃校园人文氛围，所以采用现存的“清源书院”冠名。

“清源”作为书院的名字，作为系列讲座的冠名，真是机缘巧合：北京石油化工学院位于北京大兴的清源路，书院因地得名，如同古代的“岳麓书院”“嵩阳书院”。特别是极力推行书院建设的南宋大学者朱熹有诗云：“半亩方塘一鉴开，天光云影共徘徊。问渠那得清如许？为有源头活水来。”（《观书有感·其一》）“清源”二字正合此典。“问渠那得清如许？为有源头活水来”蕴含哲理：池水因为有源头活水不断注入才“清如许”，实则表示人要心灵澄明，就得不断认真读书，不断获取新知，才能达到至高的境界。我觉得“清源”二字还暗含着第三层意思，那就是“正本清源”。该成语源出《汉书·刑法志》，原文为“岂宜惟思所以清原正本之论，删定律令”。本义是指从根本上整顿，从源头上清理，比喻凡事要从根源上加以整顿清理，使之规范正确。我们可以化用一下：学养的根基要正，学习的内容要纯净。书院的重要职能是宣扬、传承中华优秀传统文化，而现在很多教育机构甚至一些媒体，在涉及中华传统文化时，很少在意本是否正，源是否清。“清源书院”要努力建设成为宣扬、传承中华优秀传统文化的平台，“清源”二字也就被赋予剔除糟粕、存其精华的含义。

何谓“大讲堂”？“大”有大众义，指面向全校师生的大型讲座；也有“大家”义，就是请来的主讲人都是学术大家，某个领域的知名学者。因此讲座在具有知识性、学术性的同时，还要具有通俗性、普及性特点，是“大众”可以听得懂、可以接受的人文知识。

从收录于本书的讲演稿可以看出，系列讲座既给学生带来了“源头活水”，也做到了“正本清源”，同时还达到了学术大家面向大众讲授人文知识的要求，因此是名副其实的“清源书院人文素养大讲堂”。十次讲座，涉及人文学科的多个专业，包括中国传统思想文化中的儒家思想、道教文化、佛教精神以及节日文化；中国古代文学中的诗歌、小说。范围涉及先秦文学、唐宋文学、明清文学；中国历史；审美情趣以及人文素养在未来科学中的作用。

系列讲座在北京石油化工学院校园里引起了巨大的反响，听讲学生盛赞系列讲座是增长人文知识、培养人文情怀、开阔人文视野的精神盛宴。为了让各位专家的讲座惠及更多的学生，征得各位专家的同意后，我们决定将这个系列讲座的讲演稿编辑出版。

# 从《论语》一则看儒家推崇的做人准则

北京大学中文系／北京石油化工学院人文社科学院　杨荣祥

【内容提要】

“子曰：‘弟子入则孝，出则悌，谨而信，泛爱众，而亲仁。行有余力，则以学文。’” 这是《论语·学而》第六则，这一则可以说集中体现了儒家推崇的做人准则。本文在详细分析该则字句、内容的基础上，联系整部《论语》中的相关内容，从“孝悌”“谨信”“爱众”“亲仁”“学文”五个方面，阐述了儒家对人格修炼的要求及准则。由此生发，结合《论语》全书和其他儒家经典，对《论语》的重要思想内容进行了提炼和介绍，对儒家思想的核心内容进行了分析，同时展示了阅读《论语》的不同切入方法。

# 作者介绍

杨荣祥，文学博士，北京大学中文系教授，北京大学人文特聘教授，博士生导师，教育部人文社会科学重点研究基地北京大学中国语言学研究中心兼职研究员，北京大学国家语言文字推广基地首席专家；北京石油化工学院人文特聘教授（兼）。曾兼任日本大学文理学部客座教授、韩国国立顺天大学客座教授。主要从事汉语语法史、古汉语词汇、近代汉语的教学与研究工作。

## 一 关于《论语》和孔子

我很早就喜欢上了《论语》，上大学二年级的时候，曾经利用一个暑假自己注释翻译过，当然那时水平很低，不过开学后送给古代汉语老师看，还是受到了老师的称赞。后来我大学毕业留校当老师，被分配到古代汉语教研室，可能都与此事有关，这使我更喜欢《论语》这部经典。

同学们可能对《论语》都很熟悉了，但我还是要极力向大家推荐这本书。我每次给一年级的同学上“古代汉语”课的时候，推荐同学们读的第一本书就是《论语》，最好用杨伯峻先生的《论语译注》——现在书店里各种注释、翻译、讲解《论语》的书很多，但我认为到目前为止，最有学术含量且适合大学生读的本子还是杨伯峻先生的。

杨伯峻《论语译注》书影

《论语》是对中华文明影响最大的经典之一，《汉书·艺文志》将《论语》归入“六艺”略，可知早在汉代，《论语》就已列入儒家经典。汉代时《论语》和《孝经》是初学者的必读书，必须先读这两本书，才能继续学习“五经”。到了唐代，《论语》的影响进一步扩大；到了北宋，据说宰相赵普有“半部《论语》治天下”的名言；再后来，宋朝大儒朱熹将《论语》和《孟子》《大学》《中庸》合为“四书”并亲自注释，作为读书人早期的必读书。自此之后，大概只要上过学的人，就都知道《论语》这部经典了。自汉代开始，文人无不从《论语》中汲取养分，统治者无不从《论语》中寻找治理天下之道，普通人

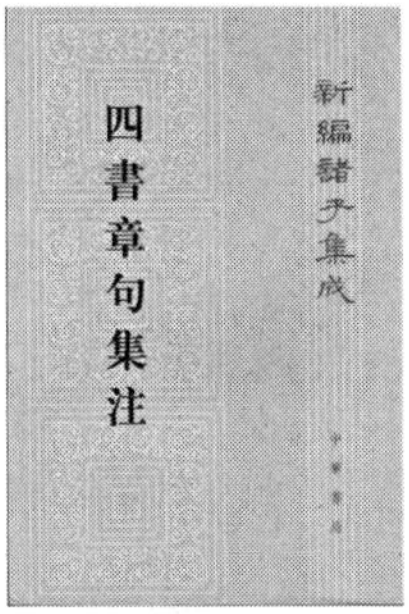


宋 朱熹《四书章句集注》书影

也往往从《论语》中悟出许多做人的道理。

为什么《论语》有这么大、这么多的“功效”？因为它是记录孔子言行的著作，而孔子是我们中华民族的圣人。《辞海》里面说，孔子是“春秋末期思想家、政治家、教育家”，虽然自“五四运动”以来，如何评价孔子，一直有不同的声音，但《辞海》的这个说法大概是成立的。人生一世，能够成为一“家”就了不起了，而孔子兼有三“家”，不愧为圣人。有的书上还说孔子是哲学家、文学家等。作为一个影响中国思想文化几千年的圣人，戴上各种“家”的头衔都是不为过的。

说他是思想家，因为他是儒家学派创始人。孔子思想的核心是“仁”。“仁者爱人”，即仁的本质就是“爱人”，其基本内容是“忠恕”。“忠恕”的具体表现就是“己所不欲，勿施于人”（《颜渊》），“己欲立而立人，己欲达而达人”（《雍也》）。可以说，“仁”就是儒家思想的核心内容。《孟子》反复强调“仁政”，正是对孔子创立的儒家思想的继承和发展。儒家特别强调“孝悌”，《论语》说，“孝弟也者，其为仁之本与”（《学而》），也是讲的“爱人”，“爱人”就是“仁”。

孔子像

作为政治家，孔子提出的最重要的理论是“正名”——“君君臣臣，父父子子”（《颜渊》），必须名正言顺。这实际上就是要建立和维护一套完整的社会等级体系。如何维护呢？孔子主张“德”治，“为政以德，譬如北辰，居其所而众星共之。”（《为政》）“道之以政，齐之以刑，民免而无耻；道之以德，齐之以礼，有耻且格。”（《为政》）就是要运用道德、礼义教化来实行社会管理，这要求首先从在上者自身做起。《论语·颜渊》：“季康子问政于孔子。孔子对曰：‘政者，正也。子帅以正，孰敢不正？’”我个人认为，孔子的这套政治主张，即使在今天也是很有现实意义的。

作为教育家，孔子不仅是中国历史上兴办私学的第一人，而且提出了一套完整的教育思想，摸索总结出了一套行之有效的教育方法。他的“有教无类”（《卫灵公》），“学而时习之”（《学而》），“知之为知之，不知为不知”（《为政》），“学而不思则罔，思而不学则殆”（《为政》），“温故而知新”（《为政》）等有关教育的言论，直到今天也是教育学必讲的内容。

作为哲学家，孔子对天人之际的探讨，对生死的探讨，对命运的探讨，对为人处世的探讨以及“中庸”的辩证思想，对后世都有很大影响。

作为文学家，孔子留下的言论，本来就是早期的文学作品。同时，孔子对诗是很有研究的，他不仅整理过中国最早的诗歌总集，而且对诗的功用有很深刻的认识，他提出的诗“可以兴，可以观，可以群，可以怨”（《阳货》），“兴于《诗》，立于礼，成于乐”（《泰伯》），“不学诗，无以言”（《季氏》）等观点，对后代诗学产生了很大的影响。

孔子对中国历史文化的影响可以说是全方位的。两千多年来，从统治者到民间，一直推崇孔子的学说，“孔孟之道”早已渗透到每一个华夏子孙的思想中，甚至产生了世界性的影响。读者如果想更多地了解孔子，建议除了读《论语》外，还可以读一读《史记》中的《孔子世家》以及《仲尼弟子列传》，还可以去读《孟子》和《礼记》，特别是《礼记》中的《中庸》《大学》《仲尼燕居》和《仲尼闲居》各篇，其中也反映了许多孔子的学说。

《论语》作为记录一个如此伟大的圣人的言行的著作，在中国历史上备受推崇是很自然的。即使到今天，它仍然有许多东西值得我们借鉴，值得我们去领悟。比如说，我们以前提倡过“五讲四美”，后来提倡的“八荣八耻”，其实好多内容《论语》里边都讲到了，不过孔子是用另外一套话语表述罢了。再比如，现在常说的“打铁还需自身硬”，说的是改进工作作风的问题。这样的道理，《论语》中也曾讲到。《论语·颜渊》：“季康子问政于孔子。孔子对曰：‘政者，正也。子帅以正，孰敢不正？’”

从小的方面说，仅我们今天使用的语言，虽然不用“子曰”，但常常自觉或不自觉地会使用源自《论语》的词语，如我们常用的成语：过犹不及、温故知新、既往不咎、尽善尽美、巧言令色、文质彬彬、学而不厌、诲人不倦、道听途说、述而不作、举一反三、临事以惧、任重道远、循循善诱、色厉内荏、欲罢不能、怨天尤人、言不及义、杀身成仁、当仁不让、患得患失、四体不勤五谷不分、饱食终日无所用心、死生有命富贵在天、人无远虑必有近忧、祸起萧墙、分崩离析、欲速不达、不耻下问、君子固穷、言必信行必果，等等。我极力向大家推荐《论语》，就是因为我认为今天我们读《论语》，可以从中学到很多知识，领悟到很多道理，特别是做人的道理。

本文不打算全面介绍孔子和《论语》，只是通过《论语·学而》中的一则，来分析讨论儒家所推崇的做人准则。

## 二 《论语》一则讲解

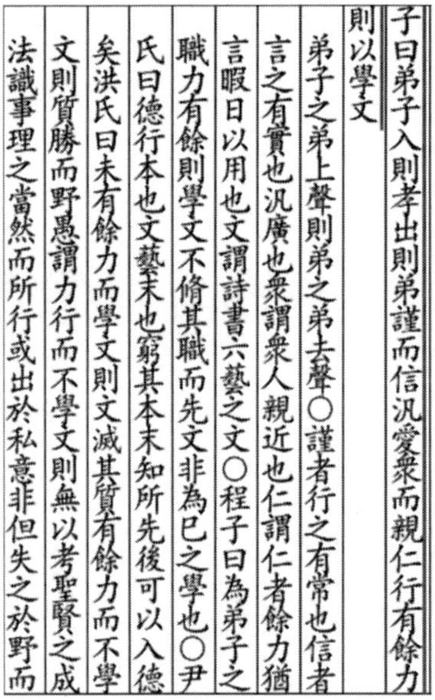
子曰弟子入則孝出則弟謹而信汎愛衆而親仁行有餘力
則以學文
弟子之弟上聲則弟之弟去聲○謹者行之有常也信者
言之有實也汎廣也衆謂衆人親近也仁謂仁者餘力猶
言暇日以用也文謂詩書六藝之文○程子曰為弟子之
職力有餘則學文不脩其職而先文非為己之學也○尹
氏曰德行本也文藝末也窮其本末知所先後可以入德
矣洪氏曰未有餘力而學文則文滅其質有餘力而不學
文則質勝而野愚謂力行而不學文則無以考聖賢之成
法識事理之當然而所行或出於私意非但失之於野而

宋 朱熹《论语集注》书影

这一则就是《学而》的第六则：

子曰：“弟子入则孝，出则悌，谨而信，泛爱众，而亲仁，行有余力，则以学文。”

我们先逐字逐句读懂原文。

（1）弟子：一般有两种意义：一是年纪较小的为人子和为人弟的人；二是指学生。这里是前一种意义上的“弟子”。（2）入：一说古时候父子分别住在不同的居处，学习则在外舍。《礼记·内则》：“由命士以上，父子皆异宫。”“入”是入父宫，指进入父亲的住处。一说“入”就是指在家里。（3）出：与“入”相对而言，如果“入”是指“入父宫”，那么“出”就是“出父宫”了，出了父宫，那就是回到自己的居处。我觉得这样讲比较牵强、狭隘。其实“入”和“出”在这里就是平常的意思，即在家里和离开家。那么在家里“孝”好理解，离开家如何“悌”呢？“悌”的意思不是敬爱兄长吗？于是有人说“出”是指外出拜师学习。“出则悌”，是说要用悌道对待师长，也可泛指对待年长于自己的人。这就有点曲为之解了。其实这里是用了一种古代的修辞手法，即“互文”，古人又叫作“互文见义”。就是“入”和“出”都要“孝悌”，并不是说“入”就只孝而不悌，“出”就只悌而不孝。

这种“互文”，古文里很常见。比如《左传·隐公元年》：“公入而赋：‘大隧之中，其乐也融融。’姜出而赋：‘大隧之外，其乐也泄泄。’遂为母子如初。”服虔注：“入言公，出言姜，明俱出入，互相见。”意思是说，郑庄公进入隧道，也要走出隧道；姜氏走出隧道，自然也要先进入隧道。对郑庄公只说入不说出，对姜氏只说出不说入，其实是互文见义，也就是说，郑庄公母子都进入了隧道，也都走出了隧道。汉乐府《古诗为焦仲卿妻作》：“东西植松柏，左右种梧桐。”实际上是说东西两边和左右两侧都种植了松柏和梧桐。《岳阳楼记》“不以物喜，不以己悲”即“不以物喜悲，不以己喜悲”；“岸芷汀兰”，岸上也有“兰”，汀上也有“芷”，并不是说“芷”只长在岸上，“兰”只长在汀上。

为什么“出”还要“孝悌”呢？首先是出门在外，也要常存孝悌之心；其次，出门在外，所作所为，都不应该让父母兄长担忧，而要为他们争光。《为政》里有：“孟武伯问孝。子曰：‘父母唯其疾之忧。’”也就是说，除了生病让父母担忧外，别的都不要让父母担忧，这就是孝。

（4）谨：寡言少语称之为谨。《说文解字》说：“谨，慎也。从言，堇声。”就是说言语上要谨慎。（5）泛：广泛的意思。（6）仁：用作名词，指仁人，即有仁德之人。（7）行有余力：行，指践行前面说的内容。把前面说的事情都做好了还有剩余的精力。（8）文：指古之遗文，即古代文献，主要有《诗》《书》《易》之类的古代流传下来的文献以及礼、乐、射、御、书、数等六艺之文。

字词释义落实后，全文的意思就明白了，即孔子说：“弟子们无论在家，还是出门在外，都要孝顺父母，敬爱兄长，要言行谨慎，要诚实可信，要广泛地去爱众人，亲近那些有仁德的人。这样躬行实践之后，还有余力的话，再去学习文献知识。”

《学而》的第二则也讲到了“孝悌”：

有子曰：“其为人也孝弟，而好犯上者，鲜矣；不好犯上，而好作乱者，未之有也。君子务本，本立而道生。孝弟也者，其为仁之本与！”

“仁”是儒家思想的核心，而“孝悌”是“仁”的根本。孔子要求弟子们首先要致力于孝悌、谨信、爱众、亲仁，培养良好的道德观念和道德行为，如果还有时间和余力，则用以学习古代典籍，增长文化知识和技能，也就是提高个人的综合素质。这表明，孔子的教育以道德教育为中心，重在培养学生的德行修养，而把书本知识的学习，摆在第二位。我们今天讲“德才兼备”，也是把“德”放在第一位的。

《学而》第六则这段话体现了儒家推崇的做人准则。一个人，如果能够按照这段话说的去做，他就会成为一个有仁德的人，成为对家庭、对社会有用的人，至少他不会成为一个坏人。这段话讲到人的品行修炼，也讲到人如何在修炼品行的基础上努力成为有用之才。我们今天在教育孩子时常常说“先成人，后成才”，教育学生总是说“先做人，再做学问”，都是这个道理。

## 三 儒家推崇的做人准则

《论语》这一则内容可以概括为五个方面：孝悌、谨信、爱众、亲仁、学文。在孔子看来，一个人如果能够做好这五个方面，他的人格就没有问题了，就符合那个时代的做人标准了，所以他用这段话来教育他的弟子们。这段话在后世的儒家思想中也很受重视，一直是儒家所推崇的做人准则。我个人认为，这段话用作现代人的做人准则也是可以的。

这五个方面是有顺序的。摆在第一位的是孝悌。

为什么要把孝悌摆在第一位呢？我们知道，孔子的核心思想是“仁”，而“仁”的根本是“孝悌”。前面引用了《学而》的第二则：“孝悌也者，其为仁之本与！”这话虽然是孔子的学生有若说的，但既然记录在《论语》中，自当是孔子思想的反映。“孝悌”为什么是“仁”的根本呢？

我们知道，春秋时期统治者特别强调的是“礼”，这从《左传》中有400多次谈到“礼”可见一斑。“礼”包括礼仪、礼制、礼器等。《左传·昭公二十六年》里，晏婴对齐景公说：“礼之可以为国也久矣，与天地并。”但是《左传》中很少讲“仁”，“仁”字在《左传》中只出现了33次。《论语》虽然也多次提到“礼”（“礼”在《论语》中共出现75次），但孔子认为“礼”必须以“仁”作为基础，没有“仁”，就谈不上“礼”（“仁”在《论语》中共出现109次）。孔子说：“人而不仁，如礼何？人而不仁，如乐何？”（《八佾》）孔子认为，他所处的春秋晚期，已经是“礼崩乐坏”，西周所建立的一套等级制度遭到了严重的破坏，造成了人们思想上的混乱和社会动乱。礼崩乐坏的具体表现就是“君不君，臣不臣，父不父，子不子”（《颜渊》）。要恢复周朝的礼制，最首要的任务就是“正名”，即要做到“君君，臣臣，父父，子子”。君臣的关系是父子关系的扩展，所以父子关系又是基础。要做到“父父，子子”，就必须提倡“孝”（“悌”是“孝”的延伸）。“仁”的本质是爱人，而作为人，首先要爱自己的父母，因为每个人都是父母生养的，没有父母就没有自己。由父母延伸到兄弟，延伸到家族的其他成员，延伸到家族以外的其他人。而在古代，与其他人的关系中，最重要的是君臣关系。这就是孔子特别强调“仁”，同时认为“孝悌”是“仁”的根本的原因。这样，“孝悌”就成了孔子和儒家特别提倡的基本道德规范。

孔子以“仁”为核心的思想体系，当然也是有其社会基础的。在春秋时期，周天子实行嫡长子继承制，其余庶子则分封为诸侯，诸侯以下也是如此。整个社会从天子、诸侯到卿大夫的这样一种政治结构，其基础是封建的宗法血缘关系，而孝悌正反映了当时宗法制社会的道德要求。孝悌与社会的安定有着直接关系。孔子看到这一点，所以他的全部思想主张都是由此出发的。他认为，一个人孝悌，就不可能犯上作乱，人人都不犯上作乱，就能维护正常的社会秩序，社会就能够安定。所以，“孝悌”是必须遵守的最基本的道德规范。孔子的这一学说虽然是出于对封建统治制度的维护，但即使在今天，我认为这仍然是做人的最重要的基本准则。

《论语》19次提到“孝”。有道是“百善孝为先”。“孝”是人类第一美德，是人性良善的最重要、最根本的表现。“孝”不仅是维系家族秩序的根本准则，也是维系国家、社会稳定的基本保障。所以在几千年的封建社会中，“孝”一直是统治者极力推崇的德行准则，并且被看作是治理国家的根本法则。

“孝悌”是道德规范，是做人准则。那么，其具体表现是什么呢？或者说，应该怎样做到“孝悌”呢？每个人都会说自己孝敬父母，因为“孝”有多种表现方式，做到一点是“孝”，全都做到也是“孝”；偶尔做一次是“孝”，终生为之也是“孝”。《论语》里并没有给“孝”下一个定义，孔子在回答不同人的提问时，所给出的回答也不一样。如：

孟懿子问孝。子曰：“无违。”樊迟御，子告之曰：“孟孙问孝于我，我对曰，无违。”樊迟曰：“何谓也？”子曰：“生，事之以礼；死，葬之以礼，祭之以礼。”（《为政》）

孟懿子请教什么是孝。孔子说：“孝就是不要违背礼。”樊迟给孔子驾车，孔子告诉他：“孟孙问我什么是孝，我回答他说，不要违背礼。”樊迟说：“不要违背礼是什么意思呢？”孔子说：“父母活着的时候，要按礼侍奉他们；父母去世后，要按礼埋葬他们、祭祀他们。”

孟武伯问孝。子曰：“父母唯其疾之忧。”（《为政》）

孟武伯向孔子请教孝道。孔子说：“父母只对子女生病担忧（别的方面都不用担心）。”

子夏问孝。子曰：“色难。有事，弟子服其劳；有酒食，先生馔，曾是以为孝乎？”（《为政》）

子夏请教什么是孝。孔子说：“（当子女的要尽到孝），最不容易的就是对父母和颜悦色。仅仅是有了事情，儿女替父母去做；有了酒食，让父母吃，难道能认为这样就是孝了吗？”

子游问孝。子曰：“今之孝者，是谓能养。至于犬马，皆能有养；不敬，何以别乎？”（《为政》）

子游请教什么是孝。孔子说：“如今所谓的孝，只是说能赡养父母（便足够了）。然而，就是犬马都能够得到饲养；如果不发自内心地孝敬父母，那么赡养父母与饲养犬马又有什么区别呢？”

我们知道，孔子是讲究“因材施教”的，所以对不同的人作出不同的回答，但仔细领会，其中有一致的地方，那就是要用“心”来孝敬。“无违”，即不要违背礼的规定，按照礼来尽孝。“父母唯其疾之忧”，即要时刻想到，除了生病没办法不让父母担忧，其他方面都不能让父母担忧。“色难”是最明确的要求，即孝敬父母，要发自内心。《礼记·祭义》：“孝子之有深爱者必有和气，有和气者必有愉色，有愉色者必有婉容。”即要有恭敬之心。所以“孝”不是简单地为父母做点什么，或者给父母多少金钱。前几年国家立法规定，子女必须经常去看望父母。我觉得国家用法律规定这样的事情，是法制社会的体现。但是，看望父母是能用法律来约束的吗？真要到这一步，那去看望父母又有何意义呢？

我们来看看“孝”这个字的字形（引自《汉语大字典》）。

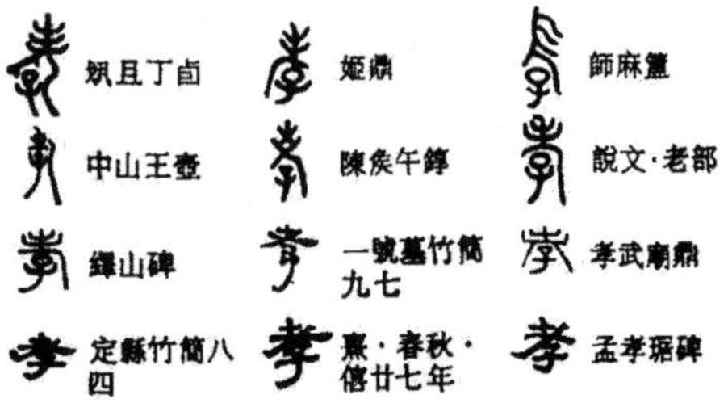

《汉语大字典》书影

《说文解字》："孝，善事父母者。从老省，从子，子承老也。""孝"字首见于西周金文，是会意字，上部是一长发老人，下部是"子"字——"子"搀扶、支撑着老人，或者说是长者依靠于晚辈。"子"是父母生命的延续，父母年事已高，不仅物质生活上需要子女供奉，精神上也需要子女支撑。子女应该把孝敬父母当作自己的当然之责。孝敬父母是对父母养育之恩的回报，所以应该是发自内心的。

《二十四孝图》之子路负米

中国历史上推举的孝子榜样，无不是能够发自内心尽孝的人。如老莱子戏彩娱亲，汉文帝为母亲尝汤药，董永卖身葬父，子路百里负米，黄香扇枕温衾（酷夏时为父亲扇凉枕席，寒冬时用身体为父亲温暖被褥）等，都是推崇一种发自内心的孝道。我们今天生活条件不一样了，当然用不着像古人那样去做，但我觉得尽孝的精神是一样的。比如说，我们在为父母做一些应该做的事情时，是否怀着愉悦的心情、恭敬的心态？我们平常说话做事，会不会想到我一定要谨慎、认真，不能给父母增添烦忧？生活中，我们有多少人给父母捶过背？有多少人给父母端过饭奉过菜？再比如有多少人知道父母的生日？《里仁》："子曰：'父母之年，不可不知也。一则以喜，一则以惧。'"汉代刘向的《说苑·建本》里有一个韩伯俞泣杖的故事：

伯俞有过，其母笞之，泣。其母曰："他日笞子未尝见泣，今泣何也？"对曰："他日俞得罪，笞尝痛，今母之力不能使痛，是以泣。"故曰：父母怒之，不作于意，不见于色，深受其罪，使可哀怜，上也；父母怒之，不作于意，不见于色，其次也；父母怒之，作于意，见于色，下也。

韩伯俞之所以"泣"，是因为感觉到母亲在鞭打他时已经没什么力气了，这是年老体衰的表现，因此为母亲年事越来越高而感到担心，这就是一种发自内心的孝。

中国历来重视孝道，“孝”是做人最基本的美德，所以史书中记载的很多正面人物，在其生平介绍中都会提到“性至孝”“性纯孝”之类的话。汉武帝开始实行“举孝廉”制度，凡乡里公认的孝子，就可以推举做官。这一方面是对孝子的表彰，一方面是认为能够做孝子，就能够为国家做事。“百善孝为先”，因为孝敬父母的人，如果将这种品德扩展开去，就能言行谨慎，对人诚信，为国尽忠。“孝”是做人准则的第一要义，没有“孝”，其他的做人准则就没有了基础，因为连对父母都不能孝敬的人，不可能做到言行谨慎，对人诚信，为国尽忠，更不可能去爱人，去亲仁。

第二是“谨信”，即言行谨慎、诚实守信。《说文》：“谨，慎也。慎，谨也。”“谨”本指出言小心，“慎”指心理上小心。言语不轻易出口，决定不轻易做出，即为谨慎。后来二者逐渐混同了。我们现在经常说“小心谨慎”，就是说即使一些细小的事情，也要注意不出差错，要讲规矩。该说的说，不该说的不说；该做的做，不该做的不做。《颜渊》里有：

颜渊问仁。子曰：“克己复礼为仁。一日克己复礼，天下归仁焉。为仁由己，而由人乎哉？”颜渊曰：“请问其目。”子曰：“非礼勿视，非礼勿听，非礼勿言，非礼勿动。”颜渊曰：“回虽不敏，请事斯语矣。”

颜渊请教怎样做才是仁。孔子说：“克制自己，一切都照着礼的要求去做，这就是仁。一旦这样做了，天下的一切就都归于仁了。实行仁德，完全在于自己，难道还在于别人吗？”颜渊说：“请问仁的具体内容。”孔子说：“不合于礼的不要看，不合于礼的不要听，不合于礼的不要说，不合于礼的不要做。”颜渊说：“我虽然愚笨，也要照您的这些话去做。”

颜渊是孔子最喜欢的学生，也是孔门中德行最优秀的弟子。“非礼勿视，非礼勿听，非礼勿言，非礼勿动。”也就是做事谨慎，就是仁。

有个成语叫“谨小慎微”，这个词现在多偏贬义，在古代却是个褒义词，那就是即使在一些细小的事情上也应该谨慎。我们又会想到古人也曾说“大行不顾细谨”，还经常听人说，干大事的人往往“不拘小节”。怎么一分为二地看待这些问题？我个人的观点是小事做得不好的人，肯定做不好大事。俗话说：“一屋不扫，何以扫天下？”一个连自己的房间都整理不好的人，一个连自己的衣物都收拾不好的人，能够把一个单位、一个国家整治好吗？“于细微之处见精神”，即使在生活细节上，我们也应该认真、严谨。

谨慎并不是说胆小怕事，而是说要养成说话做事都要认真、严谨的习惯，要心存敬畏。不仅对人对事要谨慎，闲居独处也要谨慎，所谓“君子慎独”，就是要修炼这种谨慎的德行。《礼记·大学》：“所谓诚其意者，毋自欺也。如恶恶臭，如好好色，此之谓自谦，故君子必慎其独也！小人闲居为不善，无所不至，见君子而后厌然，掩其不善，而著其善。人之视己，如见其肺肝然，则何益矣？此谓诚于中，形于外，故君子必慎其独也。”据此，谨慎，实际上也是心诚的一种表现。

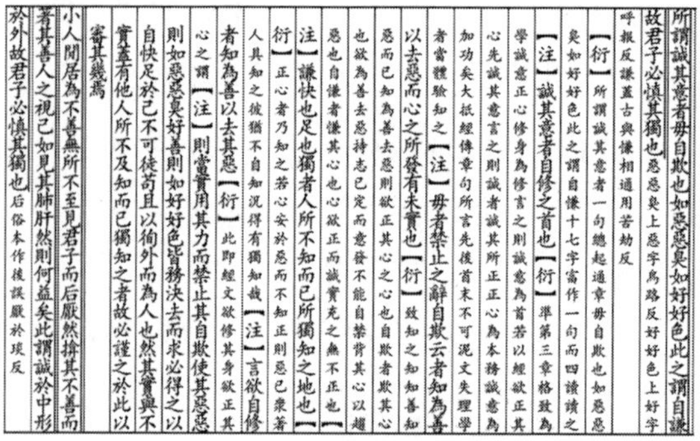
所謂誠其意者毋自欺也如惡惡臭如好好色此之謂自謙
故君子必慎其獨也惡惡臭上惡字烏路反好好色上好字
呼報反謙蓋古與慊相通用苦劫反
【衍】所謂誠其意者一句總起通章毋自欺也如惡惡
臭如好好色此之謂自慊十七字當作一句而四讀讀之
【注】誠其意者自修之首也【衍】準第三章格致為
學誠意正心修身為修言之則誠意為首若以經欲正其
心先誠其意言之則誠者誠其所正正心為本務誠意為
加功矣大抵經傳章句所言先後首末不可泥文失理學
者當體驗知之【注】毋者禁止之辭自欺云者知為善
以去惡而心之所發有未實也【衍】致知之知知善知
惡而已知為善去惡則欲正其心之心也自欺者欺其心
也欲為善去惡持志已定而意發不能自禁背其心以趨
惡也自慊者慊其心也心欲正而誠實充之無不正也【
注】謙快也足也獨者人所不知而已所獨知之地也【
衍】正心者乃知之若心安於惡而不知正則惡已衆著
人具知之彼猶不自知況得有獨知哉【注】言欲自修
者知為善以去其惡【衍】此即經文欲修其身欲正其
心之謂【注】則當實用其力而禁止其自欺使其惡惡
則如惡惡臭好善則如好好色皆務決去而求必得之以
自快足於己不可徒苟且以徇外而為人也然其實與不
實蓋有他人所不及知而已獨知之者故必謹之於此以
審其幾焉
小人閒居為不善無所不至見君子而后厭然揜其不善而
著其善人之視己如見其肺肝然則何益矣此謂誠於中形
於外故君子必慎其獨也后俗本作後誤厭於琰反

清　王夫之《礼记章句》书影

前面说“孝”是做人的根本，其实，生活上严谨、守规矩，也是一种孝——父母对你接人待物放心，你做得好，父母高兴。真正的“孝”说起来其实很简单，就是让父母高兴，让父母放心。

再说“信”。什么是“信”？《说文》：“信，诚也。从人从言。”“人言为信。”人说话是要有诚信的。有道是“人以信立其本，处其世”，诚信是做人的基本准则，“民无信不立”（《颜渊》），“人而无信，不知其可也”（《为政》），人如果缺失了“信”，那也就说明他的社会生命宣告完结。

现代词语里有“诚信”“威信”“信用”“信誉”“信义”等。简单地说，“信”就是说话算数，不说假话，不说空话，不说大话，说话实事求是，信守诺言。承诺了的事，必须承担责任；说出了的话，一定要兑现。大家都知道“曾子烹彘”的故事（见《韩非子》），也知道季布“一诺千金”的典故（见《史记》）。这里再讲个信守诺言的故事：

曾子像

《后汉书·范式传》里记载：

范式，字巨卿，山阳金乡人也，一名氾。少游太学，为诸生，与汝南张劭为友。劭字元伯。二人并告归乡里。式谓元伯曰：“后二年当还，将过拜尊亲，见孺子焉。”乃共克期日。后期方至，元伯具以白母，请设馔以候之。母曰：“二年之别，千里结言，尔何相信之审邪？”对曰：“巨卿信士，必不乖违。”母曰：“若然，当为尔酝酒。”至其日，巨卿果到，升堂拜饮，尽欢而别。

为什么正史里要记录这样的故事？为什么这些守信的故事千百年来一直被人们津津乐道？因为诚信是人的美德，是儒家认为的做人的基本准则之一。《论语》里多次讲到信，如：

子曰：“道千乘之国，敬事而信，节用而爱人，使民以时。”（《学而》）

有子曰：“信近于义，言可复也。恭近于礼，远耻辱也。因不失其亲，亦可宗也。”（《学而》）

子曰：“人而无信，不知其可也。大车无𫐐，小车无軏，其何以行之哉？”（《为政》）

子张问行。子曰：“言忠信，行笃敬，虽蛮貊之邦，行矣。言不忠信，行不笃敬，虽州里，行乎哉？”（《卫灵公》）

最有名的一处是：

子贡问政。子曰："足食，足兵，民信之矣。"子贡曰："必不得已而去，于斯三者何先？"曰："去兵。"子贡曰："必不得已而去，于斯二者何先？"曰："去食。自古皆有死，民无信不立。"（《颜渊》）

国家可以去食、去兵，但不能失信，可见，"信"不仅是做人的准则，还是治国的保证。

"信"不单与说话有关，它实际上也是一种责任，一种担当，是一种自我约束。比如说，学生不完成作业，不好好学习；老师不好好上课，对学生不负责任；当官的不管事，不给老百姓解决困难；商人卖假货，缺斤少两，都属于违背"信"这一做人准则。

"信"与"谨"是密切相关的。《论语》里强调君子"敏于事而慎于言"（《学而》），"先行其言而后从之"（《为政》），"古者言之不出，耻躬之不逮也"（《里仁》），"君子欲讷于言而敏于行"（《里仁》）等，都是将"谨"和"信"联系在一起的。谨者必信，信者必谨。谨而信者，必能取信于人，必能受人尊重。相反，不谨不信，一定会被人唾弃。

第三是"爱众"，就是要有博爱的胸怀。"孝"是对父母的爱，是对父母的感恩，而"泛爱众"，就是要把爱心推广到众人。孟子说："君子以仁存心，以礼存心。仁者爱人，有礼者敬人。"（《孟子·离娄下》）又说："老吾老，以及人之老；幼吾幼，以及人之幼。"（《孟子·梁惠王上》）都是提倡广博的爱。爱不是施舍，嗟来之食，人皆不受，所以爱人要用平等、谦卑的姿态。只有用这种姿态，别人才容易接受，别人才会反过来感激你，尊重你。有位大师说过，别人给了我帮助他的机会，我应该对他感恩，这话太好了，只有达到高境界的人，才会产生这种思想。

"泛爱众"是一种美德，也是做人的准则。为什么？具有爱心的人，一定是具有奉献精神的人，乐于助人的人，宽容大度的人。爱人，不仅能够给别人带来愉悦，也会使自己心灵获得宁静。一心计较个人得失的人，一心只想索取的人，是永远得不到快乐的，因为这种人永远不会有满足的时候。

爱人，就会有宽容之心，君子于人无所不容。

子夏之门人问交于子张。子张曰："子夏云何？"对曰："子夏曰：'可者与之，其不可者拒之。'"子张曰："异乎吾所闻：君子尊贤而容众，嘉善而矜不能。我之大贤与，于人何所不容？我之不贤与，人将拒我，如之何其拒人也？"（《子张》）

别人对我有恩惠，自应时时想到回报他；别人做了对不起自己的事情，应及早忘掉怨恨。报怨之心停留的时间越短越好，而报答恩情的心意却要长存不忘。我们常说要恩怨分明，这是从原则性出发来说的。但就人与人的关系来说，一个人如果反复去琢磨怨恨，只会让自己更加痛苦，和怨恨对象之间的对立也就永远解不开。鲁迅"睚眦必报"，那是说是非分明，立场坚定；生活中的所谓怨恨，应该能够忘记就尽快忘记。能够宽待对不起自己的人，那才是大爱。

"泛爱众"是说要有博爱之心，并不是说对乱臣贼子也要去爱，对违背"仁德"的人也要去爱。孔子得知季氏"八佾舞于庭"，就很生气地说："是可忍也，孰不可忍也！"（《八佾》）是不是说没能做到"无所不容"呢？当然不是，而是因为季氏的行为已经违背了礼，违背了做人的根本原则，会对现实社会的秩序造成严重破坏。

现代社会普遍提倡乐于助人，这实际上就是"泛爱众"思想的延续。人人都有需要别人帮助的时候，老师关心学生，同学间互相帮助，在公交车上给老弱病残让个座儿，热心地给迷路的人指引道路，给灾区人民捐件衣服，给弱势群体说句公道话……都是"泛爱众"的表现。"爱"无大小轻重，用心就好。"爱"无处不在，献爱心的机会到处都有。就像歌中所唱的，"只要人人都献出一点爱，世界将变成美好的人间"。

第四是"亲仁"，就是亲近仁德之人。前面讲，"仁"是儒家学说的核心，"仁者爱人"，"仁者无敌"，世人以仁德为最高道德标准。统治者施行仁政，也是圣人所希望实现的理想社会。仁者是什么样的人？怎样才能成为仁者？

“仁者”也不是天生的，是后天修炼成的。这种修炼，重要的是你要“亲仁”，即你要对“仁”有追求的欲望。求仁最简捷的办法是与仁者为伍。

与君子游，苾乎如入兰芷之室，久而不闻，则与之化矣。（《大戴礼记》）

故曰与善人居，如入芝兰之室，久而不闻其香，即与之化矣。与不善人居，如入鲍鱼之肆，久而不闻其臭，亦与之化矣。丹之所藏者赤，漆之所藏者黑，是以君子必慎其所与处者焉。（《孔子家语·六本》）

常和品行高尚的人在一起，就像沐浴在种满芝兰散发香气的屋子里一样，时间长了便闻不到香味，但自身已经充满香气了；和品行低劣的人在一起，就像进入了卖臭咸鱼的店铺，久而久之就闻不到咸鱼的腥臭味了，这也是因为你与腥臭味融为一体了。藏丹砂的地方时间长了会变红，藏漆的地方时间长了会变黑，所以有道德修养的人一定会谨慎地选择相处的朋友和所处的环境。魏晋时期傅玄的《太子少傅箴》云：“故近朱者赤，近墨者黑；声和则响清，形正则影直。”其典故大概来自《孔子家语》。

子张问仁于孔子。孔子曰：“能行五者于天下为仁矣。”“请问之。”曰：“恭、宽、信、敏、惠。恭则不侮，宽则得众，信则人任焉，敏则有功，惠则足以使人。”（《阳货》）

子张向孔子问仁，孔子说：“能够处处实行五种品德，就是仁人了。”子张说：“请问哪五种。”孔子说：“庄重、宽厚、诚实、勤敏、慈惠。庄重就不致遭受侮辱，宽厚就会得到众人的拥护，诚信就能得到别人的任用，勤敏就会提高工作效率，慈惠就能够使唤人。”（译文据杨伯峻）能够同时做到这五个方面确实不容易，而要坚持就更难了。孔子弟子众多，孔子是这样评价的：“回也，其心三月不违仁（违：离开），其余则日月至焉而已矣。”（《雍也》）（杨伯峻认为，“三月”指长久地，“日、月”指短时期，不是实指）孔子认为，众多弟子中仅颜回能够长久地不离开仁德。其实，能否达到“仁”的最高标准，这并不是最重要的，重要的是要追求“仁”。所以孔子又说：“志士仁人，无求生以害仁，有杀身以成仁。”（《卫灵公》）《孟子》中认为：“人皆可以为尧舜”（《告子下》），也是说人人都可以有这样的追求。有追求，就有达到的可能，所以孔子又说：“仁远乎哉？我欲仁，斯仁至矣。”（《述而》）

如果撇开儒家思想对“仁”的特定标准，我们可以把求仁看作是对高尚人格的追求。所以，亲仁自然也就应该看作是做人的重要准则。大人们教导小孩子要“学好样”，学好样就是孔子说的“见贤思齐”（《里仁》），就是亲仁。

《论语》也讲到了如何亲仁，主要是通过讲交友来说明的。

孔子曰：“益者三友，损者三友。友直，友谅，友多闻，益矣。友便辟，友善柔，友便佞，损矣。”（《季氏》）

谅：诚信。便辟：谄媚奉承。善柔：当面一套背后一套。便佞：花言巧语。

子曰：“君子不重，则不威；学则不固。主忠信。无友不如己者。过，则勿惮改。”（《学而》）

《学而》第六则只讲“亲仁”，说明孔子并不是要求每个人都达到仁人的标准，而只是把“亲仁”当作做人的准则提出来，要求弟子们追求“仁”，向仁者看齐。向仁者学习，则“仁”就离自己不远了。

最后，关于“学文”无须多说。孔子说的“文”，按照传统的理解，是指古之遗文，但我们今天可以将其理解为一切文化知识。学习终生事，诸君共勉之！

# 结　语

我们读书，目的是什么？无非是修德、悟道、学知识。读同样一本书，有的人能够因此净化心灵，提升自己的品行修为，悟出许多做人的道理以及为人处世的方法或做学问的方法，同时积累许多知识；有的人可能就只是像容器一样，将书中的内容储存下来，证明自己读过这本书；有的人甚至可能读过即忘，仅仅有读过书的经历而已。我认为，对于经典名著，应该细细地读，反复地读，要一边读，一边琢磨，一定要从中悟出一些道理。

前文所述就是我读《论语》一则悟出的一点道理，结合《论语》和其他儒家经典，我认为这则《论语》所讲内容，可以看作是儒家所推崇的做人准则，不知读者是否认同？其实这不是我的发明，大家都知道，清代康熙年间山西的一位教书先生李毓秀就是根据这则《论语》，编成了一本蒙学教科书《训蒙文》，到乾隆年间，同为山西人的贾存仁将其修订，改名为《弟子规》。所谓“弟子规”，就是晚辈后生做人的规矩，也就是儒家推崇的做人准则。《弟子规》近年来很受追捧，不仅一些少儿国学班安排专门讲授，据说一些公司也找人给员工讲授；不仅在大陆重新受到重视，在台湾地区甚至世界其他华人地区，也很受重视。这说明，孔子两千多年前提出的做人准则，在今天仍然有其现实价值，值得我们深刻领悟。

# 从传统文化看当代人文情怀与社会责任

北京大学哲学系　李四龙

【内容提要】

“斯文”是指“人文”。以人文为根本，是中国传统文化的核心思想。儒家以礼乐制度诠释人文，注重伦理规范、社会秩序；道家则以天地人整体的宇宙观诠释人文，注重与天地精神相往来，心通道境；佛教由外来宗教成功演化为中国的传统文化，以“心识”的起灭诠释生命的根本。因此，儒释道三家有各自的人文精神：儒家侧重人的社会属性，道家侧重人的自然属性，佛教侧重人的生命属性，三家都重视个人的自觉与修行。

# 作者介绍

李四龙，北京大学哲学系（宗教学系）教授，博士生导师，主要研究中国佛教史、中国宗教史和佛教哲学。现任北京大学人文学部副主任，北京大学佛学教育研究中心主任，中央统战部宗教工作特聘专家。迄今出版《人文宗教引论》《天台智者研究》《欧美佛教学术史》《美国佛教》《中国佛教与民间社会》等6部专著，主编《宗教与人文价值》等12部论著，创办并主编学术集刊《人文宗教研究》，译有《佛教征服中国》等2部译著，在国内外刊物上发表学术论文百余篇。主持国家社科基金、教育部、中央统战部等多项重要科研项目。

什么是人文情怀？作为一名大学生，除在大学学习知识之外，还要有意识地培养自己的兴趣和品格。比如，这里是北京石油化工学院，很多同学今后会从事与石油化工相关的工作，那就要对这个行业有兴趣、有情怀。兴趣和品格的养成，比单纯的知识学习更重要，这背后可以说是一种责任教育。中国传统文化蕴藏着丰富的人文精神，可以帮助我们塑造新时代的人文情怀与社会责任。

## 一　贯通儒释道的“人文”

我们今天讲中国传统文化，强调的是其中蕴含的人文情怀和社会责任。以往讲中国传统文化的人文精神，主要聚焦在儒家的角度。今天，我想把人文精神延伸到儒家以外。道家思想崇尚自然，源远流长，这也是一种人文精神。儒道两家的互补，在一定程度上构成了中国传统文化的主体。作为外来宗教的佛教，也对建构我们的人文精神发挥了重要作用，譬如禅宗主张“明心见性”，把“心”当作生命的主体，重视心灵的自由、生命的价值，这当然也是一种人文精神。

为什么儒学思想最重要，能成为中国文化的主流？儒家在古代中国，承担起建构主流社会秩序的责任，构建了一种修身齐家、治国平天下的家国情怀。这种情怀，同时也代表了一种社会秩序。也就是说，儒家很擅长协调人与人之间的关系。但是，一个社会，一个民族，光有社会秩序是不够的。社会秩序总会调整，因为时代总是在变，秩序也必然会变。在这个秩序里，变与不变的规律、道理是什么？道家不直接讨论礼仪规范，而是强调宇宙自然，把天地人放在一起讨论。与儒家主张天尊地卑、阳尊阴卑不同，道家倡导阴阳互补、相反相成。道家强调的是一种自然，人如何在一个自然环境里安顿自己；儒家则强调人怎么在社会环境里展现自己。实际上，一个完整的人既不可能脱离社会，也不可能脱离自然。儒道互补，是人性使然。在某种意义上，道家还原了人的自然属性，而儒家表现了人的社会属性。

人不仅包括社会属性，也包括自然属性，我们不能脱离自然来讨论社会。那么，为什么还会有佛教？我们现在讲中国传统文化，总是把儒释道合在一起说，这是为什么？佛教展现了人的生命属性，这是以儒道互补为特征的中国传统文化所需要的。对生命现象的追问，是中国本土的文化体系所欠缺的。佛教的修行体系和终极目标，对很多人来说显得有些复杂，但这个宗教的基本出发点，是讨论个体生命的生死解脱。个体，在佛教里不仅是社会的最小单位，还是承载着生老病死、业报轮回的完整生命。在生死面前，没有高下贵贱。

佛教从印度传到中国，最后改变了中国原先的文化结构，从儒道互补转变为儒释道三教合流。这个变化是很了不起的，表现了中国文化的开放性和包容性。佛教对中国社会的影响，居然超过了先秦时期显学之一的墨家。我们过去有一个说法是“三教九流”。“三教”是指儒释道三教，教是教化，代表一种社会价值观。“九流”主要代表当时受推崇的技术，比如墨家、农家、医家、小说家等。那些技术主义的专家，是在“流”的层面上。但是，佛教很不简单，居然能跻身到中国传统文化的教化层面上。佛教凭什么实现了这样的华丽转身？

佛教之所以能如此，主要在于它对中国文化的思想贡献。中国文化改变了佛教，同时，佛教也给中国文化提供了新的思想，让我们对生命有了新的理解。佛教对中国文化最重要的贡献究竟是什么？这是本文要讨论的主要内容。

## 二 生命意识与明心见性

佛教刚传进中国的时候，是一个真正的宗教，讨论生死解脱。人终归一死，那生命的意义何在？宗教的作用，主要是讨论生命的意义，它以信仰的方式让信徒相信今生不会白活，生命可以某种方式得以永恒。

正常的人都不想死，宗教想尽办法让信徒哪怕死到临头也能充满希望。凡夫俗子不想死，却免不了一死，看病因此就变得很贵：大家都在想办法熬下去，花钱治病，其实是在买命。在医院工作的朋友跟我说，我们一生绝大部分的医药费是花在临终前的最后几个月。我们平常能治好的病，不会花太多的钱，但临终治不好的病，却会花钱如流水。等到有一天，医院要你花很多钱，家里怎么也拿不出来的时候，或者说，家里拿出这笔钱以后就会一贫如洗，说实在的，这病治与不治，差别不是很大。很多时候，就是花了那么多钱，也就多活三个月，多活一年。大家为什么要为多活这几个月，就把平时熬得特别辛苦？平时心情舒坦了，那些致命的疾病说不定就会晚来好几年。现在，医学很发达，但对生命的认识依旧有很多不确定性。宗教，就是存在于这种不确定性里。

大家都不想死，所有的宗教都会告诉大家生命根本就不会终结。佛教讲生命有轮回有解脱，道教讲长生不老，基督教会说死后有天堂地狱。对于这样一个死后的生命世界，活着的人并没有多少办法加以证实或予以否定。在佛教徒中间，讲到去世，通常是说“往生”：即从当前这个生命状态转向另外一个新的生命阶段，通常特指转到阿弥陀佛掌管的西方极乐世界。如果不是去西方极乐世界，凡夫俗子就要经历六道轮回，也就是在天、人、阿修罗、地狱、畜生、饿鬼六种形态里流转。这听上去挺美，死了以后还会再来，但古代印度人并不这么认为。因为转世投胎的时候，未必是按照个人的主观愿望，弄不好就下了地狱当了畜生。所以古印度人认为，人生是苦，最大的苦是轮回转世。面对无休无止的轮回，该怎么化解呢？古印度人想出了很多修行的方法，包括修苦行，最终的目标是入涅槃，也就是解脱轮回的生命状态。佛教接受了这样的说法，把涅槃当作最高的修行目标。从轮回到涅槃，这是我们理解佛教最大的理论框架。修行的目标，是解脱轮回，即入涅槃。

佛教因此说，生命的意义在于修行。如果不好好修行，不要说入涅槃，就是轮回转世，也很难去一个好地方。这个思想是佛教常说的“业报轮回”。轮回的时候，大家想去好地方投胎，这在佛教称之为“愿力”。但这种主观愿望消失起来很快，始终摆脱不了的是生前养成的各种习惯，即佛教所说的“业力”。我们活着的时候，事情做多了就会养成特定的习惯。这种业力在死后还有没有，这是一个信仰问题。我们唯物主义者不相信死后还有业力，但佛教徒相信。而且，佛教徒认为这种业力在未来都会生根结果：善有善报，恶有恶报，不是不报，时候未到。

在现实生活里，我们其实很难做到完全、彻底的公平，有时难免会愤愤不平。但是按佛教徒的说法，万般带不去，唯有业随身。今生不管做过多少事，不管是否受到不公正的待遇，只要做过好事，就会有意义，将来一定会有善报。这种说法，在科学上没有依据，但在伦理学上，却能化解很多矛盾，容易养成平和的心态。很多人批评这种心态是与世无争，有些消极，但很多时候，争也没用。所以，老子说：“夫唯不争，故天下莫能与之争。”

持平常心，做本分事。佛教经常这么劝佛家弟子建构自己的生命价值。只求心安，不问收获。在佛教的思想里，收获是一个长时段内必然发生的事情，即所谓的“业报”，既可能是善报，也可能是恶报。所以，宗教是什么？它以信仰的方式追问有关生命的问题：生命是什么？生命的本质是什么？生命的意义是什么？人必然要死，但有限的人生怎么能够绽放出最美的光彩？从古至今，宗教在不断地讨论这些古老的问题。

说实在的，儒家并不爱讨论这些问题。孔子说，未知生，焉知死？史料记载，孔子有个学生子贡，问老师人死后有知还是无知。孔子说，如果告诉你死后有知，就担心孝子顺孙看见亲人走了就想一起离世；如果告诉你死后无知，又担心那些不孝子孙连父母死后都会不管不顾，所以，有知还是无知，都不能说。如果子贡实在想知道答案，孔子建议他将来在自己死的时候再弄清楚，犹未晚也。这条材料，我不敢说一定真实，却反映了儒家在生死问题上的态度，既没有肯定也没有否定死后的世界。就我个人的理解，儒家是一种温和的无神论。这个学说深知生命问题的重要，没有采用宗教的信仰让人相信死后的世界，却以宗教的方式让人祭祀死去的亲人，认为这可以养成“慎终追远”“报本反始”的美德。

儒家、佛教都在面对死后的世界，但儒家只是把祭祀当作一种社会教育的方法，佛教则要让人相信死后世界的真实性，相信生前与死后有一种一以贯之的连续性。儒家只承认生前的境界，但佛教把这种境界持续到生生世世。这种差别，缘于这两种学说的侧重点有所不同。

佛教在乎的是个体生命的圆满，儒家则更重视社会秩序与伦理关系，它所说的生命价值是基于集体主义的伦理关系，而不是个体生命。因此，儒家思想对一个社会来说，确实是最重要的。社会需要一种理性化的建构，社会的美好其实是建立在一部分人牺牲的基础上，但从个体的角度来说，儒家思想是沉重的。道家、佛教，让人追求精神上的自由。道家强调个人与自然、天地精神的统一，佛教说明个体可以成为独立的、自由自在的精神存在。道家总想打破礼义、名教的束缚，去追求一种先天地生的“道”；佛教则连这样的“道”也视之为一种假名，而想要摆脱所有的羁绊，达到明心见性的空灵之境。对于凡夫俗子来说，社会秩序是第一位的；心通道境，明心见性，尚在其次。但后者涉及我们对生命的理解，关系我们的生活品质。

人死以后要安葬，要祭祀，儒家把丧葬和祭祀搞得很隆重，但儒家最关注的还是如何重新协调各种社会关系。至于死者最后是什么状态，并不受关注。儒家的祭祀，严格说来并不是宗教活动。在明清时期，丧葬活动的主角往往是和尚、道士，他们对死者的去处有自己的说法。在这些丧葬活动里，佛教与儒家对生命的理解并不相同。儒家在这里更重视人的社会身份，死后的哀荣成为十分讲究的大事。但对佛教来说，死者最终的去处最重要。相应地，儒家非常重视遗体的处理，佛教通常主张火化，遗体并不很重要，重要的是死后的精神存在。在生命里维持轮回的东西，老百姓最通俗的说法是“灵魂”，佛教的专业说法是“业识”，这是一个专业的概念，我们也可以把它简单地理解为“心”。生命的主体是“心”，或是内心养成的习惯。

佛教传入中国以后，丰富了老百姓对死后世界的认识，因此佛教所谓转世投胎的过程很快就融入中国人的丧葬仪式里。士大夫阶层未必接受，但在讲到“心”的时候，几乎所有的士大夫都信。中国文化本来就有修身养性的传统，佛教，特别是后来发展起来的禅宗，把“观心”“明心”当作最关键的修行，这真的是说到士大夫的心坎里了。“心”的内涵或本质是什么？中国文化对此谈得并不多，佛教对此则有长篇累牍的说明。其中，最重要的理论是提出了佛性、如来藏、自性清净心：每个人可以在自己的身上看到佛的特点，人人皆有佛性。对此想通了，还能付诸实践，甘心为众生、为社会服务，这被称为有觉悟。光是想通了道理，但在行动上做不到，那也不能算有觉悟。这也就是为什么禅宗公案里老要捣乱那些只想打坐的禅师。没有现实的度人实践，谈不上成佛。觉悟不仅是理论上的认知，更是一种实践智慧。

觉悟为什么那么难？最主要的原因是我们太在乎自己的利益得失。一天到晚只考虑自己的事，佛教称之为“我执”。“执”是把东西拿在手里放不下，即佛教常说的“执着”。这个词，在现代汉语里是一个褒义词，表示一种锲而不舍的敬业精神。但在佛教里，它表现的是什么都放不下的状态。拿在手里粘住了，这是一种什么感受？其实，佛教里还有比“我执”更顽固的东西，即所谓的“法执”。凡夫俗子总是觉得自己有理，即使是做错事，也往往表现得理直气壮，这就是“法执”。当然，“法执”的根子还在“我执”。

所以，佛教在讲修行的时候，主要是强调在观念上改变对自我的认识，达到一种“无我”的境界。这是一种哲学的境界，真空妙有，一切皆空。这种空灵的境界，带有很强的审美特点，直接影响了士大夫的审美情趣。这种空灵的意境或生命意识，塑造了中国的文人画、山水诗。这些艺术创作，画面留白，整体清雅，总有一股独特的气韵，这是在寻找生命的形象。生命到底是什么？人这一辈子在社会上飘来飘去，能留下什么？什么才是自我最真实的部分？佛教对生命的意义，是有总体的考虑，这与儒家、道家的思考确有不同。儒家让我们看到了人的社会属性，人之为人，要有社会责任。道家让我们看到人的自然属性，人之为人，在于顺其自然。佛教让我们明白了生命的本质，去从容面对生和死，在有限的人生里去做最有意义的事情，这是生命的格调或品味。

## 三　“人文”的本义

《论语·子罕》有一段话，“子畏于匡，曰：‘文王既没，文不在兹乎？天之将丧斯文也，后死者不得与于斯文也；天之未丧斯文也，匡人其如予何？’”孔子有一段时间过得并不顺利，有一次他到河南一个叫匡的地方，因被误认而遭到当地人围攻。情形有些危急，但孔子很淡定，就说了上面这段话。周文王不在了，他当年创立的“文”已经由我（孔子）继承。如果老天不想就此丢掉“斯文”，匡人又能把我怎么样？每次读到这段话，我总觉得孔子是中国历史上最有“文化自信”的人。我们现在讲“文化自信”，孔子是我们的楷模。

“文”该作何解？朱熹解释说：“道之显者谓之文，盖礼乐制度之谓。”（《四书章句集注·论语集注》卷五）他把“斯文”解释成“礼乐制度”。不过，这已经不是“文”的原义，他讲的是儒家意义上的“人文”。《说文解字》解释“文”说：“错画也，象交文。”“文”的原义是指交错的花纹或纹路。其最早的用法很可能源于远古时期的灼龟取兆，“文”指用火烧灼龟甲时产生的裂纹，巫师凭此裂纹预测吉凶。

《易经·贲卦》的彖辞，对“文”的用法有很好的展示：“刚柔交错，天文也；文明以止，人文也。观乎天文，以察时变；观乎人文，以化成天下。”《周易》这部书一半是讲算命，属于《易经》；一半是哲学性的解释，称为《易传》。后人重视这部《周易》，有的是想算命，有的是讲哲学。这段引文是讲哲学，同时提到“天文”“人文”，还讲到了“文明”与“文化”。

甲骨片

天上有星象，大自然有变化，这就是“天文”，而其特点、规律可以被概括为“刚柔交错”，阴阳交错，昼夜交替，寒来暑往。了解天文，就可以观察季节、节气的变化。“人文”相对于“天文”，人文的彰显方式可以概括为一个字“止”。止，就是节制。人文的关键是节制，“文明以止”。节制什么？如何节制？儒家的重点是以仪礼节制人伦关系，并赋予某种特定的精神品质。礼，因此也叫“礼节”。朋友之间开玩笑，要有分寸；人与人之间送礼，要有节制，否则就会出问题。《大学》里说：“为人君止于仁，为人臣止于敬，为人子止于孝，为人父止于慈，与国人交止于信。”君臣、父子、国人之间的交往，各有礼节，各有特点。

儒家认为，以礼教人，可以让人“恭俭庄敬”；以乐教人，可以让人“广博易良”（《礼记·经解》）。周文王、周公制礼作乐，经过孔子的系统整理，成为儒家的礼乐制度，用以节制人伦关系，形成社会秩序。这是儒家的人文。孔子在匡被围的时候，他深信这个社会需要礼乐制度，深信这个社会需要伦理秩序。在这套制度里，人的努力是第一位，鬼神之事尚在其次。人文精神的内涵，首先是以人为本，以楼宇烈先生的话说，“上薄拜神教，下防拜物教”[①]。

## 四 敦礼明伦

儒家的礼，有不同的分法。“八礼”的说法，重在讲究个人的成长：“夫礼，始于冠，本于昏，重于丧祭，尊于朝聘，和于乡射。”（《礼记·昏义》）“五礼”是大的分类，包括：吉礼、凶礼、军礼、宾礼、嘉礼。吉礼，主要是指祭祀之礼。礼，因此有其明显的宗教色彩。“礼”字的繁体写法是“禮”，左侧表示祭祀，右侧代表祭祀的礼器。《说文解字》解释“礼”的作用是“事神致福”。

祭祀是儒家礼教之首，“凡治人之道，莫急于礼。礼有五经，莫重于祭。”（《礼记·祭统》）祭祀的对象分等级，天神、地祇、人鬼都有等级。王祭祀最高等级的神，在殷商时期是祭上帝，但到商周之际，“上帝”这个最高的祖先神，逐渐让位给“天”。我们现在听到“上帝”这个词时，第一反应往往与

---

① 楼宇烈：《论中国传统文化的人文精神》，《温故知新：中国哲学研究论文集》，商务印书馆2004年版，第477页。

基督教联系起来，这实际上缘于明末清初耶稣会的翻译，他们把西方的God译成了“上帝”，后来还选定了“天主”这个译法。实际上，帝或上帝，在中国是很古老的概念，商周时期已经流行，是指我们死去的最早的祖先。人们相信，这些祖先还会保佑我们这些后人，当然前提是我们这些后人值得被保佑。祭祀上帝，是祈求上帝这个特殊祖先的保佑。

商周之际，两个不同的部族争夺政治权力。政治的特点，是要妥协与联合。部族之间的联合，就会表现在祭祀上。不同的部族有不同的“帝”，伴随着疆域的拓展，越来越需要寻找公共的“帝”。然而，随着疆域的不断拓展，最终导致无法继续利用血缘纽带进行政治联合。“天”作为取代公共祖先神的概念，自然而然地浮现了出来。祭天，成为王的特权，代表部族或国家的最高权力。除了“天”，其他被祭祀的人神，仍按宗法关系展开。王权逐渐成为贯穿整个社会的纵向力量；而在整个社会，普遍采用宗法制进行社会组织，宗族成为中国社会最重要的基层组织。面对很多彼此没有血缘关系的宗族，我们怎么把他们组织起来？“天”这个概念，变得特别重要。

明 《孔子圣迹图》之俎豆礼容

“普天之下，莫非王土。”天与帝，实际上常被混用，最著名的是“昊天上帝”。这个概念既要表现至上神的权威，凌驾于所有宗族或部族之上，又要维系王与这个权威的血缘联系。在古代中国，如果能接受这个“昊天上帝”，就意味着，在疆域范围内的所有人，不再拘泥于血缘关系，而是同心同德，追求大一统的政治秩序。

所以，在西周初期，中华文明经历了一次重大的嬗变，形成了一个我们现在很熟悉的文明形态。其重要的标志是“上帝”的淡出，“天”这个权威的出现。由上帝到天的转变，在国家层面上突破了基于血缘关系的组织模式。但在基层社会，古代中国依旧在强化血缘关系，形成越来越完善的宗法制度。中国的地方社会，主要靠宗族在维持社会秩序，但在国家的宏观层面上，不再继续依靠血缘关系，那么要靠什么？这就是周文王、周公的制礼作乐。《礼记・明堂位》记载："武王崩，成王幼弱，周公践天子之位以治天下。六年，朝诸侯于明堂，制礼作乐，颁度量，而天下大服。"显然，这是国家政治层面的礼乐制度，具有法典的性质。《周易》讲"观乎人文以化成天下"，或许首先是从这个意义上说的。以这些礼乐制度，可以教化百姓，成就统一的疆域。以今天的话说，"人文"是国家治理的重要理念，它能形成国家治理须臾不可离的道德规范。这在历史上也是儒家思想得以形成的重要源头。

儒家礼教与上古时期的宗教生活是有关系的。孔子在此过程中发挥了重要的作用，他给周文王、周公奠定的礼乐制度做了系统化的整理，这套制度不仅有利于国家治理，更重要的是有利于个人成长。礼乐的养成，被看作是成人的标志。"兴于诗，立于礼，成于乐。"（《论语・泰伯》）诗，代表文学，甚至可以代表具体知识的学习，这是我们成长的第一步；礼，代表规范，学会面对各种不同社会关系的行为规范，这是我们成长的第二步；乐，代表音乐，用以弥合源于不同礼节所导致的社会差异，分享甚至共享同一种心情或情绪，这是我们成长的第三步。音乐没有语言，但有丰富的联想空间，能在不同的人群里形成和谐的氛围。礼的作用是"别"，乐的作用是"和"。

礼乐不仅是为了"化成天下"，而且被看成是个人成长的重要内容，以此形成中国文化中非常独特的修身传统，这是中国社会思想史上的重要发展节点。祭祀，在国家层面的"五礼"里居于最重要的位置。而在个人生活里，丧祭之礼在个人成长的"八礼"里并不突出："夫礼，始于冠，本于昏，重于丧祭，尊于朝聘，和于乡射。"（《礼记・昏义》）冠礼、婚礼都很重要。成年礼为什么重要？这是一个人承担社会责任的开始。婚礼为什么重要？这是宗法社会自我延续的根本。据说，现在的离婚率非常高，闪婚闪离。不重视婚礼的代价，就是子嗣不兴，人口繁衍会出问题。后继无人，还谈什么宗法关系、社会秩序？最近，我还听说有人为了多买一套房，甚至为了过户一个车号，搞假结婚，假离婚。这是对社会秩序的极大败坏。听上去婚姻是个人私事，国家、单位、他人都不宜干涉，但太自由了就会没有尊严。没有尊严的人生，最终会生不如死。因此，婚姻是一件大事，现在的年轻人不应该太草率，要认真对待自己的婚姻。儒家的礼教，把国家层面的礼乐制度拉近到我们的日常生活，礼乐成为我们修身的内容。现在把丧葬讲得太重要，把婚姻看得太轻浮，这在根本上违背了儒家精神。

人类最早期的思想，大概都脱离不了巫术和宗教。儒家思想脱胎于上古时期的巫师活动，是对那些带有神秘或宗教色彩的活动不断理性化的结果。在长沙马王堆出土的帛书里，有一段非常重要的材料，学者们称之为帛书《要篇》。这份材料记载了孔子对待巫师或方术的看法：

> 《易》，我后其祝卜矣，我观其德义耳也。幽赞而达乎数，明数而达乎德，又仁者而义行之耳。赞而不达于数，则其为之巫。数而不达于德，则其为之史。史巫之筮，向之而未也，好之而非也。后世之士疑丘者，或以《易》乎？吾求其德而已，吾与史巫同涂而殊归者也。君子德行焉求福，故祭祀而寡也；仁义焉求吉，故卜筮而希也。祝巫卜筮其后乎？[1]

晚年的孔子喜欢《周易》，甚至有“韦编三绝”的传说，但他在这里说得非常清楚：他老人家和巫师们是“同涂而殊归”，做的事看上去一样，但彼此的追求大相径庭。他的主张是，儒家君子求福求吉祥，要靠自己的德行和仁义，而不是靠祭祀和卜筮。孔子在这里并没有明说祭祀和卜筮是否灵验，但对儒家君子提出了明确要求，少接触祭祀和卜筮。儒家君子不推崇祭祀，不推崇卜筮，这是儒家的自我定位。等到后来，荀子明确说，“故君子以为文，而百姓以为神”（《荀子·天论》）。这就把儒家的无神论特点表现得十分清楚。所以，儒家的礼教保留了很多的宗教内容，譬如在国家层面把祭祀放在首要位置，平时也很重视祭天

① 廖名春：《帛书〈要〉释文》，朱伯崑主编《国际易学研究》第一辑，华夏出版社1995年版，第28页。

祠祖。但在根本上，儒家重视个人的修身实践。

在儒家的理性化过程中，孔子还做了一件最伟大的事情，即给周公厘定的礼乐制度赋予了一种精神内涵——“仁”。这使孔子不再是一位普通的编辑，而是一位伟大的哲学家。他对周朝文献的整理，倾注了“仁”的精神，一以贯之。敦礼明伦，是社会教化的组成部分，而不是为了展现人力不可控的神灵世界。孔子允许老百姓的宗教活动，重视丧礼和祭礼，但这主要是为教育老百姓养成慎终追远的美德，教育百姓不忘本，知恩图报。儒家所描绘的“八礼”，希望能入朝为官，最后叶落归根，能和乡里乡亲其乐融融，这是完美的人生境界，也是人力可及的生活世界。

因此，孔子的文献整理，融入了他对中国文化的整体思考。文献整理很重要，但更重要的是，要给文献一种思想，要给制度一种精神。孔子的伟大贡献，是赋予了礼乐制度一种精神，也就是前面提到的“仁”。如果制度没有精神，就会沦落为一种程序；但如果给制度赋予一种精神，这个制度就会发挥巨大的作用。制度一旦没精神，人人都在想办法钻空子，利益越大，漏洞越多。孔子，在中国历史上被看作最伟大的圣人，还不仅仅是哲学家。他让礼乐制度呈现出人与人之间的仁爱，这比制度本身更重要。仁与礼是一体，礼是一种对个体行为的节制方式，同时也要求是一种恰当的节制方式。所以，礼的特点是要相互体谅。没有这种体谅，就会成为规矩，也就是冷冰冰的制度。“五四”新文化运动把儒家说成是“吃人的礼教”，是因为后来的礼教成为一种死板的规矩。孔子的礼，从来就是成对出现的关系存在，而不是单向度的规矩。譬如，五伦关系都有双向要求。

我们现在把儒家的“仁”解释得非常复杂，其实也可以说得很简洁：“克己复礼为仁。”仁是什么？思想上要克己，行动上要有礼。现在，社会上经常出现我们称之为“道德绑架”的事，譬如老人上车要求年轻人让座，否则破口大骂。我们没有权力要求别人善良，却可以要求自己、完善自己。孔子的仁，是帮助大家不断地超越自我，而不是让大家拿来指责别人。日常生活里的伦理道德亦是如此。克己，是儒家礼教的关键。只有这样，“仁”才会有一种积极的主动性。孔子说："仁远乎哉？我欲仁，斯仁至矣。"（《论语·述而》）孔子并没有讲他多有能耐，而是强调了仁的主动性。为什么会有"礼崩乐坏"？为什么会有僭越？因为很少有人有"克己"功夫。"复礼"的前提是对自我的克制。如果在观念上不约束自己，道德伦理就很难有实际的作用。仁是什么？仁是一种自我的主动实践。咄咄逼人的东西，很难长久，也不会有效。

儒家社会，是要建构一种相互体谅的秩序与规范。这种仁爱讲求相互体谅，就是我们所讲的人文精神。遗憾的是，一讲起"三纲五常"，我们总是自觉不自觉地站在强势的一方考虑问题。实际上，我们在生活里都很弱势，为什么老要为强势的人说话？孔子所讲的礼，并不是一个简单的约束，而是要体现人与人之间的关爱。

## 五　自然情怀

前面讲了比较多儒家和佛教的内容，现在我来讲讲道家，说说人的自然属性。我们平常老讲"家国情怀"，其实在日常生活里，更常见的是自然情怀，"顺其自然"几乎是中国人的口头禅。

每年的黄金周，大家放假了，是不是都想外出旅游？这是亲近大自然的表现，人在青山绿水之间，仿佛可以忘忧。我个人嫌黄金周人太多，喜欢在家里过想睡就睡的日子，这叫"自然醒"。所以，青山绿水是自然；想睡就睡，享受宁静，也是自然。有时候，我们到了一个风景区，喝完茶接着谈工作，我总觉得很别扭，在办公室老想出来玩，可真到了风景区还谈工作，何必呢？我们需要宁静，不必总在谈世界格局，也可以真心欣赏路边的一朵野花，一丛杂草。或许，杂草下曾埋着当年谋划天下大势的帝王将相。此刻，他们不及一株杂草。

静为躁君。人之为人，不仅因为在社会上有名分，也因为我们能有片刻的宁静，能有自主的忘忧。宁静能给大家带来健康、智慧。有时候我们心乱，因为杂事杂念太多，最后我们列了一个清单，告诉自己眼前能做的只有一件事，我们的内心瞬间宁静，事情也就迎刃而解。当然，"静心"看似容易，实际上也要有一番修炼。道家、佛教都讲了很多道理、提供了很多方法让大家静心。我遇到好多家长，都说自己的孩子挺聪明，就是注意力不太集中。他们不知道，注意力能集中，本身就是智慧的表现。那些老分心的人，可以很能干，但不太会有高深的智慧。

实际上，道家比儒家更能讲大道理。儒家喜欢从诚意正心讲起，一直讲到修身齐家治国平天下，道家则讲“人法地，地法天，天法道，道法自然”，直接把人放在“天地人”的格局里。这是“天下”和“宇宙”的差别。但道家最终关心的只是一股气，“通天下一气耳”。庄子经常讲，要与天地精神相往来，人世间的浊气，就不要去管。静心，也就是心平气和，有了这样的心态，就有可能与道为伍，心通道境。现在很多人总在追求能让自己可以自由自在的方法，其实最简单的方法，是让自己每天有5分钟或者10分钟静心的状态：不要想工作，不要想过去，不要想将来，端坐不动，闭目养神，最好什么都不想，实在忍不住要想，那就想想今天都做了什么事。这样做的好处，是能督促自己多干正事。所以，高人通常是孤独的、清静的，忙碌从来就不是好事。因此，自然宁静，清心寡欲，总是相提并论。

学者的境界，天然是与道家相通的。学者要有闲暇，要有思考。心不静，无以为学。学者的生活，也是朴素的、单纯的，“寂兮寥兮，独立而不改，周行而不殆”（《道德经》）。大约二十年前，我去美国普林斯顿高级研究院，那里是爱因斯坦晚年工作过的地方。那天我在普林斯顿大学校园的路上，远远看见一位老人带着一把雨伞走过来。远远地，我发现那人站在路边，腋下夹着一叠报纸，一动不动，一直等我走过去，他才走。当时，我大为诧异，这和我在纽约看到的人太不一样了，那里大街上的人都是行色匆匆，分秒必争。到了那研究院里，一切宁静，没有任何声音。一个个办公室，四周几乎都是黑板。这里的住户，大多数是诺贝尔奖得主。他们坐在办公室，突然会有一些想法，就在黑板上写下来，专职秘书的工作是记录、整理黑板上的这些内容。院子的边上，是一片森林，同样没有任何声音。面对这些人，当时我首先想到的是道家，他们是得道高人，生活简朴，思想单纯。他们作出的学术贡献，正在改变整个人类。对生活要求很多的人，是做不了科学研究的，勉强做下去，既害自己也害别人，更害了科学。

中国现在有很多大学城，比较偏远。很多老师、学生担心这些地方可能有治安隐患，学习条件不太好，这是有道理的；但抱怨不够繁华，就没道理。学习，就是要环境清静。1993年秋天，我到北大读研究生，此后几乎有两年时间没怎么出过校园。累了病了，就在未名湖边走走；其他时间，主要就在图书馆、教室和宿舍。到第三年，才开始参与一些学生活动，办办刊物等。回想起来，那是我一生中幸福感最强的两年，既不想过去也不想将来，只求多看几本书。留校当老师以后，静心的难度就越来越大。其实，学者的天性是淡泊，与道为伍。看到那么多的学术评价指标，甚至构建越来越复杂的评价体系，我在担心“世上已无真学术”，真希望我多心了。

道家能让人安静。与世无争，只是一种态度；回归自然，才是它的追求。道家称之为“道法自然”。道是什么？道是它自己的样子。我们每个人，都要有自己的样子，与天地一体，自给自足。你既可以把自己想象成一座高山，也可以把自己理解成一株杂草，怡然自得，不卑不亢；既可以正襟危坐，也可以直接躺平，关键是与道为伍。这是我讲的道家的“自然情怀”。道家所讲的道，先天地生，可以为天地母。

佛教刚传入的时候，也把自己称为“佛道”，旨在求道。儒家也很重视道，认为“朝闻道，夕死可矣”，但儒家的道，首先重视天道，以天为榜样。“天何言哉？四时行焉，百物生焉。”（《论语·阳货》）天什么话也不说，但诚实可靠，春夏秋冬四季变化，有条不紊。《周易·观卦》的彖辞说：“观天之神道，而四时不忒，圣人以神道设教，而天下服矣。”前面谈到以人文教化天下人，这里则讲以“神道”教化天下人。此处的神道，并不是指鬼神之道，而是专指神妙的天道。妙就妙在运行不已，却又有条不紊。观察天道，就是要以天道为榜样。在天道里看到了什么呢？看到了“四时不忒”。儒家常说“诚者，天之道也；诚之者，人之道也”，人要向天学习，像天一样诚实可靠。也就是说，在教化天下人时，诚实是第一位的美德。譬如，在学校里，考试写作业必须诚实，不诚实的考试毫无意义，对学生毫无意义，对老师也毫无意义，因为根本不知道教学效果。

但在道家看来，天道还不是最根本的。“道”本身是什么？我前面已经提到，“寂兮寥兮，独立而不改，周行而不殆”，这是我最喜欢的一句对“道”的描述。大家一定要记住，那些很热闹的东西，一定不代表最高明的道。最高明的东西，一定是“寂兮寥兮”。但这个“道”极其了不起，“独立而不改”，不受外部的影响；“周行而不殆”，永远精力充沛，生机勃勃。人在大自然面前的渺小，可以反衬出道的伟大。

我们在现实生活里，并没有多少人能坚持主见，总是受到各种各样声音的左右。我们这些俗人，离“道”太远，远没有“自然”的境界。说实在的，与道为伍，真做起来，确实很难很难。不过，我们可以心向往之，要知道人生有这样的一种境界。特别是当大家都毕业了，要知道天地之间还有这样一种高远的境界，千万不要沉浸在各种俗务里不能自拔。超越，是我们回归正常生活的重要手段。

儒家给了我们一种家国情怀，能有机会治国平天下是幸运的，但也是辛劳的。道家能让我们有一种自然情怀，无论多么辛劳，与道为伍，就会甘于淡泊，就会生机勃勃。同学们，你们未来的现实生活将面对各种压力，并不会太轻松。怎么办？要在家国与自然之间找到一个平衡，要有一个恰当的自我定位：既要有社会责任，也要有自然情怀。这是中国人的自然主义人生观，也是我们中国人文精神不可或缺的东西。

## 六　阴阳五行

中国人的自然主义人生观，与其以阴阳五行为基本内容的气化宇宙论有关。理解一个文化体系，把握它的宇宙论非常关键，它代表着这个文化体系的知识基础。近代中国遭遇西方科学，直接否定了这套作为古代中国知识基础的宇宙论，这使我们在很长时间内说不清楚古代中国的知识体系。

道家建构了一个气化宇宙论，认为天地之间通为一气。尽管我们说不清楚气功究竟是什么，但中国人似乎比较相信气功，这几乎是中国人的文化基因。道家对整个宇宙自然作了一个通盘的思考，还给人留出了在宇宙中的位置。所以，道家真的像哲学家，他们显然不太喜欢社会上的功名利禄。传说，老子后来西出函谷关，就不知去向。在历史上，佛教、摩尼教传入中国，就会有人编造“老子化胡说”，声称老子西出函谷关后，去了这些宗教的发祥地。故事虽然很不靠谱，但也强化了老子不慕虚名的个性。

站在道家自己的角度，老子的境界是与天地同体。和光同尘，天地之间，恍兮惚兮，全是老子。这是什么境界？与天地融为一体。这岂是一座人间墓穴所能比拟的？这样的境界，与其以气为根本的宇宙论有关。

最初的气未分阴阳，是太和之气。这在古代中国人的观念里是最完美的一种状态。所以，故宫里最重要的建筑叫“太和殿”。但这种状态并没有维持下去，其内部出现阴阳两种不同力量的变化，分阴分阳，尔后就有复杂的阴阳互动。《系辞传》里说，一阴一阳之谓道，阴阳不测之谓神。阴阳互动，变化不居。古人试图从不同角度描述其中的变化规律，最容易让人接受的解释是“五行”学说。金木水火土，不仅是古代中国人抽象出来的天地之间的五种要素，还代表了阴阳互动的五种基本运行方式。《尚书·洪范》把“五行”置于洪范九畴之首，视之为“天地之大法”。“水曰润下，火曰炎上，木曰曲直，金曰从革，土爰稼穑。”五行代表了气的运行方式，后来逐渐发展出相生相克的思想，并以此说明历史朝代的更迭，天地万物的生灭等。胡适说，五行和阴阳的观念结合成一个大系统，“用来解释宇宙、范围历史、整理常识、笼罩人生，从此便成了中古思想的绝大柱石了”①。

“阴阳五行”是中国思想文化的基石，由此形成一个庞大的知识与信仰体系。在中国古代发展起来的各种方术，诸如天文历算、看相风水、医术经方等，莫不与“阴阳五行”说有关。中国古代的方术系统，可以粗分为两大类：数术和方技。数术是指天文历算等，研究宇宙自然规律；方技是医经、经方、房中等，

① 胡适《中国中古思想史长编》，上海古籍出版社2014年版，第8页。

研究人体生命现象。这两套系统的解释都是建立在阴阳五行的基础上，我们对数术的研究，往往只承认天文历算的科学性，而对方技的研究，目前大多数人只承认中医的科学性，特别是经过了这次新冠疫情之后，国际上也有很多人认识到中医的科学性，尽管还有人顽固地批评、否定中医。中医对药性、病因、治病方法等的说明，都是采用阴阳五行说。我们这一代人，在年幼的时候还经常被父母带去看中医，那效果确实非常好。我当时觉得看中医最好的一件事，是不必给大夫说症状，老郎中好像什么都知道。

所以，道家在这样的知识基础上，不断地发展气化的宇宙论。这也使我们对“道”的认识越来越丰富。德者，得也，是修道者在认识和实践过程中的收获，而且是内化为个人品行的收获。因此道家的修行，十分看重“尊道贵德”。光靠理论学习，那是远远不够的，必须要有亲身实践。无论是儒家，还是道家，都高度重视个人的修身实践。这本身也是一种人文主义的体现，我们本土的宗教信仰并不依赖神的外在保佑，而是取决于个人的修行。

## 结　语

我本人是研究佛教的，但深受老子《道德经》影响，让我一直在思考什么是真正的人文精神。儒家的敦礼明伦，是一种人文精神，而道家的顺其自然，禅宗的明心见性，也是一种人文精神。我甚至在想，为什么佛教到了中国，最终能形成儒释道三教合流的有机整体？儒家把人的社会属性讲透了，道家讲了人的自然属性，佛教讲了人的生命特点，三者结合到一起，才有完整的人性。在这个意义上，中国文化确实是一个非常成熟的文化体系。西方人很重视人性，其实，三教合流才是对人性最完整的表述。南宋孝宗皇帝甚至还给三家做了社会分工，“以佛修心，以道养生，以儒治世”（宋孝宗《原道辨》）。

近代以来中国所遭遇的事情，实际上是遇到了西方文化里特别重视社会力的思潮，但这不等于否定了我们文化体系的三元结构。今后的中国文化，恐怕还是社会、自然和生命的三结合，只是在表述上不会简单地归结为某家某派。

# 境界与留白：传统中国的思想图景

北京大学哲学系　程乐松

【内容提要】

传统中国的思想图景是丰富多元的，其中既有修齐治平的工夫与内圣外王的境界，也有安时处顺的洒脱和与天为徒的超迈，更有祈福迎祥的实用和乐天知命的烟火。思想的复杂性植根于生活的丰富性以及历史变迁中不断积累的经验。中国人的思想中既有对境界的追求和向往，更有面对天道与天命的无力和安顺。我们并不是要提纯出一个简单的思想图景，而是要充分展现中国思想与文化的复杂性和丰富性。追求与古圣先贤同心同行的境界，最好的方法就是保持对文化传统的敬畏，让留白的智慧成为激活思想、涵育文化的源头活水。

# 作者介绍

程乐松，北京大学哲学系教授、博士生导师、副主任、教育部长江学者奖励计划青年长江学者。北京大学哲学系学士、硕士，香港中文大学哲学博士。主要研究领域为道家与道教思想、两汉思想史、六朝及隋唐道教经典、汉语哲学等。主持多项国家社科基金、教育部人文社科基金项目，出版《身体、不死与神秘主义》《中古道教类书与道教思想》等4部专著，在国内外学术期刊上发表中英文学术论文数十篇。

## 引言　朝向心灵的可能性

毋庸讳言，每一个人在生命历程中，一定会面对根本性的张力：即心灵的理想境界与个体生命的有限性之间的矛盾。这个矛盾在西方哲学和中国哲学中都是人类基于人性进行反思的时候最核心的课题。这个课题在两个方面决定了人类文化的发展方向：其一，决定人类文化发展的核心因素是什么？文化的想象力！不妨说，对于心灵与世界秩序的理想和憧憬，会直接决定想象力的边界。其二，人类伦理规范的来源是什么？来自于对于有限性的认识。我们不能完全掌控自己的人生，也不能完全掌控外在的世界。同时，每一个人都要去跟他人或他者相处，因此必须学会一种社群性或者群体性的生活，伦理规范是具有奠基性价值的。

这些题目对于在座的各位而言，可能是最普通的道理和最直白的问题。我们还需要进一步讨论吗？人文学科的特点就是始终从生活经验和直白的日常体验出发，进行反思和价值建构，每个道理似乎都并不复杂。当然，我们还会问，这些直白的话语和浅显的道理，何以构成知识，或者说何以构成专业学术呢？面向自己的心灵，面向历史，面向自己的文化传统所形成的那种文化想象力和对自我的理解力，在文化和社会发展中的价值被大大低估了。

文化的想象力和对自我的理解能力，是一个人面对世界，面对他者，面对内心的一种持久的内生动力。你可能掌握某种知识、某种技术，某种操控器物的能力，这些能力很大程度上保证了你能够在社会中体现最基本的价值，但这些基本的价值如何转换成为一种更具有人生意义的或者说更具有心灵平和度的自我体验，却是另一个层次上的问题。

我今天要和大家讨论的主题是境界与留白，具体来说就是想象力和对个体的有限性的认识。正是因为有了对于人生的理想状态的想象，我们才是一个有境界追求的个体。然而，一个完善的境界，是需要有一种留白的勇气才能体认和感受的。理想的内涵，就是超越了日常状态的、虚悬在日常生活上的理想。从这个意义上讲，我们要学会与自身的有限性共处。

如何理解自我的有限性？我们可以从质疑与反思两个层次上谈。

在科学知识主导的时代，我们每一个人需要的最根本的技能是质疑的技能。我们要会质疑某一些常识性的判断，我们会去考虑这些常识性的判断背后的知识是否能够经得起现实的检验。换言之，质疑的能力成为我们获取知识和智识的根本途径。现代社会中何为知识，或者何为有效的知识标准？我们都有基本的共识。我们对于知识标准的基本要求是来自于观察、假设、实验，再观察……这一过程中，只有我们对于自己的观察保持一种审慎的质疑，才有可能进行假设，才有可能进行实验，进而才可能进入下一步的观察。简单来说，知识的生产和积累就是这样完成的。当然，这样的能力并不代表整个心智能力或者说理智能力的全部，我们还需要什么？在向自我和世界发问的过程中，展示出了反思的精神。然而，当我们从当下回向历史的时候，总是需要理解一些人类文化的共同基础。同时，尝试走向个体的精神自由的时候，我们总要相信人类心灵中的共通和共融。我们尝试达到一种理想的人生状态的时候，总是要把自己融入某些根本的存在中。这种理解、相信和融入的能力是和质疑的能力相对的。

理解、相信和融入的能力就是反思的能力。简言之，与质疑相对的是，我们为什么会相信某些观念？我举个简单的例子，如果是一个儒家的信仰者，或者是儒家学说的遵从者，大致会确信个体的自我实现是要依赖正心、诚意、格物、致知、修身、齐家、治国、平天下的自我修养之道，以至于个体成为不朽道德典范。

我们都知道，孔夫子作为一个历史中生活过的个体生命肯定已经消亡了，或者说他的生命已经终结，但是在过往的两千多年，所有中国人在道德和精神意义上都深刻地受到作为一个典范的孔子的影响。儒家所相信的恰恰就是一种道德典范的力量，实现某一个个体生命的不朽。个体生命的不朽并不是他本人的身体或者生命过程的不终结，而是他所坚持的价值的不朽。就像我们会说，“君子有所为，有所不为”，就是你要去做的事情是有界限的，而且这种界限恰恰体现了对于价值的坚信和坚守。孔夫子困于陈蔡的时候，他明知其不可为而为之，这也是他坚持的价值。换而言之，我们总是要相信某些东西。进而言之，这些东西是什么？是人生的价值和我们对自己内心的一种自我实现的需求的信念，这样的一种信念，最终会落实到我们的行动和生活经验中去。

明 《孔子圣迹图》之在陈绝粮

我们总是要依靠一些日常经验以外的价值来支撑我们的人生，锚定我们的价值和思想，这种价值的作用一点儿都不会低于你在日常生活中坚持的基本常识。我相信在座的各位在晚上闭上眼睛的时候，大概都不会焦虑明天会不会天亮。然而，从一种科学质疑的精神意义上，这个事情是值得焦虑和质疑的。确切地来说，绝大多数对自然现象的观察都来自于归纳，而不来自于演绎。对于自然现象的归纳永远不能形成全称判断，我们怎么知道在接下来的这几个小时不会出现某一些特殊的情况，造成明天太阳不升起来？我并不是说这个情况一定会出现，而是尝试强调，这些基础的信念可以让你在一个有秩序的世界里平静地生活，且不需要过度反思，而这就是你生活经验的基本结构和基本秩序。这就是我们所说的常识。

## 一　安顿与憧憬：建构完整的自我

如果我们今天要用一种比较轻松的方式来谈中国传统的思想图景，可以从以下三个方面具体展开：首先跟各位分享三个小故事；其次分析一下小故事中的道理；最后我们讨论在这些分析和体认的基础上应该如何展开行动。

之所以要讲故事，是因为在对故事的理解中肯认价值远比单纯地讲道理更为重要。我们需要得到的不是一个空泛的道理，而是一个个体在面对自我生命和面对自己经验时候的抉择，这个抉择背后既有他对于价值的肯认，更有一种来自这种肯认的面对生活的勇气。

第一个故事是一个非常有名的故事。明朝弘治五年，也就是1492年，王阳明在努力践行程朱理学中的格物致知之学。朱熹讲如果你要体认天理，那么最好的方法是格物以致知。今日格一物，明日格一物，总有豁然贯通处。意思就是说，每天就了解一个事情的对象的内在原理，然后每天不断地这么了解，总有一天会豁然贯通的。阳明先生在他年轻的时候读到了朱熹的著作，他就开始格物，在院子里面去格竹。他对着那片竹林，想格出竹子里的天理。据说，他盯着竹林看了三天三夜，也没有格出竹子的道理来。通过这样的经验和尝试，他意识到这个格是不对的，或者说这种今日格一物、明日格一物的道理看起来是对的，却可能是实现不了的。在他看来，他想要去追求的是那种内圣外王的真理。对于一个科学主义者，或者对于我们今天接受科学教育的人来说，什么是真理？真理就是对客观世界的那些规律的认识，这些规律能够被我们所利用，或者被我们所认识，我们通过认识这些规律，能够面向未来去创造更好的生活，这就是我们所说的真理。对于阳明先生来说，什么是真理？ 王阳明先生的父亲王华是明朝状元，在南京任礼部尚书。可以说，阳明先生生长于簪缨之家。他在很小的时候就表现出了极高的文学和哲思天赋。到十三岁的时候，他跟父亲说，自己想要到边疆去看一看，看看天下之广阔，同时了解国家的边防状况。于是他随父亲游历了明帝国的边疆。十五岁的时候，少年王阳明跟他父亲讲我要读书了。他和父亲说，我读书不是为了当状元，是为了当圣人。

清　郑板桥《竹石图》

在他的父亲看来，这个想法的确有些异想天开，也太离经叛道。然而，从那个时候开始，阳明先生所追求的就是如何当圣人的真理。这就是我们所看到的人生理想以及它背后的价值。成为一个圣人意味着什么？我想，这个圣人并不是说他要成为对于这个世界有掌控力的人，而是要成为对自己有掌控力的人。

应该如何理解这种关于圣人的观念呢？《论语》有云："吾十有五而有志于学，三十而立，四十而不惑，五十而知天命，六十而耳顺，七十而从心所欲，不逾矩。""从心所欲，不逾矩"是什么意思？你从字面上看，就是我想要什么，我想要做什么，都没有任何障碍。然而，你如果仔细理解这段话的内涵，就会发现从"有志于学"开始，孔子就始终坚持不懈地学习圣人之道，学习先王之道，以此修身并提升自己的道德水平，增进对世界的整体理解，以及对宇宙中恒久不变的价值的肯认。通过不断的学习，到了七十岁的时候，起心动念处都在规矩方圆之内。因此，他获得了绝对的自由。怎样实现绝对的自由？基于自己的心性和德行的修养，达到绝对的自律，才能实现绝对的自由。

从这个意义上讲，圣人就是达到个体的绝对自律。达到绝对自律是非常艰难的过程。如果认为随心所欲的意思是放纵自己的欲望，那么就误解了孔子所谓的自由和超越性。孔子说的"从心所欲，不逾矩"不是放纵欲望，而是高度自觉地意识到自己的有限性，并且自觉地认识到自己的道德责任，并且能够自发地在日常生活中落实这些责任和规范。与有限性和责任感共处，达到一种自觉和自发的状态，这才是绝对的自由。

对于阳明先生而言，他做的就是追求他自己肯认的真理，他的一生都在纯粹而执着地追求他认识到的价值和人生境界。阳明先生认为心里对于某种价值和道理的肯认并不是全部，更为重要的是可以做到在日常生活中去落实和践行。因此他总强调，学问就是"心处入手，事上磨炼"。阳明先生认为：不能行者不为真知，不能知者不为真行。如果你行动了，那么你必须有为什么行动的自觉；如果你真的知道了某个道理，那你就必然能够把知识或者这个道理运用在你的行动中。我举个例子，我们都知道要敬老爱亲。但是，你在街上碰到一个老人躺在地上的时候，要不要去扶他呢？实际上我们是有顾虑的。然而，如果你真的坚持"不能行者不为真知"这一修身原则，那么有老人躺在地上而你没有去扶他，这就不是真知。

第二个故事是关于笛卡尔的。大家都知道，笛卡尔是在数学界和哲学界都非常重要的人物。1619年11月10日，笛卡尔在给一个朋友的一封信里面讲到，他想要创立一种全新的科学，为所有类型的量、所有可能方程提供一种一般性的解决方案。

要达成这一目标，就需要建立起一个完整的对于人类知识和世界的框架性的认识。他说："我知道这是一种雄心勃勃的计划，但是透过这种科学的层层幽暗，我已经瞥见了一丝亮光。借着它，我将能够驱散，哪怕是最浓重的昏暗……自然之光将穿过隐秘的神所产生的黑暗和欺骗提供光亮，来建造理性的堡垒。"对于笛卡尔来说，他的梦想的核心是什么？是理性。我们相信人的理性可以穿透一切蒙昧和愚昧，最终达到对世界的认识和掌控。

这就是笛卡尔所坚持的真理，而笛卡尔的这个真理确立并决定了1650年以后整个人类哲学图景的基本原则：我们不断地反思、不断地怀疑，把自己所有的知识和对世界的理解，建立在不可怀疑的基础之上。从这个意义上来说，我们第一次从神性的光环中走出来，相信了人的理性，而这与阳明先生所坚持的——在真理的坚持和价值的肯认意义上——是一样的，只是他们所相信的内容不一样。阳明先生想要做的是圣人，达到绝对自律的人格境界和精神超越。对于笛卡尔来说，他想要的是一种绝对的确定性，或者说一种确定性的知识。

第三个故事来自于《庄子》。对于庄子来说，他想追求的是什么？他要追求的是自由——他所相信的自由。庄子的境界就是"独与天地精神往来，而不敖倪于万物。不谴是非，以与世俗处"。这样一种超然又崇高的自由状态或者说是人生境界，具体而言是什么样的呢？在《庄子·大宗师》中记载了两个朋友子舆和子桑的故事。雨季之中，大雨连续下了十天，子舆就担心子桑的安全和健康，于是去子桑家给他送饭。到子桑家门口的时候，就听到子桑在若歌若哭，他哭什么呢？"父邪？母邪？天乎？人乎？"子舆就走进去，问他为什么唱这样的歌？子舆问子桑是否是对天地有什么怨言呢？子桑说，即使我想让天地独使我如此困顿和不堪也不可得啊。因为天地是无私的，天地的运行从来不以人的意志为转移，每个人的命运都不会因为天地的好恶而有任何的变化啊。天地就像我的父母一样，怎么会希望我穷困呢？“求其为之者而不得也。”因此，子桑说，我之所以到今天这个困窘的绝境，不过就是我的命啊。

元　刘贯道《梦蝶图》

大家会觉得我说的就是典型的宿命论吧？然而，我们要清楚地意识到，我们要分析的不是他的结论，而是他对自己的生活境遇的一种理解方式。这种理解方式是围绕他自身的有限性与天地的无限性之间的矛盾展开的。天地无限且无私，生活境遇极端穷困，人要如何去与这两件事情共处？对于这种状况的理解方式才是自由的真正源泉。换而言之，绝大部分的不自由，恰恰来自对自我有限性认知的偏差。

你觉得某件事情不应该，其实暗指某种情况或者某种境遇不是我应得的，我应该拥有更好的东西。是这个想法带给你那种不自由和受限的感受。这种不自由的感受很大程度上会带来一种更强的消极的宿命感。而对于子桑来讲，他认为他的困窘是宿命的，或者是悲剧性的，他认为这是“自然而然”的。所谓的宿命论是为已经感受到的不合理的东西提供一种暂时的心理缓解。与此相对的，一种高度的、对于自身有限性的自觉恰恰是认同当下。从这个意义上说，庄子所追求的自由是平和地与有限的自我共处。

王阳明想要得到的是内圣外王的圣人境界；笛卡尔想得到的是确定的、万世不移的知识；而对于庄子来讲，他要学会与有限的自我共处。不同的精神追求所体现的都是生活方式中所蕴藏的自我认识和自我期许。什么叫自我认识和自我期许？简单说，就是希望自己成为一个怎样的人。

我想举出《兰亭集序》和会稽山阴的那次雅集来进一步说明。雅集就是很多文人聚在一起，用诗文酬唱的方式聚会。按照王羲之《兰亭集序》中的记载，其时参加雅集的有谢安、孙绰、王羲之等当时名士。他们在兰亭进行的是“流觞曲水”的活动，就是将酒樽放在流水之中，一咏一流曲式的高谈阔论，也一觞一涵咏式的作诗吟句。因此，所谓的《兰亭集序》实际上是在兰亭雅集上所作的诗歌集的序言。这篇序言从内容到书写都是王羲之完成的。王羲之对于这篇序言的文字和书法都颇为自得，写完了以后就珍藏起来了。这个文本是什么时候再出现的呢？是在唐太宗的时候，王羲之的七世孙智永声称拥有《兰亭集序》的原作，房玄龄想办法得到了《兰亭集序》并送到了皇宫。唐太宗就让褚遂良、欧阳询等当时第一流的书法家临摹。我们今天看到的《兰亭集序》其实都是临摹本。传说唐太宗下令把《兰亭集序》的原本随葬了。从某种程度上来说，正是唐太宗对于《兰亭集序》的追索才使得《兰亭集序》重新出现在文化史中。我想通过这个例子说明一个什么问题呢？《兰亭集序》不仅是一个书法作品，它承载的更是一种生活方式和一种对于雅致生活的记忆。它代表的是一代一代的中国文人对于雅致生活和历史中那些伟大文人的缅怀和憧憬。正是这种缅怀和遥想，使得雅致生活成为我们在内圣外王以外，对于日常生活的一种追求，而雅致也变成一种自我期许和修养的目标。

憧憬一种雅致生活，可以塑造一个人的精神世界和自我认识。苏东坡的《赤壁怀古》，写得非常精彩且颇具历史的沧桑感。然而如果我们稍微研究一下，就可以知道苏东坡去的并不是赤壁古战场。然而，这一点都不影响我们对《赤壁怀古》这首词的整体理解，以及对从文字中看到的赤壁古战场和三国时期风云人物的那种缅怀。我们依赖着一些象征性的载体去遥想历史中那些伟大的场景和激动人心的精神世界，这就是雅致生活的来源。

我们一直说下来，不断转变角度和主题：从内圣外王的真理到确定性的知识，再到我们看到的对于与有限性相处的自觉，一直到我们在日常生活中所追求的那种雅致的气息，这四个主题有什么关联呢？其实，这四个主题从不同层面，展现了个体是如何建立起一个理想的人格和自我期许的。

自我期许很大程度上来自于对自律的感受，自律的要求并不来自于外力的强加，而是来自于自觉。人生的境界在中国传统思想文化中有两个来源：第一个就是从历史上的伟大心灵和价值系统中所取得的自我期许；第二个就是通过长期的自觉的行动，让这些行动转变成为一种持续的价值理念。这就是人生境界的来源，而且会引导着我们走向更加复杂的行动。我并不是尝试要重新回到历史，而是因为今天远离了曾经的雅致生活，才让我们疏离了对超然于世的精神世界的追求，以及对于确定性和真理的坚持。

我们并不是要回到传统的生活里去，而是要不断地看到我们与这些生活方式之间的距离。对于这种距离的自觉，很大程度上会提升我们对自我反思的需求以及自我反思的深度。正是从确信开始，我们进入到对于生活的不同类型的怀疑，然而，我们现在的怀疑绝大部分是知识性的。与之相对，在传统中国的思想世界中，更重要的是对人性的限制和时代的限制的理解。

何谓时代的限制？如果各位了解中国传统的历史观的话，你会知道，按照道家的历史观，人类历史是一个不断堕落的过程，或者说不断退化的过程。基于这样的历史观，老子《道德经》才会希望回归小国寡民的自然状态。老子认为，因为有了礼仪，因为有了智慧，所以我们有了虚伪，有了争斗。因此，对于道家思想而言，对于历史的理解恰恰来自于回归到自然状态的期许。

人的限制又是怎么来的呢？无论是从佛教还是儒教，抑或从道教的角度去看，我们都是会首先承认生命的有限性。通过承认生命的有限性，才去反思我们对于无限性的追求。宋明时期很多知识分子都会去追问何谓“孔颜乐处”。“贫居陋巷，箪食瓢饮，而不改其乐。”简言之，就是每天只能吃一点点食物，然后喝一点点水，住在一个很破旧的房屋里面，但是仍然有这种发自内心的平和与快乐，如何达到这样的精神境界？这是宋明知识分子的核心关切。我们有限的生命处在特定的社会环境中，如何追求平和与自足的状态？这是基于人的限制展开的。

从这个意义上来讲，中国传统思想中的境界是一种有温度的理性主义和有理性的人文主义。我给大家举个例子，说明何谓“有温度的理性主义”。孔子弟子宰我有一次问孔子，为什么要服三年丧。他跟孔子说：“君子三年不为礼，礼必坏；三年不为乐，乐必崩。”（《论语·阳货》）礼坏乐崩了怎么办？孔子回答，说你的父母亲刚刚去世，你就吃精细的粮食，穿漂亮的衣服，你心安吗？宰我说，我心安啊。孔子说：“夫君子之居丧，食旨不甘，闻乐不乐，居处不安，故不为也。今女安，则为之！”（同上）我不知道大家看到没有，孔子在偷换概念，宰我的问题是礼崩乐坏，而孔子却说你心里安不安。这是两件事，何以联系在一起呢？

孔子后来跟其他人解释说，为什么我们一定要服三年丧呢？因为“子生三年，然后免于父母之怀”，所以父母亡，子女必有三年之哀。孔子并不是在讲一种纯粹的理性主义，他讲的是人情、有温度的理性。那么，什么叫有理性的人文主义呢？“民为重，社稷次之，君为轻”就是十分典型的理性人文主义，也就是尊重人性。我们讲的是对于人性的尊重，是对于百姓的关心，我们仍然要有理性。因为我们必须按照社会结构去生活。也就是说，我们的关切必须是有理性基础的，而对于社会和人性的理性认识又必须有人情的基础。

这两个层次的结合使得中国传统思想世界很复杂，而且似乎颇不讲非此即彼的道理。亲亲相隐的故事就是要达成某种伦理性的平衡。既要遵守国家的法律，又要坚持自己的孝道。有疑与有信，不是我们之前说的质疑和确信。怀疑和确信是在知识层面讲的两种状态，而有疑则是由于我们首先有了确信，才会去怀疑。明成祖朱棣打到南京去了以后，他找到了方孝孺，他希望方孝孺给他写一个登基即位的诏书，方孝孺没有写，然后方孝孺就被株连十族。方孝孺为什么能够宁愿付出十族共死的代价，坚持不写即位诏书呢？因为他认为明成祖是篡位，获得皇位的方式是不合法不合理的。虽然没有办法用武力推翻你，但是可以坚持自己的原则，我愿意为之付出生命。我们可以想象那个时候的壮烈，同时能够想象在精神世界中对自我价值的坚守。对价值坚守的这种壮烈，恰恰体现出了一种高度的精神魅力。这是一种自立吾理的从容与自觉。我自己把自身存在的道理和天地之间的道理弄得很清楚了以后，我能够自足地完成对自己的说服，这个不是自我欺骗，我们常常把自我欺骗和自立吾理混淆起来。

何谓自立吾理？将对自我和世界的理解建立在一种从容的确信与自我价值的坚持之上，从不怨恨开始，从自觉的合理性入手，建立起来的整全与平和的理解。自我欺骗是从怨恨出发的一种自我安慰，自立吾理是一种平和状态，是对整个世界的整全解释。这种从容和自觉是遗世独立和不疑的精神魅力，即能够在世俗评价和世俗生活以外找到一个价值支撑，并且不怀疑自己的坚持。这种精神境界是高度自由的，在某种程度上也会形成这个人的精神魅力。

绝大多数的个体在日常生活中，经常会出现一种难以自持的或者说难以自制的情绪，就是因为确信度不够。中国人最高深的道理无非就在这些地方。精神境界并不是来自一些空疏的想象和空洞的体验，而是更多地来自于对于根本的问题的把握。急迫的问题是当下就需要解决的，而根本的问题是在过去的五千年都没有解决的。我们今天对于根本问题的回答一点都不比老子、庄子、孔子和孟子高明。需要回向传统的思想和经典阅读解决的问题是根本的问题，而不是急迫的问题。历史通过经典体现出来的，或者最终造就的就是一种自我理解。在历史框架中，我们是通过不断回溯历史的方式得到一种更加确定和丰富的自我理解。

绝大部分知识的获取都是为人之学，都是为别人提供价值的。只有面对经典面对自我的时候，你学到的东西才是为己之学。《论语·宪问》中“古之学者为己，今之学者为人”，就是推崇古人是为了安顿自己的身心去学习的做法。从这个意义上来说，要去阅读历史，或者说阅读经典，才有可能扩展对世界和自我的理解。历史和经典总在关切那些最根本的问题，因此，对那些最根本问题的思考，可以通过阅读经典和历史的方式去重新直面。

在这样的一种价值性的确信的意义上，我们要去了解中国人在行动意义上的整体框架是什么样的。我们是在一个高度复杂的世界中展开自己的精神生活的，那么这个高度复杂的精神生活世界是什么呢?

第一是在日常生活里的繁杂，第二是在政治和权力生活中的规则。简言之，就是江湖之远与庙堂之高。中国传统的精英士人对自己生活状态的整体期许是“居处江湖之远，而有庙堂之忧；身居庙堂之高，心处江湖之远”，希望能够达成两者之间的平衡。在庙堂之上的人，才会有江湖之思，有对江湖的怀念，所以没有任何一个中国传统士大夫的精神世界是单面的。其中应该既有庙堂之上的责任，也有江湖之远的心境；既有在日常生活中的那些繁杂，也有在内心想要坚持的自我。庙堂和江湖之间的巨大差异是依赖什么连接起来的? 是依赖一种基于良知的自我理解连接起来：既要去面向自己的道德责任，又要去追求自己的精神自由；既要去面向个体的实现，又要去面向天下秩序的实现。在这两个方向上形成了一种双向平衡，这也成就了中国人思想图景的丰富性。

如果把儒释道这三个中国最基本的思想体系作一个划分的话，你会发现一个人的人生不同阶段，需要这三种不同的价值系统和知识系统的支撑。一个人四十岁以前，应该不断地追求自我实现；到了中年之后，就需要回到一种平和自抑的道家心态，学会和自我的有限性共处；进入老年之后，佛教思想解释的生死智慧可能又是保持内心平和的重要思想来源。三教的结构，往往可以支撑起一个人个体精神世界的生命旅程。北京大学哲学系王博教授说，如果说儒家是春天，很和煦、很温暖；那么墨家的热情和倡导自我牺牲，就有着夏天的炽热；道家则像秋天一样清冷和萧瑟；而法家则像冬天一样肃杀。这就是中国传统思想图景中一体多元的丰富性。

另一方面，中国传统思想不仅在整体上是非常复杂的，就某一个思想家或者思想文本本身也可能是十分复杂和丰富的。比如说讲到《庄子》文本，胡文英就认为，庄子眼极冷，但是心极热。冷眼看穿，但终究热肠牵挂。在冷热之间你看到的是同一个庄子，具有高度的生命热情，同时又对世界进行一种冷峻的观察。这也是中国传统思想境界一体多元的丰富性。此外，又融于个人的整体生命历程，完全符合人生不同阶段的精神追求，还有同一个个体所呈现出来的高度复杂的精神样貌。

我们此前所说的雅致的生活或者雅致的自我期许，恰恰就是对这样一种丰富性的自觉。通过这种丰富性的自觉，始终保持对历史和历史中伟大心灵的那种仰望和憧憬的态度，这就是雅致生活的根本来源。

## 二　境界与留白：作为生活方式的博雅修养

在中国的传统思想中，人生理想是广博的知识和雅致的自我期许的结合。广博的知识来自于一种历史感和经典感，来自于对自然的好奇和尊重。雅致则来自于道德性的和精神性的自我期许。一个真正的君子，是博雅并具的。中国传统的知识分子往往首先追求广博的见识，“一事不知，深以为耻。”在此基础上，自立吾理才是有根基的。这样一来，一个人的思想世界就是既持续开放，又保持独立的。

中国传统思想中所追求的人生理想既具有开放性，又具有个体性。从这个意义上说，人生境界是由两个层面构成的：第一个层面是向外的自我推展，第二个则是向内的自我反省。自我推展和自我反省一体两面，只有把自我反省做得很充分，才能够实现自我推展。境界是无限趋近的一个理想设定，我们要把境界作为理想的设定而与日常生活区别开来。境界本身是一种不断趋近的人生理想，是一种行动和体悟，而不是简单的知识，也不是简单的目标。

通过自我修养和对境界的认识，我们就可以提出下一个问题：即从知识到行动，如何通过一个有效的自我的认知，达到某一个行动性的标准。中国的经典并不来自于一个简单的语句或这个语句所承载的内涵，而是来自于通过你的生活经验的不断积累，不断体悟到的这些经典背后的精神境界和精神境界所承载的行动性指南。从经典到生活，从生活再回到经典，这个过程恰恰就是精神境界不断提升的过程。如果能够进入这样的一种知行合一的状态里，我们才开始说修养。

我认识很多学国画和学书法的朋友。我们去看画展的时候，我的画家朋友

清　恽寿平《荷花芦草图》

会在一幅画前驻足玩赏很久。他会去看画的用墨，画的构图，画家的感受和体悟。他们为什么能够感受到这些呢？自幼不辍的练习，让他们有了丰富的感觉和体悟。譬如，他们会告诉我，毛笔的笔尖是非常软的，因此墨的饱和度完全是自己掌控的，作画时的感受，甚至当时画画时空气的湿度和纸张的质量都与画作有密切的关系。笔尖和纸触碰时，时间的长短，力度的大小，还有墨汁的品质都会影响到画作的最终呈现。这都是在实践中不断去体悟的。正是因为有了这种体悟，才能在看到同行们的画作时，产生一种独特的共情和欣赏。通过画家朋友的描述，我大概就知道他们为什么要经过长期的艰苦修养。因为这些长期的艰苦修养，不仅形成了记忆和技术，而且形成了一种态度，这种态度包含了两个层次：不断提升的自控能力和不断强化的感受能力。

从这个意义上来说，通过修养的方式，可以将我们的所知赋予行动，让行动重新来巩固我们自己所坚持的知识和信念。这样形成了一种从行动到知识，再从知识到行动的持续的相互促进。这个可能是从境界到行动的一个重要的转向，而转向本身又并不是刻板的认知方式，而是日用不知、习焉不察的状态。绝大部分的知识和感受是我们每天都在使用的，但是我们并不反思。我们所坚持的生活习惯是每一天都在运行着的，但是我们从来不去观察，这就是日用不知。这些基础的常识和原则共同构成了文化的根基，这些根基是高度经验化和日常化的。

知识并不仅仅是从经典中获得的，还要从行动和共同的文化记忆中获得。

我们需要从两个层面来构成面向修养和面向境界的思想资源——经典与日常。我们常常以为绝大部分的知识是来自于老师的传授或某一个学科的专业教育，实际上并不全是这样，至少在人生经验和在历史经典的意义上来说，绝大部分的知识都来自于个体的阅读和体验。

人生的体悟和感受，并不依赖某些知识。我们不能说，你没有读过《庄子》，你就不了解庄子的道理。为什么？因为庄子和你一样拥有不可或缺的生命经验和个体体验，这是共通的。没有人敢说他的生活经验和你的生活经验完全不同，这是不可能的。从这个意义上来说，我们看到了一个基于共同生活世界的日用不知和习焉不察的行动层次，也看到了一个来自于经典的抽象和价值的层次，共同构成了我们的知识指向和行动面相。

因此，从个体的修养和日常生活中的行动来看，有两个层次是十分重要的：第一是最基本的学养和知识。所谓最基本的学养和知识是对中国传统的文化和历史有一个大致的认识。有了这些基本之学，你大概就能够始终朝向最伟大的心灵，面向当下的时代；第二个层次就是要有那种怀疑的能力。我们往往对自己的生活状态和所处的文化怀疑能力不足，根本搞不清楚应该从何怀疑，也不知道应该从何批判。 如果你不了解除了这个时代以外的其他任何时代的话，那么你就不知道这个时代的局限。换而言之，就是说在比较中才有可能体现出怀疑的能力，而这些比较的基础恰恰来自于学养。这些学养在比较或者反思的过程中，最终会形成对基础价值的坚持以及平和的心态。这就是所谓的风骨，最终可以使人成为一个有学养、有修养的人。

我经常会提醒非人文学科的同学，不要以为人文学科的自我修养和精神境界的提升以及知识的积累是专业学者才该做的事。任何一个学科或者知识系统都是由两面构成的，一面具有高度的专业性，另一面具有高度的公共性。如果没有高度的公共性，学科或者知识系统是不能成立的，绝大多数理科的知识系统是依赖它的运用来达到公共性的，而绝大多数人文学科的知识是通过它的普及来达到公共性的，而普及的责任其实是在每一个个体身上。

虽然我们不断在追求人生的境界、思想的境界，通过自我修养的方式面向行动，不断地提升自己对生命的理解，不断地回向历史中最伟大的心灵。然而，我们从另外一方面又要看到，这种境界本身和人格理想实际上是可传而不可受，可向而不可达的目标。这个目标的存在价值恰恰是让我们的生活和精神世界永远都活泼泼地朝向它，而不是达到它。这就要求对于灵性生活的留白。

留白从两个方面展现出来，第一个方面就是拒绝在精神意义上的自满；第二个是与不可能实现的生命境遇和生活经验的和解。留白是一种勇气，也是一种智慧。面对生活及世界的有限性，通过留白与其和解是一种极高明的智慧和能力。当然，我们也要防止一种过度的、掌控自然的态度。人类对自己所掌握的知识和技术的发展趋势是缺乏整体掌控力的。我们没有办法预计某种技术或者工具对于人类的可能伤害。针对这一现实，我们需要在掌控自然方面保持克制，保持一种留白的智慧。

另一方面，对自己的灵性生活必须要有一种留白性的尊重。我们对自己的灵性生活中某一些具有高度情感性和体验性的内容要有一种尊重，对自己的这些生活喜好或生活方式，不要因不断去审查而陷入反思或者自责。这种灵性的留白会使得我们在个体认识和生活经验中回向生活。

我们举一个例子来说明留白的精神和智慧与中国文化之间的紧密关系。中国的山水画和西方的绘画最大的不同，在于中国山水画中是有大量留白的，那么这些留白的部分提供给观者的是什么？是无尽的想象空间和对于自然绵延性和无限感的体验。这种体验不是能用语言表达出来的，只能用留白展现出来。我不画可能比画出来要更加丰富。将这个意思转换过来，就是说某种程度上，对于自身有限性的超越和自觉，来自于学会与它共处。与它共处的时候，最终展现出来的就是自制力和对于有限性的自觉。如果没有留白的能力，那么所谓的境界追求就是一个虚妄的甚至有害的东西。如果没有对境界的追求，那么留白其实是一种自我欺骗。

我今天的讲题是“境界与留白”，是希望通过对中国传统的思想图景的粗浅勾勒，给大家提供一种朝向经典和从经典回向生活的动力。知识性的东西很容易引起同学们的兴趣，从而通过这些知识性的东西进入思想的世界中。细致地去讲一个知识性的内容不是不可以，但是如果我们不了解从经典出发到人生境界，从人生境界出发到行动，再从行动再回到灵性的留白的这样一个整体逻辑的话，可能就会陷入所谓的专业知识的壁垒中。

在人文学术或者说人文性的学术生活中，学者的最大难处就在于一方面以专业的方式面对自己的研究对象，另外一方面又不得不以个体的方式去直面这些研究对象带给自己的生命经验和个体体悟。所以如果不以人文学术为自己的职业指向的话，实际上我们要比绝大部分的学者更自由地面向经典，并且通过经典来回向自己可持续的生活。

明　项圣谟《林泉高逸图》

我想说明的是一些价值和对于价值的坚持中所呈现出来的精神魅力。这些精神魅力落实到中国人的思想图景中时，就变成了对境界的描述。境界是需要用行动来实现的。通过行动，我们最终实现的并不是那些静态的境界，而是不断地朝向境界的活泼泼的精神。这些活泼泼的精神来自于历史，也来自于经典，更来自于日用不知的生活世界。我们通过这样的行动，最终达到一种对境界的认识。这种认识恰恰是与自己的有限性共处，通过对自己的有限性的认识，达到一种审美性的留白，最终让生活指向一种高度的审美境界。

我并不是告诉大家，要改变我们日常生活的样貌，每个人都要过一种高度审美性的生活，而是说，你通过某种方式达到一种具有高度审美意义的生活的可能性，这可能性是什么？是与我的日常生活完全不同的可能性，我的生活不是被缩小了，而是被扩大了。通过理解不同的精神世界和生活状态，我们最终意识到自我生活的有限性和朝向不同生活的可能性。

# 从科学、伦理和审美角度审视传统节日

北京大学中文系 陈连山

【内容提要】

传统节日是日常生活中最重要的日子，节日的文化价值建构了人生的基本意义。本讲座将从历法学角度审视传统节日的科学性，用季节变化的事实审视它是否能够准确反映季节变化；从伦理角度审视它是否符合现代社会的道德观念；从审美角度审视它是否能够给人们带来情感愉悦。通过以上审视批判，以求重新认识中国的传统节日，并重建日常生活的文化意义。

# 作者介绍

陈连山，北京大学中文系教授、博士生导师、民间文学教研室主任，中国民俗学会常务理事。主要研究神话学和民俗学。著作包括《结构神话学——列维－斯特劳斯与神话学问题》《中国神话传说》《〈山海经〉学术史考论》《游戏》和《话说端午》等。

这个题目是“从科学、伦理和审美角度审视传统节日”，为什么要审视？因为近百年来，我们对传统文化，包括传统节日进行了长久的批判。这种批判，首先是学术上的批判，然后发展为政治批判。这样，经过现代知识分子的批判和政治力量的打压，中国传统节日的氛围逐步淡化了。所以，我对传统节日的感觉跟现在年轻人的感觉会差别很大，原因就在于我小的时候传统节日保存得还比较完整，现在则消失得差不多了。我小的时候节日是非常热闹的，现在大城市里面传统节日的气氛已经淡化了很多。那么传统节日有没有道理？有没有伦理价值？是美好的，还是丑恶的？这就需要我们重新来看一看，就需要我们从科学、伦理和审美三个角度来审视一下传统节日。

什么样的生活是好的？符合真善美要求的生活是好的。真，即符合科学的道理，是有依据的。善，就是符合道德原则，而且这个道德原则在今天依然有效。当然，生活也应该是美的。符合了真善美要求的生活才是幸福的生活。我们的传统节日符合不符合这几个要求？

第一，从科学上来讲。

传统节日很多，这里仅以最重要的传统节日春节为例来讲。有一个作家认为所有的传统节日都应该抛弃，为什么？因为不科学！他举了个例子，他说：你看我们的传统节日的第一天，最重要的一天——正月初一——它的日期是不固定的：有时候在公历1月，有时候在2月。比如2020年的春节，初一是1月25号，2021年的春节是2月12号，就差了好多天。这太不科学了。但这个说法有问题。为什么？因为我们的传统历法和公历的性质是不一样的。

传统历法中有一部分跟公历几乎是完全一致的，就是二十四节气。夏至，白天最长、夜晚最短的那一天，一定是6月22、23号，冬至一定是12月22、23号，基本是固定的，没有问题。但我们为什么不用二十四节气而用农历呢？公历和二十四节气都是阳历，它们的时间制定只考虑太阳的运动周期，不考虑月亮。而我们的传统历法是阴阳合历，传统历法正式名字叫夏历。我们为什么用夏历？

明 仇英《竹梧消夏图》

老百姓的说法里都叫它阴历，因为它跟公历是对立的，公历是阳历，所以老百姓把夏历叫阴历，目的是为区别开这两种历法。但夏历其实是阴阳合历，兼顾太阳和月亮的运动周期。

夏历的月份是纯阴历，它是完全根据月亮的变化周期来确定的。夏历每月的初一叫朔日，月亮只有一条线。此后月亮慢慢变大，到每月十五日的时候月亮是圆的，这就是望日。过了十五，月亮越来越小，到三十晚上又看不见了，这就是晦日。月亮的一个变化周期大约是29天半，历法上你没法表现半天，于是就有大月、小月之分。大月30天，小月29天。我们的传统历法非常精确，能保证每月十五日一定月圆。而来自西方的公历保证不了每月的15号月亮圆。他们怎么办？他们也有办法。我有个美国朋友给我送了一个美国大学的校历。这个校历里边有白圈和黑圈，在日期的旁边会标一圈，什么意思？白圈的日期分别对应着中国农历的十五或者十六，这就是月圆之日。黑圈则对应着三十或者二十九，就是晦日。

一年12个月，如果只按阴历的月份，只有354天或者355天，而实际上地球的回归年是365天5小时多一点。这样，它俩是对应不上的。怎么办？就加闰月。可是一加闰月，就变成了383或者384天，那也对不上。怎么办呢？我们古人发现了一个长时段的周期性变化，每19年加7个闰月，正好可以保证每19年就能跟地球的正常运转周期完全一致。大家可能没有注意到我们的传统历法还有第13个月。那是因为我们不叫十三月，而叫闰月，比如闰四月、闰五月、闰八月，等等。

由此可知，夏历是阴阳合历，它兼顾月亮的周期和太阳的周期。因此我们的这套阴阳合历，跟纯粹的阳历当然是对应不上的。以阳历为标准，说我们的春节有时候在阳历的一月，有时候在阳历的二月，由此推论出夏历不科学，这是不对的。因为你站的立场不一样。如果你站在夏历的立场上，会觉得公历的一月一日太不科学了：有时候在我们的冬月就是十一月，有时候在我们的腊月十二月！其实，两种历法都不是科学的唯一标准。判断历法是否科学的唯一标准是什么？是大自然。大自然的变化周期，四季的变化，这才是真正的标准。你不能拿阳历去衡量阴阳合历，也不能拿阴阳合历去衡量阳历。

可见，判断是否科学，依据不是公历，是大自然。那么我们就审视一下我们的夏历所制定的时间制度是不是能够符合大自然规律。

其实我们古人早就知道一年大概是365天，证据在哪儿呢？《尚书·尧典》大约是西周初年的著作，那是三千年前的东西。那里面说什么呢？一年有366日。比实际有一点误差。那可是三千年前的结论！所以阳历一年有多长，我们古人早就知道。而且《尧典》里边已经区分了四个重要的节气时间点：夏至、冬至、春分、秋分。也就是说，阳历我们很早就掌握了。但是我们过去的历法不用阳历，为什么？我们古代的哲学是阴阳哲学。它既要阴，又要阳。阴，是太阴，就是月亮，所以月亮又有一个名字叫太阴。太阳原来的名字应该叫“日”，日是最大的阳气，所以叫太阳。太阳是最大的阳气，太阴就是最大的阴气。古代知识分子用阴阳哲学来解释整个宇宙，因此历法必须是阴阳合历。

阴阳合历的科学性在哪儿？要看正月是怎么定下来的。一年12个月或者13个月，哪一个月作为正月，哪一个月作为一年的开端？其实，第一个月放在哪儿都可以，从科学上讲，没有太大的问题。但是从农业生产需要，或者从人们思想观念的需要出发，要选择一个月作为这12个月的开端。我这里做了一个图，这是天文的示意图（见下页）。

古人相信大地是方的、平的，天空是个天球，是圆的。天空中平行于大地赤道的天赤道在天球上有投影，古人把这一部分天区给它划分360度，分别用地支，即子丑寅卯辰巳午未申酉戌亥命名，但是在天文上不叫地支，叫十二辰。十二辰专门指在这个天区里边划分的区位。正北方叫子辰，东北方叫丑辰，然后

天文示意图

再下面一点是寅辰。古人还发现了北斗星可以作为一年时间变化的天文学标志。

大家都知道，北斗星的勺口从天璇星到天枢星的这个方向，永远是正北，指向北极星。北斗星的勺柄，从开阳星到瑶光星所指的方向，具有时间性。它一年四季正好转一圈。怎么个转法？每天初昏时刻，天刚黑能看见星星的时候，北斗星这个勺柄开阳和瑶光所指的方向，在天空是旋转的，天黑的那一刻它所指的方向能够代表一年365天，很精确。春天的时候它一定指东，夏天的时候它一定指南，秋天的时候指西，冬天的时候指北。这365个点，每晚一个点，正好是转一圈。360度，那它从哪儿开始转？因为它是转一圈，无论你从哪儿开始，理论上都可以。

传说在夏朝的时候，我们的历法是把勺柄指向寅辰的时候，就是现在东北角这个位置，当作新年的开端，就是夏朝历法的正月。但是商朝的正月设在丑辰，就是把初昏时刻北斗星的勺柄指向丑辰的时候定为正月，殷历的正月就相当于夏历的腊月。那么周朝历法的正月更早一点，它把指子辰的时候定为正月。西汉汉武帝颁布太初历，恢复了夏正建寅的原则，基本上沿用下来。历史上有个别朝代试图改过，但都不成功，所以夏历是我们历史上最主要的历法。

为什么正月放在寅辰这个时候？它的科学性在哪儿？北斗星勺柄指向寅辰的时候，正好是冬至后一个月，或者一个月多一点的时候。从天文学上来讲，用冬至作为一年的开端，最完美。因为冬至的时候，北斗星勺柄是指向子辰的，端端正正地，科学上很完美。但是在实践上不完美。为什么呢？冬至不是最冷，冬至之后是小寒，然后是大寒。冬至之后开始数九，三九天差不多就正好到那个大寒，最冷。所以，如果这一年的开端是从冬至开始，人的感觉不像新年来了，因为大地还没有最冷，根本看不见春天的痕迹，这是个很大的问题。所以将子辰这个位置定为正月是很不合适的。放在寅辰就比较好。晚一个月之后，最冷的时刻过去了，大地回春比较明显。因为冬至之后，太阳从南往北，它的直射线从南纬23度26分开始往北纬23度26分移动。太阳开始新周期了，月亮也开始新周期。月亮每个月都要变圆一次，也是一个新周期。太阳变化是一个新周期的开端，月亮变化是一个新周期的开端，大地回春也是新周期的开端。太阳、月亮合在一起就代表天，天地日月都开始新的开端，所以正月放在寅辰是最合适的。

所以，我们的传统历法用天文学的方式选定了现在正月的位置，就是将北斗星勺柄指向寅辰的时候定为正月，在科学上无可争议，非常完美。因为它全面反映了日月天地的新周期的开始。选定了正月，选定了正月初一，这样一年的开端就正式确定下来了。古代天文学给我们春节这一天的设定奠定了充分的科学基础。

现在有一些人认为传统历法不科学，理由是它不能用来指导农业生产。因为按传统历法，一年有时候是12个月，有时候是13个月；有时候是383天或384天，有时候又是355天或354天。农业生产是不能忽视节令的，你差了二十多天，这个不行。这个问题是怎么解决的？而且国家有时候也需要知道阳历的准确时间。太阳的周期要单独考虑，比如春分、秋分、夏至、冬至，也必须考虑。其实古人早就掌握这个了。冬至的时候，皇帝要祭天。祭天在哪儿？在天坛。夏至的时候皇帝要祭大地，在哪儿？在地坛。春分的时候在日坛是迎太阳，秋分的时候在月坛祭祀月亮。如果用传统夏历里边月份的日期来决定祭祀的日期，它每年会不一样，所以这时候皇帝也只能用二十四节气。农业生产更是需要二十四节气，因为植物的生长是完全由太阳的运动周期来决定的，所以就把二十四节气插到我们的历法里面。所以我们的历法既有阴阳合历，又有纯阳历的二十四节气，特别伟大。

北京　地坛

我曾去浙江的嘉兴地区调查老百姓什么时候养蚕，什么时候开始种水稻，他们回答我的日子全都是二十四节气中的。我又问当地的农技师，我说你推广新技术时，要告诉农民什么时候该播种，什么时候开始除草，什么时候开始施肥，诸如此类，你怎么跟农民说？他说："我都是告诉农民二十四节气，因为我告诉日期农民记不住。这些几月几号的，一点规律没有，而二十四节气总共就这些，他背熟了，很容易记。"连农技师都要用这个，认为它符合科学。

通过以上的审视，我们发现中国传统历法符合自然规律，它是有天文学、地理学依据的。作家王蒙有一个评价：中国传统历法兼顾了太阳、地球、月亮三者的运动与位置关系，是极聪明、全面和方便的历法。二十四个节气，三九三伏的计算都精确地考虑了地球的公转，是符合阳历的要求的。

中国历法是中国古人的伟大创造，而且不光是中国在用，日本、韩国的历史上都用过我们这套历法，因此也对人类有很大的贡献。

第二，从伦理角度来审视传统节日。

我们承认，科学是崇高的，但是大家要提防着，不要走向伪科学或者科学至上主义。走到那儿就有点过了，它会把你的生活变得缺乏趣味，缺乏意义。如果一切以科学为标准，那么我们生活的意义就没有了，我们的审美就没办法存在。

春节期间，人们会有拜年等活动。记得我们小的时候，初一早上一起床，洗脸刷牙弄完了之后，先得给父母磕头。现在咱们不磕头了，只要鞠个躬，或者不鞠躬，向父母说句祝福的话，也就是吉利话。这些拜年活动，是人际关系的一种展示。

为什么平时你起床不用说这套吉利话？鲁迅当时对此是比较反对的。他有一篇文章是讲自己的保姆阿长的。说正月初一清早，睁开眼睛，长妈妈就强迫鲁迅要说一句话，什么呢？"阿妈，恭喜……"然后长妈妈很欢喜似的，笑将起来，同时将一点冰凉的橘子塞到鲁迅的嘴里。就是要说一句吉利话。他很不适应，他心里边大概有这种障碍，对这个事一直不能理解，其实是很正常的。为什么要吃冰凉的橘子？吃橘子是有象征意义的，在当地方言里，橘子的"橘"跟吉利的“吉”是谐音的，阿长给他喂橘子，就是希望这个孩子在未来的一年里一切平安，吉祥如意，是给他祝福的。可如果你用科学来要求，说这个祝福必须是真正有效的，它确实不能保证。但是它表达了一个心愿，你不能因为科学就把这个心愿给忽视了。所以鲁迅的判断是错的，他认为那是一种“磨难”，因为他当时还是个孩子，不能完全理解那个东西。

我们平时不说的话，这个时候一定要说，为什么？这标志着你是一个有文化的人，你是有道德的，有伦理的。为什么是你给父母拜年，不是父母给你拜年？父母给谁拜年？给爷爷奶奶拜年。这是按照辈分顺序来的。这是为什么？这是训练你的基本道德，重申你的人伦关系，你在家庭中的位置。你是第三代，上面还有父母这一代，父母上面还有爷爷奶奶那一代。学会了这个，才能证明你是有文化、有道德的。

人活着是为什么？有些人活着，越活越没有意义。因为他生活的意义完全丧失了。生活的意义从哪儿来的？从我们的文化行为里得到，因为你重申了你跟周围人的关系。过春节，你见父母是要拜年的，父母也要给爷爷奶奶拜年的。通过这些活动，说明你是一个有人伦关系的人，而不是个动物。人有文化，生命才有意义。通过拜年的活动，你得以重申了你的人际关系，这是你文化属性的一部分。所以，它是有意义的。然后还要拜祖宗，那意思是差不多的，因为我们都是从祖宗那儿来的，我们要祭拜祖先。

中国传统崇拜的神特别多。有些地方，平时一次祭祀一个神灵，到了春节，则要拜所有的神。我见过一张神谱，大概画了近百个神，最后一个是孙悟空。我就问人家，孙悟空怎么能成为神？人家告诉我，孙悟空能够降妖除魔，当然是神。这是民间文化的一部分，我尊重他的说法，他说孙悟空是个神灵，他有他的一套说法，我承认那是他的信仰。这些人拜那么多神是为什么？他们认为，拜神是在重申自己与神灵之间有某种契约关系：我跟所有的神在新年的时候重申一下彼此的关系——我信仰他们，我给他们上香，礼拜他们，给他们献祭品；神有责任保护我，保护我们家。自己和神灵之间的契约关系被重申了一遍，就证明自己是一个受神保佑的人。

大家不要以为宗教都是骗人的，好像我们一信宗教，我们都成了神的信徒，成了跪在神面前的仆人。其实，神是人造的，为什么要造神？造那个神是干什么的？其实是给人赋予一种神圣的意义。本来人也是一种动物，除此之外没有什么意义。可是人像动物那样活着不行。人的大脑要求他的生活是要有意义的，人类学家克洛德·列维-斯特劳斯说：我们人类怎么会变得高尚起来，超越了其他动物？我们通过吃熟食、用火证明自己比动物高尚。我们通过穿衣服，戴帽子，系腰带，佩带宝剑，古代叫“衣冠带剑”，证明人类是高尚的。人类通过衣食住行等各方面来说明自己是高尚的，而神灵的存在，也是为了证明这个。人类设计出神灵，神灵又赋予了人类神圣性。百姓祭神，获得神灵保佑，从中获得的，其实是人生的意义。因此，这些不能纯粹用科学给否定掉。

所以在春节的时候，人们重申自己跟神的关系，跟祖先的关系，跟其他家庭成员的关系，以及跟整个社区的关系。在家里拜年之后，还要跟社区、跟朋友、跟亲戚去挨个儿拜年，就等于把我们的整个文化生活里面的关系都重申了一遍，从而确认自己在新的一年里，所有的文化关系都得以维系，我们所有的身份都是稳定的。所以我说，这是对人类作为一个文化存在的确认，这个活动就使你的生活获得了意义。

从社会关系讲，过去大臣在这一天要给皇帝拜年（高级官员才有资格到皇宫里面给皇帝拜年），下级官吏给上级官吏拜年，然后同级之间互相拜年。团拜不是今天发明的，古代就有。有一个普遍的误解，好像封建时代一切都是以皇帝为中心的，其实也不是。皇帝对大臣也有义务，皇帝要给大臣赏赐宴席，组织歌舞表演让他们欣赏。家庭关系也不是只有儿子给父母磕头，父母给爷爷奶奶磕头，这只是一方面。另一方面，家庭里的每个人有自己的义务，也有自己的权利。晚辈的义务就是尊敬长辈，对长辈孝顺；长辈也有一个义务，是什么？是慈爱，对孩子要有慈爱。这叫父慈子孝。父亲做得不好，你对孩子没慈爱，母亲对孩子没慈爱，那也是道德不允许的。慈爱怎么体现？发红包，这是体现之一。还有给孩子做好吃的，给孩子穿新衣服！过去人穷，但新年一定要穿一套全新的衣服。全新的衣服？现在大家可能没感觉了，不明白。过去很少有新衣服，春节时候里里外外全新，那是非常高兴的。除此之外，它其实传达出一种意义，表示一个新的开端。通过穿新衣服祝福你在未来的一年里总能穿上新衣服，希望家里的人能吃得好，能穿得好。汉族人特别节约，平时都舍不得吃，舍不得穿，但是春节期间会买很多东西，叫买年货。我小时候物资短缺，人们平时舍不得吃肉，但春节的时候每一家都要买几十斤的肉，存着吃一个月。为什么春节要吃好？因为这是一年的开端。平时大家都非常节约，这时候不节约了。我上中学时，听到有人就不理解：春节期间东西是最贵的。平时没那么贵，大家舍不得吃；春节时候那么贵，大家还得多买。从经济学上讲，这确实有点愚蠢，可是为什么人们一定要这个时候买年货？因为春节吃一顿饭，它的象征意义特别多。春节吃得好就象征来年会五谷丰登，年年有余。春节北方人吃饺子，南方人吃年糕，为啥？寓意是年年高，生活一天比一天好，它有美好的象征，它有额外的精神价值。为了这个精神价值，人们愿意多花钱。

清　姚文瀚《岁朝欢庆图》

第三，从审美上讲。

时间，从物理学角度看，365天，天天一样。当然古人根据自己的观念，根据生活的需要，给不同的时间设定了不同的性质。春节这一天就比较吉祥，是万事开头的第一天。可是岁末的三十晚上却是比较危险的。传说三十晚上有妖怪，也就是传说中的年兽！年兽要来吃人。古人认为新旧交替可能不顺，可能会出问题。上述妖怪其实是古人赋予除夕夜的一个想象。

到了端午节，端午节被赋予一个不好的想象，我们一般的日子都被看作好日子，端午节却是恶月恶日。怎么个恶月恶日？《史记》里面记载，战国时代有一个有名的公子孟尝君，他出生在五月初五。一出生，他父亲就要抛弃这个孩子。为什么呢？因为他听说五月初五出生的孩子，等长到跟门一样高的时候，就会杀死亲爹。可是他母亲舍不得，就悄悄地把他养在别处了。后来他长大了，一点事儿也没有。这就是一个迷信观念。为什么会认为五月初五是不好的，是恶月恶日？因为在古代，五月的“五”，有时候也写成干支纪日里“子丑寅卯辰巳午未”的“午”，和忤逆不孝的“忤”发音一样，字形相近，所以古人认为这个“午月”就是个不好的月，“午日”也是个不好的日子。因此端午节就成了恶月恶日。那么，我们怎么看？

这是个想象，但它背后有科学依据吗？五月初五正好是在夏至前后，进入了最热的天气。这个时候人特别容易得病，各种有毒的动物，像蛇、蛤蟆、蝎子、蜈蚣，也都开始活动，小孩子也容易受伤。所以古人根据这些因素，判断这是个不好的日子，不好的日子就被定为“恶月恶日”。然后古人就想一些办法来对付这个东西。

怎么办呢？在小孩额头上写个“王”字，代表什么？百兽之王！虎为百兽之王，如果孩子是老虎，什么东西就都不能伤害他。或者用雄黄酒在小孩的眼睛周围画一圈，鼻孔上画一圈，嘴巴上画一圈，耳朵上画一圈。因为雄黄有点毒性，画圈之后，蚂蚁等小虫子都不敢接近小孩了，能保护孩子。然后将艾蒿、菖蒲挂在门上。或用菖蒲根削成一种小簪子，插在妇女的头上，有香味又漂亮。人们通过这些民俗活动来抵御恶月恶日。节日是我们对时间的一种想象，我们为这个特殊日子赋予了一些想象。有了这些想象之后，我们就采取五花八门的行为来应对这个特殊的日子。日常生活里，我们不会在额头上写个“王”字，也不会在脸上画个圈。所以这种行为不是日常实际生活的需要，而是一种艺术表演，可以说节日民俗是一种行为的艺术。要想评价这些东西，我们不仅要从科学上来看，还得从行为艺术的角度来看。从科学上看，因为端午节前后容易得病，所以人们会有恶月恶日这样的想象。现在，我们的生活条件好了，在这个时候不容易生病了，我们也就不相信这是恶月恶日。可是，即使我们科学上不信了，端午节里艺

清　徐扬《端阳故事图册》之采药草

术性的成分也还是可以带给我们审美方面的享受。

例如，关于屈原是端午节这一天跳江自杀的，历史上没记载。后来人们传说他是端午节这天跳江自杀的，我们可以不信，但那个故事很感人，我们可以把它当作一个文学作品，当作一个节日传说来看待。又比如，我们不相信除夕夜会有妖魔鬼怪，但是讲一些妖魔鬼怪的故事可以引起小孩子的兴趣，这就是把节日传说作为一种审美对象。我们不相信它是客观存在的，但是讲了这个故事，三十晚上熬夜不就好过了吗？守岁也就容易完成了。国家也给我们增加节日的艺术氛围。比如每年的春节联欢晚会，也是搞个艺术活动，让大家在除夕夜一起欣赏。

说一点祝福的话，这是很有意义的。像西方的圣诞节，很多美国人根本不信基督教，但是圣诞节他也要过。为什么？他得给孩子过。小孩子好不容易等到一年最大的节日来了。孩子为什么那么期待？他等着圣诞爷爷给他送礼物，而且那个礼物，还是通过烟囱钻进来，进来之后还不直接给他，而是在他睡着的时候塞到他袜子里，袜子还得挂在圣诞树上。这样做在科学上有什么道理吗？一点儿也没有，这是个行为艺术。但是，如果谁用科学来衡量这个艺术，只能说这个人太无趣了，一点艺术细胞也没有。

春节期间有好多民俗符号非常好看。如门神年画里的秦叔宝和尉迟敬德，都是唐朝的将领。传说他们死后都成神了，守卫大门，保卫大家平平安安。不喜欢武将的人家，可以贴其他年画。一般的年画不会印得太好，为什么？老百姓贴半个月之后就要撕掉，要是太贵了，老百姓就会买不起，舍不得那个钱。现在保

门神秦琼和尉迟恭

存下来的年画有一部分是供应皇宫和贵族的，所以印得特别精致。

杨柳青年画代表作有《连生贵子》，这幅年画是包含好多意思的。这里边有莲花，有乐器笙，中间还有一个胖胖的小娃娃，都代表什么呢？连生贵子，祝福人多生孩子，因为古人多子多福这个观念很重。

杨柳青年画 《连生贵子》

杨柳青年画代表作还有《吉庆有余》，画中的胖娃娃抱了一条金鱼，表示年年有余。老百姓通过这些年画表达一个吉祥的祝福，表达一个美好的愿望。

春节时候，很多人家里吃年夜饭，桌上摆得满满的，尤其有一样东西不能少，那就是鱼，表示希望年年有余。陕西省有些山区没有鱼，但是年夜饭又需要有鱼，怎么办？人们将一个木刻鱼摆在盘子里，上面浇一点儿汁，这就代表有鱼了。年年有鱼。木刻鱼摆在桌上不能吃，纯粹是象征，但人们一定要这样做。你从科学上讲不出任何道理，只能说它是一种艺术表达，用这种象征的形式表达他的一个心愿。所以它是一种表达心愿、表达感情的生活艺术。

古时候皇帝也过春节。如清代宫廷画家郎世宁画了乾隆皇帝过春节的图，画了三幅，这里选其中一幅：

杨柳青年画 《吉庆有余》

画中，乾隆皇帝坐在太师椅上，皇子们围着他。可以看到，皇宫里面也是有春联的。上联“五色云中春正丽”。五色云，古代认为是最吉祥的云。春正丽，春天显得非常美丽。所以这一定是春联。古代有些贴在柱子上的对联是楹联，是一年四季都能用的。只有春节的时候用的对联，才叫春联。下联“万年枝上日初长”。万年枝是指扶桑树。中国的神话里说东方有扶桑树，特别高。上面有十个太阳。每天一个太阳上天，在天上巡游，第二天回来休息，另外一个太阳再上天巡游。每十天一个轮换。万年枝上日初长，是说从新年开始，白天一天比一天长了。

清　郎世宁等《弘历雪景行乐图》

画中，有几个皇子围着乾隆皇帝。乾隆脚下摆了一个炭盆，炭盆底下烧的是木炭，底下盆子里边发白的东西就是炭灰。可他的脚底下明显有一块黑的东西，是什么？仔细看，那是个柏树枝。柏树枝烧着会冒烟，熏着人难受。那么，为什么放个柏树枝让它冒烟呢？是为了辟邪。可见，乾隆皇帝过春节跟老百姓做法一样。

画面上还有小孩子在放鞭炮。最

特别的是有一个绿衣服的皇子，他怀里夹了一捆什么东西，手里还拿了两根，仔细看是芝麻秸。农村同学可能知道，芝麻秸的上面是有刺儿的，放到冬天那个刺儿就更硬。绸缎衣服碰到芝麻秸，也是会被挂坏的。那为什么皇子要拿芝麻秸？这也是一个艺术象征。从明代到清代，北京城的老百姓三十晚上和初一，一定要做一件事情，就是“踩碎”，字面意思就是把什么东西踩碎。可是这个“碎”谐音“祟”，鬼鬼祟祟的“祟”，就是妖怪邪气的意思。芝麻秸特别容易碎，一踩上去，噼里啪啦乱响。这就是“踩祟”，就是把邪气全赶走了，全消灭了，也是取吉祥的意思。

在古代，皇子们是很高贵的人了，他们也用这种形式来表达对幸福生活的祝愿。皇子们应该也都受过很好的教育，他们都可以从节日民俗中获得生活的意义，得到精神的满足。

《放鞭炮》也是杨柳青年画，表现的是孩子们放鞭炮的情景。春节时男孩子最爱的活动之一就是放鞭炮。以前小孩多会说这样一句顺口溜：“腊八、祭灶，新年来到。闺女要花，小子要炮。”家里的女儿一定会要花，来装饰自己的辫子；儿子一定会要鞭炮，因为放鞭炮特别有刺激性。

杨柳青年画 《放鞭炮》

放鞭炮最早的记录是在《荆楚岁时记》里。《荆楚岁时记》是南北朝时期梁朝的学者宗懔编撰的，记录了古代楚地，也就是今天湖北湖南一带的节日习俗。其中说，正月初一起床，第一件事是“先于庭前爆竹”，在院子里先要爆竹。那时候爆竹不是放鞭炮，那时候没鞭炮，而是把竹子放在火里烧。那个青竹子一烧会爆裂，因为它的含水量很大，一烧噼里啪啦就炸开，响声很大。在新年开端的时候，为什么要爆竹？这就要讲一个神话，关于宇宙起源的神话，很多民族都有这样的神话。讲这种神话，其实就是表达在这新的一年里，宇宙有一个新开端。爆竹就是象征宇宙起源的中国神话符号。中国神话中宇宙起源于盘古开天辟地。盘古在混沌之中长得越来越高大，把混沌打开，阴气下沉变成大地，阳气上升变成天空。放爆竹正好是这样：一爆炸，竹片“啪”就掉地下了，而竹筒里边的水蒸气就上天了，因此新年爆竹是象征宇宙开辟神话的。正月初一的爆竹是很有意义的。另外，午夜时刻特别安静，突然爆竹，人们就好像从旧的一年一下子进入新的一年，新年就开始了，它标志性特别明显。最初是爆竹，后来因为北方没那么多竹子，就用火药包纸造鞭炮。所以，爆竹是一个最有代表性的春节符号。

古代的皇帝也过端午节，右图是《午瑞图》。午，指端午的午，瑞，是祥瑞的瑞。这是郎世宁给雍正皇帝画的。这里边一个瓷瓶上面插了几种花。白花红心的是蜀葵，北京遍地长。蜀葵是多年生宿根植物，它开花的季节是端午节前后。所以，是端午节的祥瑞之一。

清　郎世宁《午瑞图》

后边纯红的是石榴花，北京的石榴花也正好是端午节时盛开。后面有一个又细又尖的植物是菖蒲。然后，在侧边的后面发黑的叶子是艾草。菖蒲、艾草都有香味，老百姓认为它们能辟邪。下面还有一个红樱桃，樱桃是这个时候成熟。再旁边是粽子。这边还有一些李子。这幅图的背面有几个字，“端午节专用”。就是到端午节了，皇上要把这幅画拿出来，挂在房间里，表示到端午了。你看，古代皇帝也是过端午节的。不仅是春节，端午节他也过。他节日里吃的东西，用的东西跟老百姓也一样。所以，这些既有信仰性，又有宗教性，又有艺术性的文化符号、文化行为，得到从普通百姓到最高统治者的全体社会成员的共同认可。当时的老百姓和知识分子共同享有一套完整的节日文化、节日民俗，所以古人的精神生活就能比较充实。

中秋节起源比较晚。最早源于皇家在秋分的时候到西郊外进行的月亮祭祀。明清时候皇帝都懒了，就在北京城里建了一个月坛，在那里祭月。祭月是皇帝的特权，皇帝是天子，他要奉天承运，这个事只能他来做。秋分在日历上时间不定，老百姓就选八月十五。老百姓只能拜月，就是敬月亮。老百姓的家里边买个兔儿爷，买一张月亮码（月亮码上面画一个月亮），然后摆点月饼，买点西瓜，一磕头，完事了。

中秋节的神话很特别。月亮里面有一个女神，嫦娥。下图是汉代画像石里面的嫦娥。早期的嫦娥是半人半神的，上半身是人，下半身是蛇。汉代很多神都是半人半神的，女娲、伏羲都是这个样子。嫦娥跑到月亮里面，变成了一个蟾蜍。嫦娥干吗要到月亮里去，而且变成一个蟾蜍？她的丈夫是羿，老百姓也有把他叫后羿的。其实后羿和羿在古文献里面不太一样，我们姑且就称他为羿。羿原来是天神，他在《天问》里面是天神，奉了天帝的命令到人间来为人类完成一件事情。什么事呢？十日并出了！本来是一天一个太阳在天上巡游，后来那几个太阳就瞎折腾，一起上天。这就引起了很严重的旱灾，庄稼就要被晒死了，老百姓也要饿死了。这时候需要天神来拯救，天帝就派羿下凡。羿下来之后，一连射了九箭，射死了九个太阳，只剩了一个。那九个太阳落到东海里面去，变成什么了？变成沃焦，一块几万里长的大石头。沃焦炽热，海水一碰到就消失了。这个故事是干吗的？是在解释我们大地上一江春水向东流，为什么海平面不见上升。这是古代人用他们的神话来解释自然现象。羿射死了九个太阳，

汉画拓片《嫦娥奔月》

完成了这么巨大的任务，拯救了人类，同时还把什么害人的修蛇、凿齿都杀掉，射死了怪鸟大风，一个大野猪也被他干掉了。羿的贡献很大，可是天帝不让他上天了，知道为什么吗？

那九个太阳是天帝的儿子。《山海经》说得很清楚，帝俊有两个老婆，一个叫羲和，一个叫常羲。羲和生了十个太阳，常羲生了十二个月亮。羿现在把帝俊的儿子干掉了九个，他能高兴吗？所以羿就不能返回天庭了。上不了天，羿当然郁闷，就到处去打猎。结果他在路上碰见了洛河水神。洛神是中国古代神话里最美丽的神之一，就是曹植的《洛神赋》里那位“凌波微步，罗袜生尘”的美丽女神。她原来是伏羲的女儿，溺死于洛河，所以成了洛神。

但是洛神是有丈夫的，因为洛河是黄河的支流，在洛阳东边进入黄河。黄河的水神是河伯。“河伯娶妇”知道吧？西门豹治邺对付的就是河伯娶妇。洛神是河伯的妻子。知道了羿和洛神的恋爱关系，河伯气坏了，可是他又惹不起羿，就偷偷跑来观察羿。他变成一条龙，偷偷地窥探羿。结果被羿发现了，羿一箭就把河伯的眼睛射瞎了，古书说“眇其左目”。河伯本来就很生气，现在眼睛还被射瞎，更是气坏了，就向天帝告状。天帝说什么？龙，虫也。你小子是河神，你不在你的河谷神宫里待着，到处乱跑。你还变成一条小龙在外边乱跑，人家还以为你就是个普通虫子。射你活该！

羿的妻子嫦娥知道羿在外面有艳遇，她也恼火。羿也很恼火，主要因为自己不能上天了，就面临死亡。他就找到了西王母，西王母送了不死之药给他。但是被嫦娥知道了，她就偷吃了不死之药。嫦娥有点害怕，她找了一个算卦的，叫有黄。有黄说：“吉。翩翩归妹，独将西行。逢天晦芒，毋恐毋惊，后且大昌。”意思是：卦相很吉利，有一个漂亮的姑娘即将向西而行，路上遇到阴天下雨，你不要惊慌，你的后代会极其繁盛。看这多吉利！嫦娥听了很高兴。立刻就往西走了，上到月亮。可是一进月亮，她就变成了蛤蟆。这有黄是不是算错了？其实算得很准，这话怎么讲？蛤蟆的生育率极高，学过生物学的都知道，一次产卵能成千上万，所以说“后且大昌”没错。

但是，人们觉得嫦娥还是挺冤枉的，大家都很同情她。这个神话在汉代以

《玉兔嫦娥奔月》

清　高其佩《蟾宫折桂图》

后慢慢地演变了，人们不再说嫦娥变蛤蟆，而是说她变成了一个女神。月宫里一只玉兔给嫦娥捣制不死药。所以很多画作里的嫦娥都是抱着玉兔，或者玉兔在给她捣药。嫦娥太漂亮了，我们看见月亮，尤其是秋季的月亮，会产生特别美好的想象。

上面的第一张画面上有女神嫦娥，有月宫，还有很多阴影，那是桂花树。桂花树秋季盛开，到处都是香的。我们对月亮有很美好的想象，而且蟾宫折桂在古代预示着科举高中。这是我们中国人创造的月亮神话，保证了我们看见月亮时，只能产生特别美好的想象。

西方人断然不过这个节日的。为什么？西方的神话就赋予月亮很多恐怖色彩。古希腊神话里面说，月亮女神叫阿尔忒弥斯，是狩猎女神。她一辈子没有结婚，所以她禁止其他人看见她的身体。有一个猎人在一次狩猎时走错了路，进入一片森林，恰好就是月亮女神的森林，偏偏女神正在洗澡，被他看见了。阿尔忒弥斯立刻惩罚他，让他的猎狗把他给咬死了。所以西方人认为：你一旦看到满月，那就等于看见月亮女神的身体了，你一定会受到她的惩罚的，会“go crazy”。所以我们中国人看见满月，想到的是月宫，是嫦娥，都是美好的想象。欧美人看见满月，想到的是人要被狗吃了，是发疯。欧洲中世纪以后这个情况有点变化，他们的传说中有一种怪物，狼人。它一到满月的时候就会嚎叫，碰见人就会吃人，被它咬过的人，也会变得跟它一样。这就跟我们古代说“为虎作伥”一样，所以他们是绝对不会欣赏满月的。

嫦娥神话给中秋节赋予了美好的想象。这个节日产生得比较晚，唐朝才发展起来，全是靠唐朝那些诗人慢慢发展起来的。所以想象对我们非常重要，没有这些想象，我们的节日是过不好的。

至此，我们的结论也出来了：传统节日既符合科学道理，传统民俗也使我们的日常生活变得美丽多姿，它还能培养我们的道德观念，促进人伦关系的改善，是有利于我们建设和谐社会的。它符合我们求真的原则，符合求善的原则，也符合我们求美的原则，所以传统节日是值得我们过的。我祝愿同学们在辛苦繁重的学习生活之外，能够有时间欣赏美，欣赏我们每一天的生活，特别是节日的生活，使你们的生活充满意义。

# 《诗经》与传统文化

北京大学中文系　常森

【内容提要】

梁启超说："《诗》三百篇，为我国最古而最优美之文学作品。"《诗经》确实有极为重要的文学、史学和哲学的价值，但它最重要的价值应该是在文化方面。《诗经》原本隐藏着无数鲜为人知的文化奥秘。后来儒家学者将它建构为核心经典，建构为儒学价值的渊薮之一；朝廷则将它立于官学，使它进入体制的核心层面，从体制的核心层面上影响了当时的政治、历史和文化。令人遗憾的是，由于文化的流逝变易，现代学者对《诗经》充满了误读。

## 作者介绍

常森，北京大学文学博士，中文系教授，博士研究生导师，古代文学教研室主任，韩国东国大学东亚海洋文明与宗教文化研究所客座研究员，中国古代散文学会副会长，中国屈原学会常务理事。主要研究楚辞学、诗经学、诸子学、简帛文献与先秦学术思想史、文学历史及文学史书写等。

# 概　说

《诗经》可以说是我们中华民族妇孺皆知的经典，原本叫《诗》《诗三百》《诗》三百篇，现在习惯上称为《诗经》。用一句话来介绍的话，可以说《诗经》是我们中华民族历史上最早的一部诗歌总集。《史记·孔子世家》在介绍孔子事迹的时候说："古者诗三千余篇，及至孔子，去其重，取可施于礼义……三百五篇……"这个"三百五篇"，就是我们现在面对的《诗经》的规模。根据这个记载，现代人会觉得《诗经》应该是一部"选集"啊，为什么说它是一部"总集"呢？简单地说，"总集"跟"别集"是相对而言的。如果我们拿到一个集子，它收录的是个人的作品，比如收录的是曹操的诗文，那么这个集子就叫"别集"。如果我们拿到一个集子，它汇集的是许多人的诗文，那么这个集子就叫"总集"。《诗经》"三百五篇"产生于许多人之手，所以它是一部"总集"。

那么《诗经》里面的作品产生于什么时代呢？一般认为是产生于西周初年到春秋中叶，大约五百年的时间内。加以量化的话，大致可以说，《诗经》距离我们最近的作品有两千多年，距离我们最远的作品有三千多年。所以一部《诗经》就是一部漫长的历史。

《诗经》有305篇，被分为"风""雅""颂"三大类。这是根据什么划分的呢？一般认为是根据这些诗歌原本所配的乐的特色分的。305篇，原本可诵、可弦、可歌、可舞[①]，所以有乐，于是根据其乐的不同特色，分为"风""雅""颂"。风是带有地方色彩的乐歌，包括《周南》《召南》《邶风》《鄘风》《卫风》《王风》《郑风》《齐风》《魏风》《唐风》《秦风》

①《墨子·公孟》记载："子墨子谓公孟子曰：'丧礼，君与父母、妻、后子死，三年丧服，伯父、叔父、兄弟期，族人五月，姑、姊、舅、甥皆有数月之丧。或以不丧之间，诵《诗三百》，弦《诗三百》，歌《诗三百》，舞《诗三百》。若用子之言，则君子何日以听治？庶人何日以从事？'"

《陈风》《桧（郐）风》《曹风》《豳风》，共160篇。雅是周王朝直接统治地区的乐歌，包括《大雅》31篇，《小雅》74篇，共105篇。颂包括《周颂》《鲁颂》《商颂》，分别是周王朝以及春秋时候鲁国、宋国用于庙堂祭祀的乐歌（周灭商，封商贵族微子启的后代于宋，所以先秦典籍中常称宋为商）；其中《周颂》31篇，《鲁颂》4篇，《商颂》5篇，共40篇。

《诗经》作品产生的地域，主要是在北方的黄河流域，向南推进到汝水、汉水、长江中上游一带。用现在的行政区划来看，主要产生于今河南、陕西两省。这一点儿都不奇怪，在孔子以前的北中国，这两个地方是中华文明最重要的发祥地。后面我们会说到长江流域新出土的一些文化遗存，足以说明长江流域也是中华文明最重要的发祥地。但在孔子之前的北中国，情况大致如此。

《诗经》在我们中华民族历史上的身份是相当复杂的。

首先，《诗经》是文学经典，这尤其是现代人对《诗经》最基本的认识。梁启超（1873—1929）《要籍解题及其读法》评价说："《诗》三百篇，为我国最古而最优美之文学作品。"①

其次，《诗经》具有重要的历史学价值。梁启超《要籍解题及其读法》又说：

现存先秦古籍，真赝杂糅，几于无一书无问题。其精金美玉字字可信可宝者，《诗经》其首也。故其书于文学价值外尚有一重要价值焉：曰可以为古代史料或史料尺度。所谓可以为史料者：……历史决不限于政治；其最主要者在能现出全社会心的、物的两方面之遗影。……《左传》季札观乐一篇对于十五国风之批评，即从社会心理方面研究《诗经》也。……吾侪若能应用此方法而扩大之，则对于"诗的时代"——西纪前九〇〇至六〇〇之中华民族之社会组织的基础及其人生观之根核，可以得较明确的概念；而各地方民性之异同及其次第醇化之迹，亦可以略见。其在物质方面，则当时动植物之分布，城郭宫室之建筑，农器兵器礼器用器之制造，衣服饮食之进步……凡此种种状况，试分类爬梳，所得者至复不少。故以史料读《诗经》几于无一字无用也。所谓史料之尺度者：古代史神话与赝迹太多，吾侪

① 梁启超《要籍解题及其读法》，岳麓书社2010年版，第77页。

欲严密鉴别，不能不择一两部较可信之书以为准据，以衡量他书所言以下真伪之判决，所谓正日月者视北辰也。若是者，吾名之曰史料之尺度。……《诗经》既未经后人窜乱，全部字字可信。其文虽非为记事而作，而偶有所记，吾辈良可据为准鹄。……以《诗经》为尺度，尚可得较洁净之史也。[①]

再次，儒家学说是中国古代文化之主干，《诗经》是儒家最重要的六部元典之一，这应该是它在中国古代最重要的价值。这一方面说起来极为复杂，我尽量把这一问题简化。

我在攻读硕士学位的时候，一位导师给我们讲做学问的经验，有两条：一条是把简单的问题复杂化，一条是把复杂的问题简单化。我现在就把复杂的问题简单化。从儒家创始人孔子开始，孔子、孔子弟子、孔子再传弟子……一代又一代儒家学者都拿《诗经》作为教材向弟子传授。在这一传授过程中，这些儒家学者一方面直接继承和发扬了周代礼乐文明跟儒家合拍的一些价值和观念。《诗经》原本是周代礼乐文明的产物，儒家跟周代礼乐文明的关联极深。《汉书·艺文志》对儒家有几条定义，第一条是“祖述尧舜”，第二条是“宪章文武”，即以周文王、周武王为法式。儒家学者特别推尊周文王、周武王、周公等周代历史人物。孔子梦不到周公，都觉得是个事儿。他曾经说过：“甚矣吾衰也！久矣吾不复梦见周公！”（《论语·述而》）可见周代礼乐文明对儒家的影响。这是第一个方面，儒家学者直接继承和发扬了《诗经》所承载的周代礼乐文明的一些价值和观念。另一方面，这些儒家学者又把他们自己关切的一系列价值和观念注入《诗经》作品。由此，《诗经》305篇，篇篇都成了儒家价值和观念的载体，这是它成为儒家核心经典的前提。我们为什么要交代这些事情呢？那是因为从我们现代人的立场上看，《诗经》很多作品对于儒家来说都是离经叛道的。我们应该明白，《诗经》之所以成为儒家经典，是以从孔子以来一代代儒家学者的阐释为前提实现的。我们可以用“经典化”三个字，来概括《诗》被建构为儒家经典的过程。

---

① 梁启超《要籍解题及其读法》，第81—82页。

在汉代以前，《诗经》备受推崇主要是限于民间层面，特别是在儒家学者范围内。进入汉代，传授《诗经》的有四家，简单地说即《鲁诗》（鲁之申培公）、《韩诗》（燕之韩婴）、《齐诗》（齐之辕固生）、《毛诗》（大毛公即鲁之毛亨、小毛公即赵之毛苌），并称为“四家诗”。其中《鲁诗》《韩诗》《齐诗》又称为“三家诗”，一般认为它们是用汉代通行的隶书书写的，因此又被称为今文诗。《毛诗》之经文是用先秦时期古文字书写的，故被称为古文诗。汉文帝时，《鲁诗》《韩诗》被立于学官，汉景帝时，《齐诗》被立于学官。河间献王刘德则立小毛公为博士。后来到汉平帝末，《毛诗》一度“列于学”，但是终两汉之世，它几乎未跻身于社会上层，主要是在侯国及民间传布。[①]立于学官是什么意思呢？很简单，儒家《诗经》学本来是民间的学问，立于学官意味着它一下子变成了朝廷的学问、国家的学问。朝廷还安排专门的官员来研究和传授这一门学问，这种官员的名号我们很熟悉，就是“博士”。但那个时候，博士是一种非常重要的官职，博士们要参与国家大事的讨论和决策。后来朝廷又规定每一名博士可以带若干个弟子，史书中称之为“置弟子员”。[②]朝廷从体制最高的层面，用这样一种制度化的措施推广《诗经》等儒家经典。而汉代州郡或王国亦往往置“文学”官，掌管郡国学校教学，兼管地方教化事宜。

这样，我国历史上就出现了一种十分独特的现象：历代做天子的，每每日理万机，却往往拿出很多时间和精力来学习《诗经》，特别是在汉代，他们甚至不止学习一家《诗经》学。我们说一说汉武帝刘彻之后五六位天子的情况，

---

① 三家《诗》学到了东汉，章句猥繁，蔓延支离，最终变成了无用之学，致使后继者鲜有其人。详见陈戍国《论三家诗胜义及四家诗盛衰》，收入氏著《诗经刍议》，岳麓书社1997 年版。通常所说的汉代今文《诗经》学著作，只有《韩诗外传》迄今独存。《毛诗》自郑玄之学兴起以后，很快就独行于世。黄焯先生曾感慨：“自郑玄笺《诗》以后，《毛诗》独行，而三家废，《齐诗》亡于魏，《鲁诗》亡于西晋，《韩诗》虽存，无传之者。”（黄焯《诗说·总论上·论四家诗异同之故》，长江文艺出版社1981年版，第9页）

② 参阅《汉书·儒林传》等。

大家有个印象就可以：汉昭帝刘弗陵一方面从“邹鲁大儒”韦贤受《鲁诗》[①]，一方面又从蔡义受《韩诗》[②]，他接受的是两家《诗经》学的教育和影响。接下来是汉宣帝刘询。史书说刘询在做天子前，“受《诗》于东海澓中翁，高材好学”[③]。在现代人眼中，“好学”的评价很稀松平常，但在古代，特别是在儒家传统中，“好学”是相当高的评价。鲁哀公曾问孔子说：“弟子孰为好学？”孔子回答：“有颜回者好学，不迁怒，不贰过。不幸短命死矣！今也则亡（无），未闻好学者也。”（《论语·雍也》）孔子那么多弟子，他称赞为“好学”的只有颜回一个，可见“好学”这一评价实在不低。再接下来是汉元帝刘奭。刘奭师事“儒宗”萧望之，萧望之曾经从后仓受《齐诗》，因此元帝很可能间接地受到《齐诗》的影响[④]；他本人又跟张游卿学习《鲁诗》[⑤]。再接下来是汉成帝刘骜，跟伏理学《齐诗》[⑥]。接下来是汉哀帝刘欣，跟韦玄成、韦赏学《鲁诗》[⑦]。另一方面，师丹从匡衡受《齐诗》，经术修明，尚书令唐林上疏称赞他“经为世儒宗，德为国黄耇”，而师丹在成帝时为太子太傅，刘欣即位后则以师

①《汉书·韦贤传》：“贤为人质朴少欲，笃志于学，兼通《礼》《尚书》，以《诗》教授，号称邹鲁大儒。征为博士，给事中，进授昭帝《诗》，稍迁光禄大夫詹事，至大鸿胪。”

②《汉书·公孙刘田王杨蔡陈郑传》：“上召见义，说《诗》，甚说之，擢为光禄大夫给事中，进授昭帝。数岁，拜为少府，迁御史大夫，代杨敞为丞相，封阳平侯。”

③ 参见《汉书·宣帝纪》。

④《汉书·萧望之传》记载：“萧望之字长倩，东海兰陵人也，徙杜陵。家世以田为业，至望之，好学，治《齐诗》，事同县后仓且十年。”又记，宣帝时，萧望之左迁为太子太傅，“以《论语》《礼服》授皇太子（刘奭）”。刘奭即位，是为孝元帝，萧望之等以师傅见尊重。

⑤《汉书·儒林传》记载：“……《鲁诗》有张、唐、褚氏之学。张生兄子游卿为谏大夫，以《诗》授元帝。”

⑥《后汉书·伏侯宋蔡冯赵牟韦列传》：“伏湛字惠公，琅邪东武人也。九世祖胜，字子贱，所谓济南伏生者也。湛高祖父孺，武帝时，客授东武，因家焉。父理，为当世名儒，以《诗》授成帝，为高密太傅，别自名学。”

⑦《汉书·儒林传》：“申公卒以《诗》《春秋》授，而瑕丘江公尽能传之，徒众最盛。及鲁许生、免中徐公，皆守学教授。韦贤治《诗》，事（博士）大江公及许生，又治《礼》，至丞相。传子玄成，以淮阳中尉论石渠，后亦至丞相。玄成及兄子赏以《诗》授哀帝，至大司马车骑将军，自有传。由是《鲁诗》有韦氏学。”

傅居三公位，所以哀帝多少会受《齐诗》学的影响[①]。这就很有意思了，汉武帝之后的五六位天子都花那么多时间和精力学习《诗经》——当然，他们学习《诗经》，是要从中学习修齐治平、安身立命的大道理。

我们现代人往往只把《诗经》看作诗集，看作文学经典。但是在我们中国的历史上，可能从来没有一部文学经典能够像《诗经》这样进入体制的核心层面，从体制的核心层面上影响全社会的政治、思想及文化。我们中国是诗的国度，诗歌我们不稀罕。我们有最伟大的诗人屈原，但是没有几位天子专门学习和研究屈原的诗。我们现在诗词大会很火热，但诗词大会热的主要是唐诗宋词，主要是李白、杜甫，而且多少有一点娱乐化的倾向。唐诗宋词、李白杜甫这些也都很伟大，但是古代没有几位天子专门学习和研究唐诗宋词、李白杜甫。所以，从我们说的“文学”范围内来看，《诗经》对古代中国社会、政治及文化的影响是无与伦比的。这是《诗经》跟传统文化的最深刻的关联。

《诗经》与传统文化的关联可以从很多层面、很多角度观察，不是三天两天就能够说完的。我们只能将短短的时间花在以下四个方面：（一）我们要讨论一下什么是“文化”；（二）我们要选择几个经典案例，揭示《诗经》中包含的文化元素，揭示《诗经》的文化奥秘；（三）《诗经》在传统文化方面最大的价值是在教化层面上，我们将选择几个例子，分析《诗经》为什么在教化层面上有那么大的作用，为什么在古代社会拥有那么高的地位；（四）由于文化的流失，现代人对《诗经》充满了误读，我们要选择几个经典案例，来说明现代人要想走近《诗经》的文化世界，实在是困难重重，不是那么容易的。

## 一　什么是“文化”

什么是“文化”？这似乎是一个无须讨论的话题。然而事实上，把“文化”的定义放到世界文化人类学（或简称文化学）背景上看，有些重要问题确实还值得我们认真思考。

① 参见《汉书·何武王嘉师丹传》。

我们是怎么定义和使用“文化”这个范畴的呢？

社会上最广大的同胞们定义和使用“文化”时，侧重的是一般知识，特别是书本知识和运用文字的能力。就是说，光会说还不行，得能运用文字，能读会写。这个定义我们不陌生。我们都知道不读书不识字的人被称为“文盲”，是要被扫除的——当然要扫除的是这种现象，不是这些人。这可能是使用得最普遍的一种定义。

我这里有一张1958年的照片——一对夫妻的合影（参见右图）[①]。我们看这张夫妻合影，会发现一个现象，就是男主角口袋上插着一支钢笔。这一现象对现在的年轻人来说也许比较陌生了，但把历史往前推三十年或五十年，这种现象却非常普遍，有时候不是插一两支钢笔，而是满满一排，能插多少插多少。为什么这样做呢？特别是在夫妻合影这种有特殊意义的场合，为什么这样做呢？很简单，就是要用这样一种方式向社会表明：我是读书识字的文化人，那是不一样的。这也是一种嘚瑟，一种炫耀，但是他们炫耀的是高雅的东西，是文化。

通常我们接触和熟知的“文化”的定义，侧重的是人类所创造的物质财富和精神财富的总和，尤其侧重于精神财富。正因如此，我们所能够想到的一切带“学”的东西，比如“文学”“历史学”“哲学”“数学”“物理学”“化学”等，都被视为文化的核心构成部分。正因为实际上侧重于精神财富，我们可以把书架上一摞一摞的书、图书馆里一排一排的书，都视为文化的本质表征。这是我们熟知的第二种“文化”的定义。

但是知识分子里面还有一个独特的群体——考古工作者，他们定义和使用

① 引自张丽娜《钢笔情缘》，刊载于《洛阳晚报》副刊2012年11月5日电子版。

人面鱼尾彩陶盆

鱼蛙纹彩陶盆

“文化”的侧重点又不一样，他们实际上侧重的是同一历史时期遗迹和遗物的综合体。这样说太书面化，我举几个具体的例子。

比如，西安有数不清的遗址，去旅游的朋友看都看不完。“半坡遗址”在历史教材里很有名，但是大家到西安去的时候也许看都不看。这个遗址距离我们的时间是六千年左右。这一特定的时间、这一特定的遗址以及遗址里面出土的那些东西（特别是后者），才被考古工作者视为文化的根本、文化的本质。比如说这里出土了这样一种彩色的陶盆，有的上面有花纹，看似人的脸、鱼的尾巴，所以被称为人面鱼尾彩陶盆；有的盆上面的花纹是鱼和蛙（参见左图）。对考古工作者来说，这些盆盆罐罐才是文化。

太阳神鸟金箔

又比如，在成都西北角也有一个著名的遗址——金沙遗址。金沙遗址距离我们的时间是三千年左右，这里出土了大量令人惊讶的东西。有一件金箔，非常薄，总重量才20克，放在博物馆里面就像纸片一样。它所呈现的图案，中间是一轮光芒四射的太阳，四周是四只展翅飞翔的鸟，所以被称为“太阳神鸟金箔”。大家看看这图案的整体感与和谐性，开句玩笑说，比北大、清华的校徽一点都不差，有过之而无不及。可这是多么遥远的古人设计的东西。所以它被原封不动地充当了“中国文化遗产标志”（参见右图）。

中国文化遗产标志

另外，在这个遗址里出土了一件金面具，总重量才5克，非常薄。在这个遗址里还出土了一件青铜立人，人像的高度是14.6厘米，人像脚底下有一个插件，5厘米高，总共是19.6厘米。你看他“体态矮小，橄榄形大眼圆睁，嘴如梭形，微微张开，头戴圆涡形冠，服饰则为单层中长服，腰间系带，斜插一物，手腕间戴有腕饰”[1]，脑后有三股辫发组成的长辫（参见下图）。这辫子多时髦啊。在这个遗址里出土了一批玉琮，是古人在重大的礼仪活动中使用的玉器，有一件因为有十节，被称为十节玉琮，高度是22.2厘米，孔径5.1—5.6厘米。在这个遗址里还出土了一批跪着的石人（参见右图）。专家解释说这是社会地位低的人，他们是作为殉葬品埋到墓葬里。这个解释基本上被大家接受了。从背后看，石人的双臂是被捆绑的，所以这个解释应该是有道理的。我们看看这些石人呈现的人体特征，不用说得太多，单单是他的发型放到今天都很“潮”，很时髦（从背后看，他有两股头发辫成的长辫）。

金沙遗址出土人像[2]

金沙遗址出土人像[3]

对考古工作者来说，这些东西才是文化的本质。

我们中国人定义和使用的“文化”，共识度最大的，我觉得就这三种。——也许还有别的定义，但共识度肯定没有这么大。这些定义没有哪一种是错的，都有自己的依据。但是，我们把它们放在文化人类学背景上观察，可以发

① 参阅成都文物考古研究所《金沙：21世纪中国考古新发现》，五洲传播出版社2005年版，第35页。

② 图片引自成都文物考古研究所、北京大学考古文博院《金沙淘珍：成都市金沙村遗址出土文物》，文物出版社2002年版，第43页。

③ 石人图像引自成都文物考古研究所《金沙：21世纪中国考古新发现》，第105页。

现有些东西值得我们思考。有学者研究说，在1920年以前，关于“文化”全世界只有6种不同的定义。仅仅过了三十几年，到1952年，“文化”的定义一下子增加到160多种。可见文化是“见智见仁”“公说公有理，婆说婆有理”的一个复杂话题。（特别是在中国，吃有吃文化，喝有喝文化，茶有茶文化，酒有酒文化……什么都有文化）。但是有些专家仔细研究这些定义，发现很多定义中都有一种东西反复出现，这种东西才被视为文化的本质。这种东西，就是人的行为方式、思维方式和情感方式。美国有一个学者叫菲利普·巴格比，他把这三个方面概括为两个方面：内在的行为方式和外在的行为方式。巴格比说的外在的行为方式就是我们通常说的行为方式；而他说的内在的行为方式，就是我们通常说的思维方式和情感方式。内在的行为方式是外在的行为方式在不断实践、不断重复的过程中，在人的精神层面上积淀下来的，是由此在人的精神层面上生成的结果。所以将行为方式、思维方式和情感方式概括为内在的和外在的行为方式，一方面简单省事，一方面比较符合道理。因此从根本上说，文化并不只是图书馆里摆的书，并不只是课堂上讲授的知识或学问，并不只是实验室里做的研究，并不只是地下出土的盆盆罐罐和龟甲兽骨，文化是人自身的一种本质，是活在人身上的一种东西。考虑文化首先应该抓住这一本质，然后才可以考虑它在各种符号上的显现。文化可以在很多物质或观念形态的符号上表现，比如宗教、政治、经济、艺术、科学、技术、教育、语言、习俗、观念、信仰、规范、价值，以及建筑物等。以前我们视为文化的东西，其实是承载文化的一系列符号。

这样的讨论还是太过书面化和理论化。有两个有趣的故事能帮助我们理解文化的本质。

一个故事是这么说的，有一个班是国际留学生班，班上的老师要求大家以大象为论题写一篇作文。以大象为论题写作文，大家一点儿都不陌生。但是这个班上的一位德国留学生提交了一篇《大象的思维》，一位法国留学生提交了一篇《大象的情爱》，两篇文章放到一起，这大象们就复杂了，它们不仅会琢磨事儿，还有爱情生活。这个班上的一位俄国留学生也提交了一篇识别度很高的文章《俄罗斯的大象是世界上最伟大的大象》。这个班上的一位中国留学生则提交了一篇让我们倍感亲切的文章《大象的伦常》——讨论的是大象的伦理道德。还有一个故事是这么说的，一座大楼里面居住着来自世界各国的朋友，突然发生了火灾，在这生死攸关的时刻，犹太人首先背出钱袋，法国人立即抢救情人，中国人则冒着生命危险寻找老母亲。这两个故事不是我编造的，而是我多年前从冯天瑜、周积明先生的一本书里面看到的，书名叫《中国古文化的奥秘》。这本书中的这两则故事给我留下了极深刻的印象。可能大家会觉得这两则故事有趣是有趣，但是很片面，很极端，很模式化。可正因为如此，它们能够把“文化”的本质一下子拎到我们面前来。

德国人有超强的思维力，高度重视哲理的思辨，这是他们行为方式、思维方式和情感方式中最惹眼的部分，是他们的文化。我们现在一提起德国人，首先想到的是德国的汽车、德国的制造业、德国的精密仪器，但我们脑海里往往也会浮现出一批世界级的德国思想家，其中马克思、恩格斯是我们最熟悉的，康德、黑格尔、叔本华、尼采等也都是德国人，而这只是其中的一小部分。甚至在我们中国人之间流传的一些跟德国人有关的段子，都能够把德国人在行为、思维方面的缜密性和精确性体现出来。比如坊间有一个故事说，如果你看到康德拿着一把雨伞出来散步了，那好，你可以对表了，那是下午3点钟。这就是德国人的精确。我曾经去兰州上课，兰州的朋友告诉我，兰州有一座大桥，是德国人建造的，已经有一百多年的历史了，是重点保护对象。当地有这样一个传说，兰州市政府有一天突然接到德国方面的一封信，告诉他们说，这座大桥有哪几颗螺丝应该更换了，备用的螺丝我们搁在某某地方呢。这就是德国人，缜密的思维

兰州　黄河铁桥

甚至投射到了一百年之后。用餐的时候大家一起讨论，最后一致认定这是一则由我们中国人创作的关于德国人的故事。可尽管如此，这里面蕴含着我们对德国文化的认知和想象。法国人在我们的想象中生性浪漫，高度重视情爱。这其实不用说太多，法国现任总统的爱情生活就可以证明一切，它有很多超出常人想象的地方。这是法国人行为方式、思维方式和情感方式中最惹眼的地方，是他们的文化。犹太人的文化无疑也很多元，但他们一向重视商业，善于经营，能赚钱，这是他们行为方式、思维方式中最惹眼的地方，是他们的文化。所以故事中，德国人提交一篇《大象的思维》，法国人提交一篇《大象的情爱》，而犹太人在生死攸关的时刻首先背出钱袋，法国人在生死攸关的时刻立即抢救情人，一点儿都不奇怪。

这两个故事也凸显了我们中国文化一个非常重要的东西——高度重视伦理和孝亲。这一方面也不用说得太多。我们都是大学生，我们读大学——特别是在北方读大学，常常有一种共同的经历，即住在同一个宿舍的同学，不知道从哪一天开始，变成了老大、老二、老三、老四……血缘伦理式的兄弟排行。为什么同学关系变成了这样一种血缘伦理式的兄弟关系呢？那是因为血缘伦理居于我们文化的轴心部分，是我们行为方式、思维方式和情感方式的根基，所以我们把所看重的一切社会关系都往这儿拉，都往这儿比附。我在日本东京大学做外籍教授的时候，发现日本的旅行团很有意思，经常是一群老头，或者一群老太太，或者一群老头和老太太，但老头与老太太不一定是一家的。这是一种很有意思的组织方式。我们中国人旅游，除了单位组织的旅游活动外，经常是一家三口，甚至再加上姥姥姥爷、爷爷奶奶这样一家三代。这样一种组织方式就把我们对血缘伦理的关切直接凸显出来。这就是我们的文化。

我今天给大家讲的“文化”，主要就是这种文化学或者文化人类学意义上的文化。为什么要花这么大的力气来讨论和界定“文化”呢？因为如果这个问题解决不好，我们就不可能在同一个平台上有效地讨论文化，就不可能真正准确地认知我们的传统文化及其价值，同时也就不可能真正准确地认知和反思我们当下的文化。

## 二　《诗经》的文化奥秘

现在我们进入第二个话题——《诗经》的文化奥秘。

这一话题同样不是三天两天便能说完的。所以我们选择一个比较典型的例子，这就是《诗经·大雅·生民》中所讲述的一个妇女怀孕生孩子的故事。不过这个孩子不是普通的孩子，而是周人的始祖；这个妇女也不是普通的妇女，而是周人始祖的母亲；这里的怀孕和降生，也不是普通的怀孕和降生，而是充满了不可思议的神秘性。

诗篇题目“生民”就是生人的意思，“民”就是人（现在常说的“人民”就是“人”和“民”两个同义词组成的复合词）。这个故事是周人站在自己民族的立场上来讲述的。“生民”的“民”有它特定的指示对象，即指周人的祖先后稷（“后稷”只是他的官称而不是本名。文献记载虞舜任命他做农官，教民耕稼，故而称为“后稷”）。

我们来看《生民》第一章：

厥初生民，时维姜嫄。
生民如何？
克禋克祀，以弗无子。

那当初生下周人始祖后稷的人，就是姜嫄。姜嫄是怎么生下周人始祖后稷的呢？是因为她能够祭神，“禋”“祀”细究有异，笼统地说都是祭神之义。她通过祭神来消除没有儿子的灾祸。“弗”是通假字，本字是“祓除”之“祓”，“祓”的意思是通过祭祀消灾消祸。——所谓通假字，是说古人写字的时候没有写本字，而是写了一个读音相同或相近的字来替代，这个替代本字的字就是通假字，差不多就是我们现在说的别字。通假字古代往往可以通行，是“合法的”。诗歌接下来写了一个具体事件：

履帝武敏歆，攸介攸止。

“履”是脚踩的意思。“帝”指的是上帝。“武”就是脚印，“敏”又是通假字，通“大拇指”的“拇”。“武敏”指的是脚印的大拇指。这里先说姜嫄踩了上帝脚印大拇指这个地方。细心的同学立刻就会产生一个疑问：你说踩脚印就说踩脚印呗，为什么一定要交代是踩了脚印大拇指这个地方呢？那是因为上帝的脚印特别大，姜嫄整个脚放进去，也只能踩到大拇指这个地方。（郑笺：“姜嫄履之，足不能满，履其拇指之处。”）所以在这个故事后来的演化中，上帝的大脚印就变成了“巨人”的大脚印。“巨人”在古书里被认为是确实存在的。《汉书·王莽传》就记载了一个奇士，自谓“巨毋霸”，“长丈，大十围”。而巨人的脚印自然也特别大。姜嫄踩了上帝脚印大拇指这个地方而“歆”。“歆”就是感动，但不是一般意义上的感动。东汉著名学者郑玄是经学方面泰山北斗式的人物，在世时便得了个美称叫“经神”。“经”指经典，特别是儒家经典；“神”极言其登峰造极。现在年轻人常说某某某是“男神”，某某某是“女神”，古人早有这类称呼了，“经神”就是其中一个。经神郑玄为毛公所传的《诗经》作笺，学术界简称《郑笺》。《郑笺》解释说，“歆”这种感动意味着“如有人道感己者”。“人道”指的是男女交合之事，所以唐代学者孔颖达疏释之为“人夫妻交接之道”。郑玄的意思很明白，即姜嫄踩了上帝脚印大拇指这个地方，就受到一种感动，如同跟男子发生了关系一样。接下来“攸介攸止”的“攸”可以理解为“于是”“乃”；“介”又是通假字，通“愒”，意思是休息。姜嫄受到那样一种感动，于是就休息，于是就停了下来。神奇的事情继续发生：

载震载夙，载生载育，时维后稷。

“载”的意思是“乃”“则”。“震”通妇女“妊娠”的“娠”，指的是怀孕。“夙”通“严肃”的“肃”。经过上述的履迹和感动之后，姜嫄于是就怀孕了。她很严肃，不久后生下一个孩子。姜嫄就把这孩子养育成人、拉扯大，这个孩子就是周人的始祖后稷。

《生民》第一章讲姜嫄踩了上帝脚印大拇指的地方而怀孕生下周人的始祖后稷。这里有很多神奇的地方。比如说姜嫄踩了上帝的脚印，这究竟意味着什么？我们前面的解释仅仅是字面上的解释。又比如说姜嫄怀了孕就很严肃，这又意味着什么？我们前面的解释也仅仅是“面子”而不是“里子”。就是说，那些解释还没有进入文化的维度。

那么，我们先看看前辈学者是怎么来解释姜嫄踩上帝脚印这件事情的。

我们选择了著名的诗人兼学者闻一多先生。闻一多在《姜嫄履大人迹考》一文中说：

上云禋祀，下云履迹，是履迹乃祭祀仪式之一部分，疑即一种象征的舞蹈。所谓“帝”实即代表上帝之神尸。神尸舞于前，姜嫄尾随其后，践神尸之迹而舞，其事可乐，故曰“履帝武敏歆”，犹言与尸伴舞而心甚悦喜也（案闻一多把“歆”解释为欣喜）。“攸介攸止”，“介”，林义光读为“愒”，息也，至确。盖舞毕而相携止息于幽闭之处，因而有孕也。[1]

闻一多先生的意思是这样的，你看诗歌上文不是说姜嫄能够祭神吗？“克禋克祀”就是能够祭神。紧接着就说踩了上帝的脚印。因此踩上帝脚印这件事就是祭神活动的一个组成部分。按照古代的礼俗，在祭神活动中，有一个活人装扮成被祭祀的对象，这个活人被称为“尸”。诗歌这里所说的，就是装扮成上帝的“尸”在前面舞蹈，姜嫄踩着他的脚印在后边伴舞，伴舞累了之后，姜嫄就跟这个装扮成上帝的“尸”到旁边僻静的地方休息，于是就怀了孕。闻一多先生这里说得有点含蓄，但我相信大家都知道他说的意思。他认为这里故事讲述的，就是姜嫄跟假扮上帝的“尸”发生了关系，于是怀了孕。这个解释看起来相当科学，怀孕只能从这个方面去找原因。转过来想，这个解释的问题可能就在于它太科学

① 闻一多《姜嫄履大人迹考》，孙党伯、袁謇正主编《闻一多全集》第三卷，湖北人民出版社1993年版，第50页。

了。就是说，闻一多先生没有充分考虑那么遥远的古人，他们对生老病死很多问题的看法跟我们的看法不一样，他们有自己独特的文化。闻一多先生的解释恰恰就忽视了这些独特的东西。

引入文化人类学的视角、方法和理论来考虑姜嫄踩上帝大脚印的问题，这一问题就相当复杂了。英国有一个著名文化人类学家叫詹姆斯·乔治·弗雷泽，他的代表作*The Golden Bough*被翻译成《金枝》，完整的翻译有厚厚一大本，大概有八十万字。《金枝》确实是文化人类学的经典，它里面有大量内容讨论的是交感巫术。弗雷泽把交感巫术划分为两类：一类是相似巫术，一类是接触巫术。相似巫术的原理大概是：信仰者认为模仿一个过程，就真的会导致那个过程发生。比如说天气大旱，他们想要天下雨，怎么办呢？他们没有科学的人工降雨的手段，就聚在一起模仿下雨的场面——洒水什么的，他们认为这会真的带来降雨。这就是相似巫术。我们这里重点要看的是接触巫术。接触巫术的观念，弗雷泽是这样概括的：“事物一旦互相接触过，它们之间将一直保留着某种联系，即使它们已相互远离。”这是很书面化、很理论化的叙述，什么意思呢？说白了，好比说你今天坐了屁股下面的那把椅子，那好，你跟这椅子的关系将永远保留着，不管以后你去哪儿。这就是巫术的信念。弗雷泽接下来揭破的就有点瘆人了：“在这样一种交感关系中，无论针对其中一方做什么事，都必然会对另一方产生同样的后果。”[①]这是弗雷泽的经典概括。

接下来，我们选择弗雷泽搜集到的文化学的几个案例来看一看。弗雷泽注意到，马来人有时候会搜集一个人身体各部位的代表物，比如说他剪下来的指甲，他掉下来的头发，他脱落的眉毛，他吐的唾液等，再从蜜蜂的蜂巢里取来蜂蜡，把这些东西粘在一起，做成一个蜡人，然后把蜡人拿到灯火上去烤，边烤边念叨：“我烤的不是蜡啊，我烤的是某某的脾脏、心、肝！”他们认为七天之后，那蜡人烤完了，这些指甲、头发、眉毛、唾液所属的那位主人也会死去。[②]这是接触巫术的一个经典案例，它涉及的是与主人脱离了接触的指甲、头发、眉毛和唾液。

① 参阅〔英〕詹姆斯·乔治·弗雷泽《金枝：巫术与宗教之研究》，大众文艺出版社1998年版，第57页。

②《金枝：巫术与宗教之研究》，第22页。

弗雷泽还注意到，澳大利亚东南地区的土人认为，只要在一个人的脚印上放上石英石、骨头、玻璃等锋利的碎片，那么这个留下脚印的人就会变成瘸腿。这就更可怕了，谁走路不留脚印呢？在脚印上做这样的小动作，就有如此严重的后果。澳大利亚东南地区的土人还认为，把这些锋利的碎片埋在一个人躺卧过的地方，这些碎片的魔力就会进入那人身体的内部，让他痛苦。[①]这些也都是接触巫术的经典案例，它们涉及的是人的脚印以及躺卧过的地方。

不只是弗雷泽，法国有一个著名的文化人类学家叫列维–布留尔，他的代表作被翻译为《原始思维》，也是文化人类学的经典著作。布留尔注意到：新南威尔士的猎人在追踪鸸鹋、袋鼠或者野狗的时候（鸸鹋貌似鸵鸟而体型略小，它的毛比鸵鸟更发达），有时候会在这些动物的脚印上撒下热的木炭。他们相信这能让跑过去的动物热得喘不过气来（这样就很容易追上了），甚至能迫使跑过去的动物掉头向他们所在的地方跑来（自投罗网，更省事了）。[②]这个案例又涉及脚印，只不过是动物的脚印而已。

我们从这种文化学背景上来考虑，姜嫄踩了上帝的脚印，这毫无疑问是一个重大文化事件。周的后人之所以在《生民》开篇把这件事当作重点来讲述或歌唱，就是因为这个事件对他们来说非同小可，它意味着姜嫄由此怀孕而生下来的孩子跟上帝有独特而又神秘的关系。而闻一多先生认为，《生民》第一章是说，姜嫄在一个僻静的地方跟假扮上帝的“尸”发生了关系，怀了孕，生下了后稷。如果是这样，周人会大模大样地张扬这样的事情吗？恐怕他们会忙不迭地遮掩。

大家也许会质疑，你这种解释靠谱吗？好像没有多少学者这么说过。我们从接触巫术的角度来解释姜嫄踩了上帝的大脚印而怀孕生下了后稷，应该是更为合理的。在汉人的记载中，姜嫄怀孕生孩子的故事有两个“版本”，其中一个“版本”是从《生民》的故事直接演变而来的，另外一个“版本”对于我们理解《生民》的相关内容有重要启发意义。这两个“版本”，都被汉代学者王充写到《论衡》里去了。

---

①《金枝：巫术与宗教之研究》，第67页、第69页。

② 参阅〔法〕列维–布留尔《原始思维》，商务印书馆1981年版，第227页。

《论衡·吉验》是这么说的：

后稷之（时）〔母〕，履大人迹，或言衣帝喾之服，坐息帝喾之处，妊身。

其中第一个“版本”说，后稷的母亲“履大人迹”，亦即踩了巨人的大脚印而“妊身”（“妊身”就是怀孕）。这个“版本”是直接从《生民》所讲的故事演化来的，只是上帝的大脚印变成了巨人的大脚印。[①]对我们来说，另外一个“版本”显然更值得注意，就是“或言”后面的说法，意思是，有人说后稷之母姜嫄“衣帝喾之服”，即穿了一下帝喾的衣服，“衣”是“穿”的意思，作动词用，“帝喾”是姜嫄在现实生活中的丈夫，后稷现实生活中的父亲——天子帝喾。“坐息帝喾之处”，即在帝喾坐着休息的地方坐着休息了一会儿。“妊身”，就是怀孕。这个“版本”涉及男女、夫妻，却并没有把怀孕归结为男女之事或者夫妻之事，姜嫄只是穿了一下帝喾的衣服，只是在帝喾坐着休息的地方坐着休息了一下，就怀了孕，这是典型的接触巫术，毫无疑义。这一“版本”足以证明我们必须站在接触巫术立场上，来面对《生民》讲述的那个“版本”及其在后世的衍生形态。姜嫄怀孕生后稷的两种传说是有差异的，但是它们呈现的接触巫术的内核应该是一致的。基于这种考虑，我认为我们做出的文化学的解读比通常的理解要更合理。

像闻一多先生这样的现代学者很明显犯了错，原因就在于他们把几千年前的传说过度合理化了。远古圣人的诞生往往不被归结为男女交合之事。比如，治理洪水的大禹很伟大，他治好了洪水，苍生才有活路。大禹是怎么降生的呢？有一种说法称大禹的母亲吞薏苡而怀孕，生下了大禹[②]；一般认为“薏苡”就是薏米，现在熬粥常用。又比如，商人的始祖是契，契的母亲是简狄。传说简狄在高台上玩耍，有玄鸟（也就是燕子）飞来，简狄很喜欢那玄鸟，就用筐子把它盖住

① 这是中国神话理性化的具体表现之一。关于中国神话的理性化，请参阅常森《屈原及其诗歌研究》，北京大学出版社2012年版，第98—102页。

②《吴越春秋·越王无余外传》：“鲧娶于有莘氏之女，名曰女嬉。年壮未孳。嬉于砥山，得薏苡而吞之，意若为人所感，因而妊孕，剖胁而产高密。”

了。打开筐子的时候，玄鸟飞走了，但是有玄鸟卵留在那里，简狄吞了玄鸟卵，于是怀孕而生下了契。[①]这类说法，跟姜嫄踩了上帝的大脚印怀了孕，生下了周人的始祖后稷，可以说是异曲同工，殊途同归。对于这种遥远的带有神秘气息的传说，越是想从现代科学的立场上予以合理化解释，就越会偏离历史的真相，越会背离当时的文化实际，就越不科学。从现代科学的立场上讲，妇女怀孕的根由毫无疑问是夫妻之事、男女之事，但问题是远古人的思维方式、行为方式和情感方式未必符合现代科学观念，我们必须以历史的态度面对历史。

前面我们从文化学立场上，解释了《生民》第一个值得我们注意的文化现象：姜嫄踩了上帝的脚印而怀孕生下了后稷。值得我们注意的第二个文化现象是"载震（娠）载夙（肃）"，字面意思是说姜嫄怀了孕，于是就很严肃，这样解释只是把握了"面子"。怀孕了很严肃究竟意味着什么呢？明白了这一点才算是把握了"里子"。

我们先看看《郑笺》是怎么解释"载震（娠）载夙（肃）"的。《郑笺》说："'夙'之言'肃'也。……（姜嫄）有身，而肃戒不复御。"意思是说，"载震（娠）载夙（肃）"是指姜嫄怀了孕就"肃戒不复御"，就特别小心、特别谨慎、特别庄重，不再发生男女关系（"御"指与异性交合）。有意思的是，《郑笺》的解释跟民间下列说法高度一致：妇女怀孕期间，为了保护胎儿什么的，夫妻之事应该节制（从科学上讲，这个事情很复杂，绝对不这么简单）。郑玄的解释怎么样呢？听起来很有道理。但是如果说诗歌的意思是姜嫄怀孕之后就整天提防着这事，显然太过狭窄了。至少我们完全可以从另外一个角度来思考这个问题，这就是孕妇的禁忌。姜嫄在怀孕期间，衣食住行各方面都有很多忌讳，所以不能不庄重严肃。

说到这个话题，顺便给大家推荐一本很有意思的书，就是晋代学者、诗人张华的《博物志》，它记载了古人很多奇奇怪怪的"段子"，备一本这样的书在手头，

---

①《诗·商颂·玄鸟》："天命玄鸟，降而生商，宅殷土芒芒。"《吕氏春秋·音初》："有娀氏有二佚女，为之九成之台，饮食必以鼓。帝令燕往视之，鸣若谥隘。二女爱而争搏之，覆以玉筐。少选，发而视之，燕遗二卵，北飞，遂不反。二女作歌一终，曰'燕燕往飞'，实始作为北音。"

闲暇的时候翻一翻，也是蛮有趣的。《博物志》里面就有跟孕妇有关的内容：

> 妇人妊娠，不欲令见丑恶物、异类鸟兽。食当避其异常味，不欲令见熊罴虎豹及狂鸟、秩秩、雉，不食牛心、白犬肉、鲤鱼头。……古者妇人妊娠，必慎所感，感于善则善，恶则恶矣。妊娠者不可啖兔肉，又不可见兔，令儿唇缺。又不可啖生姜，令儿多指。（《博物志》卷十）

这是说妇女怀孕之后，不能让她见丑恶的东西，怪异的鸟兽也不能见——这是见方面的忌讳。吃东西方面应该回避味道异常的东西（原文没有说明味道异常的东西具体包括什么，我们打一个比方，大概像我们熟悉的榴梿、臭豆腐、臭鲑鱼之类味道异常的东西，不过这仅仅是比方，那个时候不见得有这些东西）——这是吃方面的忌讳。不能让她见熊罴虎豹（这是四种兽）、狂鸟（这是一种像鸡一样有冠而五彩的鸟）、秩秩（即海雉，如雉而黑，栖息在海上）、雉（即野鸡）——这又是见方面的忌讳。下面又说孕妇“不食牛心、白犬肉、鲤鱼头”——这又是吃方面的忌讳。这些问题我琢磨了多年，一直找不到答案，特别是这里说鲤鱼头不能吃，很难理解。对现代人来说，鱼营养价值丰富，孕妈怀孕期间吃鱼，不正好可以补充营养吗？但这里却说得明明白白：鲤鱼头不能吃。到这里还没有完，接下来说古代妇女怀孕之后“必慎所感”——对自己所受到的感应一定要特别慎重、特别谨慎、特别小心。这里的“慎”，跟“载震（娠）载夙（肃）”的“夙（肃）”，几乎就是同义词，至少也高度相关。为什么要“必慎所感”呢？是因为“感于善则善，恶则恶矣”，就是说受到了善的感应，结果就是善的；受到了恶的感应，结果就是恶的。

下面列举了两件具体事情：一是怀孕的妇女“不可啖兔肉”（“啖”是吃的意思），“又不可见兔”，为什么呢？下面四个字说是“令儿唇缺”。很显然，古人对唇裂这种现象做了一种不科学的解释，这种不科学的解释就成了孕妇生活的忌讳。很多忌讳都是这么产生的。二是怀孕的妇女“不可啖生姜”。生姜也不能吃，这又是为什么呢？也许人们考虑更多的是姜是辛辣之物、性热之类，但后面四个字是“令儿多指”。我们一看姜的形状就清楚了，它的块茎是不规则的，有多少个分枝那可不一定。显然，古人对多一根脚趾头、多一根手指头这种现象也做了一种不科学的解释，这种不科学的解释也成了孕妇生活的忌讳。这又是吃方面的忌讳。在中国，关于孕妇的忌讳多之又多。比如说汉族、畲族、土家族、瑶族等都流传着一种关于“胎魂”的说法：

瑶族称胎神为“胎魂”，大概是指胎儿灵魂的意思。据说一月和七月怀孕的，胎魂在正门，禁忌修理正门和在正门处挖地；二月和八月怀孕的，胎魂在庭院，禁忌在庭院存放重物；三月和九月怀孕的，胎魂在舂米的臼里，禁忌移动米臼；四月和十月怀孕的，胎魂在厨房里，禁忌在厨房里淋水；五月和十一月怀孕的，胎魂在卧室，禁忌修理或挪动孕妇的卧室；六月和十二月怀孕的，胎魂在孕妇的腹腔，禁忌将孕妇的衣服泡在开水里。以上禁忌，如有冒犯就会导致流产、死胎或婴儿先天残疾等灾异。过去汉族、畲族、土家族等许多民族都有此俗流行。[①]

总之，妇女怀孕期间，这也不能见，那也不能见，这也不能吃，那也不能吃，这也不能做，那也不能做；且不仅涉及她本人，还涉及她身边的人。我们中国的禁忌实在是太多了，不只是孕妇在衣食住行方方面面有形形色色的禁忌，很多行业都有自己的忌讳。比如大家都知道，在从事渔业的父老乡亲们面前吃鱼，你就不能随便说“翻”字，你不能说“把鱼翻过来”，等等。林林总总的禁忌凸显着特有的行为方式、思维方式乃至情感方式，成为文化的重要构成部分。

从这个角度上来解释姜嫄怀孕之后，很严肃、很庄重、很小心、很谨慎，可能更加合理。当然，姜嫄面对的忌讳不一定跟我们前面说的那些禁忌一模一样，在不同历史时期、不同地域，孕妇的忌讳有所不同，然而孕妇存在很多忌讳，却是一个普遍的事实。

前面我们通过《生民》讲述的姜嫄怀孕生孩子的故事，了解了传统文化两个重要的方面，即接触巫术和孕妇的禁忌。《诗经》中值得深入发掘的这类文化

① 任骋《中国民间禁忌》，作家出版社1990年版，第173页。

元素还有很多，找到这些东西，《诗经》的世界才能真正向我们敞开。

## 三 《诗经》与教化

《诗经》与传统文化的关联是分层的。前面说的《诗经》原初的文化信息，带有“原始性”或者“初始性”。但是《诗经》在我们传统文化中发挥重大作用，具有崇高地位，主要是因为跟教化关联甚深，即主要是在政教伦理层面上规范个人行为、人际关系和社会秩序。这种作用的发挥，跟孔子以来儒家学者对这部经典的阐释密切相关。

### （一）前古儒家解《诗》：以孔子为中心的个案考察

历代儒家学者对《诗经》的阐释非常复杂。我首先举一个十分简单的例子，让大家感受一下前古之孔子是怎么阐释《诗经》的（我们说的“前古”，跟“近古”相对而言，指的是夏商周秦汉时期）。

儒学是我国文化传统的主干，创立儒家学派的孔子则是我国文化传统的核心。柳诒徵这么说：“孔子者，中国文化之中心也。无孔子则无中国文化。自孔子以前数千年之文化，赖孔子而传；自孔子以后数千年之文化，赖孔子而开。即使自今以后，吾国国民同化于世界各国之新文化，然过去时代之与孔子之关系，要为历史上不可磨灭之事实。故虽老子与孔子同生于春秋之时，同为中国之大哲，而其影响于全国国民，则老犹远逊于孔，其他诸子，更不可以并论。”[①]这一“传”一“开”，说透了孔子的意义和地位。钱穆也说：“孔子集前古学术思想之大成，开创儒学，成为中国文化传统中一主要骨干。”[②]这同样是说孔子集前、开后的重要性。对于儒家来说，孔子对于《诗经》的“态度”同样具有决定性的意义。

《小雅》里面有一首诗叫《绵蛮》：

---

① 柳诒徵《中国文化史》，上海古籍出版社2001年版，第263页。

② 钱穆《朱子学提纲》，台北：东大图书公司1991年版，第1页。

绵蛮黄鸟，止于丘阿。道之云远，我劳如何！
饮之食之，教之诲之，命彼后车，谓之载之。

绵蛮黄鸟，止于丘隅。岂敢惮行？畏不能趋。
饮之食之，教之诲之，命彼后车，谓之载之。

绵蛮黄鸟，止于丘侧。岂敢惮行？畏不能极。
饮之食之，教之诲之，命彼后车，谓之载之。

《绵蛮》这首诗一共有三章，我们只看看每一章的第一句话。第一章开头说“绵蛮黄鸟，止于丘阿”。“绵蛮”是形容鸟叫的声音。《诗经》中的“黄鸟”有两种，一种是黄鹂，一种是黄雀，都是很可爱的鸟，这里应该是指黄雀（参见下图）[①]。“丘阿”指的是山丘曲折幽深僻静的地方。这两句是说鸣叫着的黄雀飞过去，在山丘曲折幽深僻静的地方落脚，用土话来说就是停落在山旮旯里。对于鸟来说，那是好地方。第二章开头说“绵蛮黄鸟，止于丘隅”。“丘隅”跟“丘阿”是一样的意思。这两句仍然是说，鸣叫着的黄雀飞过去，在山丘曲折幽静之处落脚。第三章开头说“绵蛮黄鸟，止于丘侧”。“丘侧”指的是山坡。这两句是说，鸣叫着的黄鸟飞过去，在山坡上落脚（这两句意思有所省略，但我们完全可以意会“止于丘侧”跟“止于丘阿”“止于丘隅”有高度的同一性）。

黄雀

① 参阅胡森的《〈诗经〉的科学解读》，上海人民出版社2007年版，第413页。案孔子曰：“小子何莫学夫诗？诗可以兴，可以观，可以群，可以怨。迩之事父，远之事君；多识于鸟兽草木之名。”（《论语·阳货》）《诗经》中有很多“鸟兽草木之名”，我们现在弄不大明白指什么，胡森的《〈诗经〉的科学解读》颇有参考价值。

对我们现代人来说，《绵蛮》这三句诗很简单，很清新，很活泼，就是说黄雀飞过去在山丘上落脚，就这么简单。可是孔子不这么理解。儒家另一篇重要经典《大学》有一段文字曾经引用到了这首诗的“绵蛮黄鸟，止于丘隅”，并且记载孔子的理解和评论：

《诗》云：“邦畿千里，惟民所止。”《诗》云：“缗蛮黄鸟，止于丘隅。”子曰：“于止，知其所止，可以人而不如鸟乎！”（《大学》传之三章）

“缗蛮”与“绵蛮”，字异而义同。《大学》先引了《绵蛮》所写的鸣叫着的黄雀飞过去，在山丘曲折幽深僻静之处落脚，紧跟着就引了孔子的一句话，“于止，知其所止”，意思是说大家不要小看这鸟，这鸟对于自己应该在什么地方落脚知道得很清楚。孔子马上引申了一句：“可以人而不如鸟乎！”意思是说，如果人生在世，不知道自己应该在什么地方落脚，不知道自己应该立足于什么样的原则或价值，那就是人不如鸟啊。人不如鸟，怎么可以呢？你看，本来是鸟飞过去停落在山坡上这样一个简单的事实，在孔子那里成了一个关乎安身立命、具有重大社会人生意义的主题。

那么，从社会人生层面上，应该怎么理解孔子所说的“于止，知其所止”呢？我讲一个故事来演绎一下孔子的意思。这个故事是《韩非子》里面说的：

公仪休相鲁而嗜鱼，一国尽争买鱼而献之，公仪子不受。其弟谏曰：“夫子嗜鱼而不受者，何也？”对曰：“夫唯嗜鱼，故不受也。夫即受鱼，必有下人之色；有下人之色，将枉于法；枉于法，则免于相。虽嗜鱼，此不（必）能（自给）致我鱼，我又不能自给鱼。即无受鱼而不免于相，虽嗜鱼，我能长自给鱼。”此明夫恃人不如自恃也，明于人之为己者，不如己之自为也。（《韩非子·外储说右下》）

鲁穆公时候公仪休做相——从理论上说，相是行政地位最高的官员。公仪休喜欢吃鱼，所以鲁国百姓争着买鱼送上，想巴结讨好他。可公仪休偏偏不接受。公仪休的弟弟看不明白，就劝他说，你喜欢吃鱼，大家都来给你送鱼，你却不接受，这是怎么回事呢？公仪休解释说，正因为我喜欢吃鱼，所以才不接受别人送来的鱼。如果我接受了别人送来的鱼，我在处理政事的时候就会徇私枉法。如果我徇私枉法，我还能安安稳稳做这个相吗？如果我不做相了，这些家伙还会送鱼给我吗？而只要我安安稳稳做这个相，我就可以自己解决吃鱼的问题，那样可以长期吃鱼。总之，正因为我喜欢吃鱼，才不接受别人送来的鱼。韩非子讲了这个故事之后，得出了一个结论“恃人不如自恃”，就是说，靠别人不如靠自己。靠别人得到，不如靠自己堂堂正正做人得到。靠自己堂堂正正做人得到，你可以高枕无忧，心安理得。明白这个“恃人不如自恃”，也就是“于止，知其所止”，即对于自己在社会上怎么立身怎么处事，知道得很清楚。

对于早期儒家学者来说，人生应该立足于什么样的价值观，他们思考和表达得十分清楚。《大学》里面有一段话是这么说的：

《诗》云：“穆穆文王，於缉熙敬止。”为人君，止于仁；为人臣，止于敬；为人子，止于孝；为人父，止于慈；与国人交，止于信。（《大学》传之三章）

这段文字不算很艰深奥。“为人君，止于仁”，即作为国君，立足于“仁”这种价值观。“为人臣，止于敬”，即作为大臣，立足于“敬”这种行为规范（“敬”跟“礼”高度统一）。“为人子，止于孝”，即作为子女，立足于“孝”这种行为规范。“为人父，止于慈”，即作为父亲，立足于“慈”这种行为规范。“与国人交，止于信”，即跟国人交往，立足于“信”这种行为规范。我们不要误解《大学》的意思，比如不能误以为《大学》是说做国君的只需要讲究仁就行了，不需要讲究敬、孝、慈、信等，《大学》只是拿每种社会角色中最紧要的一个方面来说。所以朱熹《大学章句》云：“五者乃其目之大者也。学者于此，究其精微之蕴，而又推类以尽其余，则于天下之事，皆有以知其所止而无疑矣。”而且，我们应该意识到，在中国文化中，人的社会角色是多元而重叠的。比如说对父亲来说我是儿子，对儿子来说我又是父亲，对妻子来说我是丈夫，对兄长来说我是弟弟，对弟弟来说我是兄长……每个人的社会角色都多元重叠，在不同社会角色层面践履某种核心的价值观或行为规范，这些价值观或行为规范最终还是综合地对每一个人发挥作用。

由于时间关系，我们不能面面俱到说得太多，只看看早期儒家学者怎么琢磨“仁”这个事情。仁无疑是一种具有普遍意义的价值观念和行为规范，是人人都应该讲究和践行的。仁是什么呢？说起来也很复杂，它的意义具有多个不同方面。早期儒家学者孔子以及孔子的孙子子思等，给出的界定往往有所不同，孔子一人就给出过多种界定。我们单看孔子的一个重要界定。孔子在向弟子仲弓解释“仁”的时候，说了一大段话，其中有八个字最为紧要：“己所不欲，勿施于人。”（《论语·颜渊》）字面意思是，自己不想要的，自己不加给别人。孔子在跟子贡对话时，用肯定句式给仁下过一个定义，说是：“夫仁者，己欲立而立人，己欲达而达人。”（《论语·雍也》）字面意思是，仁意味着，你自己想要站住、想要站稳，就得让别人站住、让别人站稳；你自己想要通达顺利，就得让别人通达顺利。孔子还把这称为“近取譬”。为什么叫“近取譬”呢？这是从自己的内心取一种待人接物的准则（将自己所期望于别人的，落实为自己对待别人的），还有比自己的心更近的吗？所以称为“近取譬”。孔子说这种“近取譬”就是践行仁德的办法：“能近取譬，可谓仁之方也已。”说白了，这就是我们通常说的将心比心。孔子对仁的这两种定义（当然还有别的定义，我们只谈谈这两种）表达的其实是同一个意思，只不过句式不一样罢了。一种定义是用否定句式表达的，“己所不欲，勿施于人”；一种定义是用肯定句式表达的，“己欲立而立人，己欲达而达人”。

在这个层面上的仁究竟意味着什么呢？几年前，我跟几位师长、朋友一起吃饭。其中有一位老先生，已经退休好几年了，是我非常尊重的著名学者。大家聊着聊着，这位老人家突然说了一个意思：你说孔子的“己所不欲，勿施于人”很了不起、很高明、很伟大吗？自己不想吃苹果就不把苹果给别人吃，这难道很了不起吗？当然，那不是一个严肃的学术讨论的场合，大家说话比较随意，但老人家说这个意思，很可能他平时就是这么琢磨的。我想大家都能够意识到，所谓“己所不欲，勿施于人”，“己欲立而立人，己欲达而达人”，肯定不是指吃苹果的事儿。我们只有联系孔子另外一个重要的思想范畴，才能更准确地理解这种仁道。这个范畴，用一个字来说就是“恕”。《论语·卫灵公》记载：

子贡问曰：“有一言而可以终身行之者乎？”子曰：“其‘恕’乎！己所不欲，勿施于人。”

弟子子贡问老师，有没有一个字，我可以拿一辈子去践行的？孔子就回答，这个字肯定是“恕”。接下来解释了一句，“恕”就意味着“己所不欲，勿施于人”。这不就很清楚了吗？孔子对“恕”的定义跟对“仁”的定义是高度一致的。因此弄清楚了什么是“恕”，也就弄清楚了什么是“仁”。孔子有时候又讲“忠恕”：

子曰：“忠恕违道不远，施诸己而不愿，亦勿施于人。君子之道四，丘未能一焉。所求乎子以事父，未能也。所求乎臣以事君，未能也。所求乎弟以事兄，未能也。所求乎朋友先施之，未能也……”（《中庸》第十三章）

“违”是距离的意思，不是指违背。孔子先说忠恕距离道这种境界不远，接下来解释了一句，说忠恕就意味着“施诸己而不愿，亦勿施于人”。加给自己而自己不想要的，自己不加给别人，这不就是“己所不欲，勿施于人”吗？只是具体说法不同而已。所以这里“忠恕”看起来是“忠”加“恕”两个方面，实际上侧重里边的“恕”。既然孔子对“恕”或“忠恕”的定义跟对“仁”的定义高度一致，那么只要弄清楚什么是“恕”或“忠恕”，“仁”是什么就迎刃而解了。

孔子说的“君子之道”很明显就是“忠恕”之道。在孔子的话中，“君子之道”直接就是承继着“忠恕”而言的，两者的同一性确凿无疑。另外有一个重要的文献证据，等一会我再交代。孔子说，君子之道有四个方面，我孔子一个方面都未能做到。第一个方面是“所求乎子以事父，未能也”，即要求儿子对自己做到的，自己对父亲做到，我未能做到。第二个方面是“所求乎臣以事君，未能也”，即要求臣下对自己做到的，自己对君上做到，我未能做到。第三个方面是“所求乎弟以事兄，未能也”，即要求弟弟对自己做到的，自己对兄长做到，我未能做到。第四个方面是“所求乎朋友先施之，未能也”，即要求朋友对自己做到的，自己先对朋友做到，我未能做到。

前些年，一位被誉为“台湾哲学泰斗”的学者在凤凰卫视中文台上讲国学，他也常到各地去讲座。在讲到“君子之道”的时候，他曾经提过一个很好的问题：孔子为什么说要求儿子对自己做到的、自己对父亲做到这一条，自己未能做到呢？这位“台湾哲学泰斗”给出的答案是，那是因为孔子的父亲死得太早。孔子三岁的时候父亲就去世了，孔子想做，能做到吗？[①]孔子三岁丧父固然是一个事实，但是书恐怕不能这么读。如果孔子站在一个三岁就丧父的个人特定的立场上，来讲自己“未能”拿所求于儿子的来事奉父亲，那有意义吗？孔子应该是站在一个具有普遍意义的常人的立场上，来讲这种具有普遍意义的为人处世之道的。其中的道理其实很简单，人生天地之间，对别人的要求总是高于对自己的要求，孔子的“忠恕”之道、“君子之道”却要求你把对别人的要求转化为对自己的要求，就是说先落实到自己身上，这话说起来容易，做起来却很难，所以孔子说自己“未能”做到，应该是指不能够做到（不是说因为父亲去世得早自己“未能”做到，而是说即便父亲在世，自己也不能做到），有一定的谦虚成分。“忠恕”之道或者“君子之道”，意味着要求儿子对自己做到的，自己先对父亲做到；要求臣下对自己做到的，自己先对君上做到；要求弟弟对自己做到的，自己先对兄长做到；要求朋友对自己做到的，自己先对朋友做到。孔子所说的“己欲立而立人，己欲达而达人”，就意味着这种为人处事的知与行的转换与落实。前面我们说了，这个“君子之道”就是“忠恕”之道，有一个文献学的证据。《荀

① 参阅傅佩荣《儒家与人际关系的改善》，收入《听傅佩荣讲国学》，上海三联书店2008年版，第1页。

子·法行》云：

孔子曰："君子有三恕：有君不能事，有臣而求其使，非恕也；有亲不能报，有子而求其孝，非恕也；有兄不能敬，有弟而求其听令，非恕也。士明于此三恕，则可以端身矣。"

孔子所说的君子之"三恕"即三种恕道，恰恰就对应着"君子之道"四个方面中的三个方面："有君不能事，有臣而求其使"不是恕，"所求乎臣以事君"才是恕；"有亲不能报，有子而求其孝"不是恕，"所求乎子以事父"才是恕；"有兄不能敬，有弟而求其听令"不是恕，"所求乎弟以事兄"才是恕。两两都构成正反两面。"君子之道"至少有百分之七十五被证明了就是"忠恕"之道——这样说其实并不准确，《中庸》《法行》两篇文献所记，差异仅仅在于量的多少，从本质上来说，"君子之道"实即"忠恕"之道，没有任何问题。

"君子之道"和"忠恕"之道，在《大学》里还有另外一个表述，即"君子有絜矩之道"：

……君子有絜矩之道也。所恶于上，毋以使下；所恶于下，毋以事上；所恶于前，毋以先后；所恶于后，毋以从前；所恶于右，毋以交于左；所恶于左，毋以交于右。（《大学》传之十章）

"絜"是什么意思呢？"絜"的本义是测量圆柱体东西的周长。我们读《庄子》，《庄子》说有一棵大树，多大呢？"絜之百围"——量一量它的树干，要一百个人展开双臂才能把它围起来。"絜"进一步从测量圆柱体东西的周长，引申为具有普遍意义的测量，甚至连抽象的东西（比如内心）都可以絜。"矩"又是什么东西呢？"矩"原本是古代的木工用来画直角和方形的工具，画一个角是直角，画四个角就构成一个方形。"矩"进一步从画直角和方形的标准工具，引申为具有普遍意义的准则。因此所谓"絜矩之道"，就是说你量一下，然后把量的结果当成一种修己待人的准则。量什么东西呢？还是量自己的内心，还是孔子所说的“近取譬”。所以接下来说，“所恶于上，毋以使下；所恶于下，毋以事上”，前后左右以此类推。字面上意思是说，厌恶上面的人对待自己的那一套，自己不用来对待下面的人；厌恶下面的人对待自己的那一套，自己不用来对待上面的人，前后左右以此类推。简单地说，就是量一下自己的内心，以确定对待他人的准则。朱熹解释“所恶于上，毋以使下；所恶于下，毋以事上”等句，这样说：

如不欲上之无礼于我，则必以此度下之心，而亦不敢以此无礼使之。不欲下之不忠于我，则必以此度上之心，而亦不敢以此不忠事之。至于前后左右，无不皆然……（《大学章句》）

如果你不希望上面的人对自己无礼，那你将心比心去体贴下面的人，而不对下面的人无礼。如果你不希望下面的人对自己不忠，那你自己将心比心体贴上面的人，而不对上面的人不忠。前后左右以此类推。这就是“絜矩之道”。

总之，孔子定义“仁”的“己欲立而立人，己欲达而达人”，可以用“君子之道”（亦即“忠恕”之道）的四个方面来具体展开：“所求乎子以事父，……所求乎臣以事君，……所求乎弟以事兄，……所求乎朋友先施之……”孔子定义“仁”“恕”或“忠恕”的“己所不欲，勿施于人”或“施诸己而不愿，亦勿施于人”，可以用“絜矩之道”作注解：“所恶于上，毋以使下；所恶于下，毋以事上（前后左右以此类推）……”这样我们就明白了，孔子所说的“己所不欲，勿施于人”的仁道根本不是吃苹果的事，它是关于人在社会中安身立命的根本原则。

《诗经·小雅·绵蛮》三章开头所写的鸟鸣叫着飞过去落在山旮旯里这样一个清新活泼的意象，经孔子阐释，变成了一个重大的社会人生问题，彰显着安身立命、为人处事的根本原则。这就是《诗经》为什么在古代儒家学者和主流传统中那么重要的原因。

先秦两汉时期的《诗经》学著述或阐释，有内传体、外传体之差异。大体说来，内传体著述或阐释旨在索解诗人诗作之意，简言之即索解诗本义；外传体著述则不以索解诗本义为宗旨。不过，内传体、外传体著述或阐释的根本目的，都在于张扬儒学价值观，期以规范个人行为、人际关系和社会秩序。从这一层面说，两者异曲同工，殊途同归。[①]孔子解释“緡蛮黄鸟，止于丘隅”，原本属于外传体阐释。他另外有《诗经》内传体著述或阐释，最典型的就是新见于上海博物馆所藏战国楚竹书的《诗论》（学术界通常称为《孔子诗论》）[②]。由于时间关系，我们仅以孔子阐释“绵蛮黄鸟，止于丘隅”为个案，与大家一起体会一下《诗经》对于早期儒家学者究竟意味着什么。

### （二）近古儒家解《诗》：以朱熹为中心的个案考察

朱熹像

上面说的“前古”，指的是夏商周秦汉时期；这里说的“近古”，指的是宋元明清时期，截止到十九世纪中叶。钱穆先生说：“在中国历史上，前古有孔子，近古有朱子，此两人，皆在中国学术思想史及中国文化史上，发出莫大声光，留下莫大影响。旷观全史，恐无第三人堪与伦比。”[③]朱熹这个人确实很了不起。最直观的印象，简直可以说，他无论写什么都能成为经典。他写一个《诗经》的注本，叫《诗集传》或《诗经集传》，成了《诗经》学的经典，研究《诗经》学是绕不过去的。他写一个《楚辞》的注本，叫《楚辞集注》，成了《楚辞》学的经典，研究《楚辞》学是绕不过去的。他写一部四书的注本，叫《四书章句集注》，成了儒学史、中国学

---

① 关于《诗经》内外传体著述，参阅常森《论汉代〈诗经〉著述之内外传体》，《国学研究》第三十卷，北京大学出版社2012年版，第145—170页。

② 竹书所见《诗论》，可参阅常森《简帛〈诗论〉〈五行〉疏证》，北京大学出版社2019年版。并请参阅常森《新出土〈诗论〉以及中国早期诗学的体系化根源》，《北京大学学报》哲学社会科学版2019年第1期，中国人民大学书报资料中心《中国古代、近代文学研究》2019年第6期；常森《上博战国楚竹书〈诗论〉的〈诗经〉学史价值》，《中国诗歌研究》（第三辑），中华书局2005年版。

③ 钱穆《朱子学提纲》，第1页。

术思想史上的经典，读《大学》《中庸》《论语》《孟子》是绕不过去的。总之要想深入到早期中国研究的领域中去，朱熹也往往是绕不过去的一个。所以，我们在了解了孔子解《诗》之后，接下来将要看一看堪与孔子并立的朱熹又是怎么理解《诗经》的。

我们同样只举一个例子，就是《小雅》里的《鹤鸣》：

鹤鸣于九皋，声闻于野。
鱼潜在渊，或在于渚。
乐彼之园，爰有树檀，其下维萚。
它山之石，可以为错。

鹤鸣于九皋，声闻于天。
鱼在于渚，或潜在渊。
乐彼之园，爰有树檀，其下维榖。
它山之石，可以攻玉。

《鹤鸣》这首诗，其实也很简单。一共两章。第一章，“鹤鸣于九皋，声闻于野”，是说鹤在曲折幽深的沼泽地里鸣叫，声音传播到郊野里很远很远的地方。这是第一种清新活泼的物象。“鱼潜在渊，或在于渚。”是说有的鱼游往深水，有的鱼在小岛周围的浅水里游来游去。这是第二种清新活泼的物象。“乐彼之园，爰有树檀，其下维萚。”是说喜欢那个园子，那里有檀树，檀树下面是萚树。我们知道，檀树非常名贵，萚树是一种类似于枣树的普通的树，质地硬，落叶晚，远远没有檀树那么名贵。这是第三种物象。“它山之石，可以为错。”是说它山的石头跟玉相比微不足道，却可以拿来作为加工玉的工具（“错”是用于磨制玉器的一种工具）。这是第四种物象。以上说的是第一章。

《鹤鸣》重章叠句，它的第二章与第一章内容差不多。“鹤鸣于九皋，声闻于天。”是说鹤在曲折幽深的沼泽地里鸣叫，声音在天空中传播得很远。这是第一种物象。第一章“声闻于野”着眼于鹤鸣传播之平阔，这章的“声闻于天”着眼于鹤鸣传播之高远，二者相合，构成一完整而宏大的空间。“鱼在于渚，或潜在渊。”是说有的鱼在小岛周围的浅水里游来游去，有的鱼游往深水。这是第二种物象，基本上是重复第一章的“鱼潜在渊，或在于渚”，唯颠倒变幻，见出万有之流动。“乐彼之园，爰有树檀，其下维榖。”是说喜欢那个园子，那里有名贵的檀树，这檀树下面有普通的楮树（楮树北方常见，它的皮常被用于造纸）。这是第三种物象。萚树之外又增加榖树，见出万有之繁复。“它山之石，可以攻玉。”是说其他山的石头虽然微不足道，却可以拿来加工打磨玉。这是第四种物象。比第一章点得更透。总体上说，第二章内容跟第一章差不多。

《鹤鸣》充满了暗示性，但似乎又不可把捉，究竟是什么意思呢？朱熹《诗集传》就其第一章做了这样的解释：

此诗之作，不可知其所由，然必陈善纳诲之辞也。盖鹤鸣于九皋，而声闻于野，言诚之不可掩也；鱼潜在渊，而或在于渚，言理之无定在也；园有树檀而其下维萚，言爱当知其恶也；它山之石而可以为错，言憎当知其善也。由是四者引而伸之，触类而长之，天下之理其庶几乎？

朱熹说，《鹤鸣》这首诗不知道是在什么情况下写的，但一定是陈善纳诲、进献善言的诗。鹤在曲折幽深的沼泽地里鸣叫，它的声音传播到野地里很远的地方，是说真诚是掩盖不住的。鱼往深水里游去，或者在小岛周围的浅水里游来游去，是说理没有固定所在，“触处皆是”。朱熹曾说：

“孔子‘与点’，与圣人之志同”者，盖都是自然底道理。安老、怀少、信朋友，自是天理流行。天理流行，触处皆是。暑往寒来，川流山峙，“父子有亲，君臣有义”之类，无非这理。如“学而时习之”，亦是穷此理；“孝弟……仁之本”，亦是实此理。所以贵乎格物者，是物物上皆有此理。此圣人事，点见得到。盖事事物物，莫非天理，初岂是安排得来！安排时，便凑合不着。这处更有甚私意来？自是着不得私意。圣人见得，只当闲事，曾点把作一件大事来说。他见得这天理随处发见，处处皆是天理，所以如此乐。[①]

朱熹是理学家，他讲“理”，讲“天理”。“理之无定在”是说理到处都在，就像那鱼一样，小岛周围的浅水里有游弋的，深水里也有游弋的。朱熹还说，喜欢那个园子，园子里有名贵的檀木，檀树下面有普通的萚树，说的是爱一个对象，应该知道他有毛病、有短处、有不足。他山的石头跟玉相比没有什么稀罕的，却可以用来加工磨制玉，说的是憎恶一个对象，应该知道他有善的地方、有长处。这四方面的道理引申开去，天地之间的道理全都在这里了。总之朱熹认为《鹤鸣》中的物象就类比性地指向这四方面的道理。

对我们来说，朱熹对《鹤鸣》的解释，最引人注目的可能是“爱当知其恶也”“憎当知其善也”两句。大家如果熟悉《大学》，会发现这恰恰就是《大学》八目中“正心”的目标。

所谓修身在正其心者，（身）〔心〕有所忿懥，则不得其正；有所恐惧，则不得其正；有所好乐，则不得其正；有所忧患，则不得其正。心不在焉，视而不见，听而不闻，食而不知其味。此谓修身在正其心。（《大学》传之七章）

为什么要正心呢？是因为心陷入忿懥（即愤怒），陷入恐惧，陷入好乐（即喜好），陷入忧患（即困苦患难），都不能达到中正不偏邪的状态，必须超脱了这些愤怒、恐惧、好乐和忧患，心才能中正不偏邪。心中正不偏邪，才能将其能量集中到格物致知所获取的价值之上，集中到陶冶身心、涵养德性之上，全效发挥它的主导性和决定性作用，达成在自己身上“明明德”的目标。心若“缺席”，心若不能全效在场，就会视而不见，听而不闻，食而不知其味。《大学》还有一

① 黎靖德编《朱子语类》卷篇四十《论语》二十二《先进篇》下“子路曾皙冉有公西华侍坐章”，中华书局1986年版，第1033页。案程颢云：“孔子‘与点’，盖与圣人之志同，便是尧舜气象也……”（程颢、程颐《二程集》，中华书局2004年版，第136页）朱熹这段语录先申说其意。

段讲的也是正心的道理：

所谓齐其家在修其身者：人之其所亲爱而辟焉，之其所贱恶而辟焉，之其所畏敬而辟焉，之其所哀矜而辟焉，之其所敖惰而辟焉。故好而知其恶，恶而知其美者，天下鲜矣！故谚有之曰："人莫知其子之恶，莫知其苗之硕。"（《大学》传之八章）

这一章看起来是基于齐家的目标讲修身的重要性（修身之要是在己身明明德，齐家之要是推己身之明德而及于家，使家人明明德），但这里修身的重点，却是通过正心达成对"其所亲爱""其所贱恶""其所畏敬""其所哀矜""其所敖惰"一视同仁的客观与全面。"人之其所亲爱而辟焉"，意思是说，人对于自己所亲爱的人是有偏心的（"之"即对于，"辟"即邪僻），我相信这一道理大家都很熟悉。《韩非子·说难》讲过一个故事：

宋有富人，天雨，墙坏。其子曰："不筑，必将有盗。"其邻人之父亦云。暮而果大亡其财。其家甚智其子，而疑邻人之父。

故事说，宋国有一家富人，天下雨，墙塌了。富人家的儿子就说，那倒了的墙一定得及时修好，不及时修好的话，会招小偷的。邻居家有一个老人家也说（"父"是对老人的尊称），你们家倒塌的墙要及时修好，不修好的话会招小偷。结果墙没有及时修好，到了晚上这家富人果真丢了很多财物。这家富人觉得，我儿子真聪明，早就预见到这种结果。同时又嘀咕，邻居家那个老头肯定有问题。本来说的是同样的话，自家的孩子嘛，就觉得他聪明，邻居家的老人家呢，就觉得他有问题。这不就是说人对于自己亲爱的人有偏心吗？《大学》说，人对于自己所轻视所厌恶的人是有偏心的，人对于自己所敬重的人是有偏心的，人对于自己所怜悯的人是有偏心的，人对于自己所傲视的人是有偏心的。天地之间，喜欢一个人却知道他有毛病有过错，憎恶一个人却知道他有善行，能做到这一点的人没有几个。至此，我们应该想到朱熹注释《小雅·鹤鸣》的那两句话了，“爱当知其恶也”，“憎当知其善也”，这不就是《大学》“好而知其恶，恶而知其美”吗？《大学》接下来还引用了一个很有趣的谚语，说是人没有谁知道自家孩子的毛病，没有谁知道自家禾苗的壮硕。这差不多就是我们现在俗话说的：孩子总是自己的好，老婆总是人家的好。总之是心不正。《大学》之修身意味着使心达到一视同仁的全面与客观，如此方能明明德于家，进而明明德于国，明明德于天下。朱熹用《大学》“好而知其恶，恶而知其美”来注释《鹤鸣》，是非常准确的。

对于我们现代人来说，《小雅·鹤鸣》这首诗不过是一系列清新活泼的物象，却被朱熹纳入格物致知、诚意正心、修身齐家治国平天下这样一个安身立命的根本主题之中。这仅仅是一个个案。从总体上，朱熹《诗集传序》曾说：

本之二《南》以求其端，参之列国以尽其变，正之于《雅》以大其规，和之于《颂》以要其止。此学《诗》之大旨也。于是乎章句以纲之，训诂以纪之，讽咏以昌之，涵濡以体之，察之情性隐微之间，审之言行枢机之始，则修身及家、平均天下之道，其亦不待他求而得之于此矣。

这就是《诗经》在古代儒家学者那里有崇高地位的原因，这就是《诗经》在古代社会中能进入体制核心层面，能从体制核心层面上影响全社会政治、历史和文化的原因，这也就是《诗经》跟传统文化最重要的关联所在。这个瓶子里装的可不是一般的酒。

## 四　文化流失以及《诗经》学误读

讨论这一话题之前，需要承认文化里有很多东西千百年来长流不息，具有异常持久的生命力。这里举两个例子。

我们现在打一个喷嚏，经常会怎么说呢？嗯，经常会说有人想我或者有人念叨我。这种心理可能从《诗经》作品产生的时代就已经有了。我们看看《诗经·邶风·终风》的第三章，特别是最后四个字：

> 终风且曀，不日有曀。
> 寤言不寐，愿言则嚏。

首句“终风且曀”，“终风”就是整天刮风，“曀”就是天色阴沉。次句“不日有曀”，是说没几天又是这样一种阴沉沉的天气。第三句“寤言不寐”，就是醒着睡不着（一般认为“言”是助词）。醒着睡不着，肯定是有心事。最后一句“愿言则嚏”，郑玄笺释说：“言，我；愿，思也。嚏读当为‘不敢嚏咳’之‘嚏’。我其忧悼而不能寐，汝思我心如是，我则嚏也。今俗人嚏云‘人道我’，此古之遗语也。”郑玄认为，“愿”就是“思”的意思（“思”就是想），“言”是“我”的意思，“愿言则嚏”是说你想我，我就打喷嚏。郑玄又援引当时民间一个说法——打个喷嚏就说是谁谁谁念叨我，认为这是从《诗经》作品产生的时代留下来的古语。如果郑玄的解释是正确的，那么几千年前我们的先人打个喷嚏就有这种想法了。即便郑玄的解释不正确，至少从汉代就有这种说法了。

我再举一个例子。北京一度雾霾严重，搞得大家议论纷纷，同时也导致一种现象发生，即只要北京有一个蓝天白云的好天气，它会成为第一大新闻，朋友圈到处都在刷屏。记得2015年8月3日下午5：30左右的北京，天真的很神奇，西边的天空全是金灿灿的晚霞，东方则有那么大一个彩虹横跨在整个城市上空。正好是下班时间，所以满大街都是拍照的，很多网友拍了照片便直接放到了网上。大街上不少人突然发现了彩虹，跳着脚，指着彩虹吆喝：“彩虹！彩虹！”不知道大家是否了解，我们中国有很多地方有一个说法：彩虹是不能用手指头指的。在我老家山东，一些年轻的母亲为了吓唬小孩子不让他用手指头指彩虹，就跟他说，用手指头指彩虹会烂手指头的。当然这是阻吓。听说云南也有类似说法。更神奇的是，这种说法从《诗经》那个时代就有了，确凿无疑。《诗经·鄘风·蝃蝀》开篇就说：

蝃蝀在东，莫之敢指。

我们只看这八个字就够了。“蝃蝀”就是虹。这两句意思是说，虹在东方，没有谁敢用手指头指它。很明显，这是一个忌讳。可究竟为什么有这种忌讳，我一直没琢磨透彻。我们现在所看到的所有解释都是后来产生的，往往过于凸显伦理道德内涵。比如毛传解释说：“蝃蝀，虹也。夫妇过礼则虹气盛，君子见戒而惧讳之，莫之敢指。”孔颖达疏阐发其意，云：“夫妇过礼，谓不以道妄淫行夫妇之事也。《月令》孟冬虹藏不见，则十月以前，当自有虹。言由夫妇过礼者，天垂象，因事以见戒，且由过礼而气更盛，不谓凡平无虹也。以天见戒，故君子见而惧讳自戒。惧讳，恶此由淫过所致。不敢指而视之。若指而视之，则似慢天之戒不以淫为惧讳然，故莫之敢指也。”这样的解释未必是这个文化现象原初的意义。现代认为：“雨后出彩虹，本属正常的自然现象。但在一般迷信者眼里，却认为这是天意的显现，是神灵的兆示。鄂伦春族、汉族等民族都忌讳用手指点虹，唯恐冒犯了天神。南方或北方出现了彩虹，民间还以为是灾难的象征，深以为忌。河南有俗语说：‘东虹呼雷西虹雨，南虹出来卖儿女，北虹出来大杀大砍。’又说：‘东虹风，西虹雨，南虹出来卖儿女。’山东也有：‘东虹无露西虹雨，南虹出来摸点儿鱼，北虹出来杀皇帝。’这里，既把虹的出现与降雨的自然现象联系起来了——这是有一定科学道理的联想；又把虹想象为上天对人间某种政事的‘垂象’和兆示——这就是迷信的部分了。”[①]忌讳指点彩虹有什

彩虹

① 黄世平编著《中国传统天文历法通书》，三环出版社1991年版，第220页。又可参阅任骋《中国民间禁忌》，山东人民出版社2018年版，第484-485页。

么本义，可能还有讨论的空间。

上面我们说的这两个例子，足以说明文化是多么神奇。在一些偏远的乡村，父老乡亲们根本不知道孔孟老庄是何许人物，根本不知道《诗经》《尚书》是什么东西，但有时候他们打个喷嚏也会说是有人念叨有人想，见了彩虹也说是不能用手指头指等。文化里有些东西简直有一种说不清道不明的神秘。

然而对我们当代中国人来说，更值得注意的是，我们已经经历了太久太久的文化流失。特别是二十世纪。这意味着，我们面对《诗经》这种古老的经典，可能会站在一个跟它大不相同的文化立场上。我们一定能读懂《诗经》吗？有时候我们会产生这种疑问。

我们看最后一个例子，这就是大家都很熟悉的《诗经·郑风·子衿》：

青青子衿，悠悠我心。
纵我不往，子宁不嗣音？

青青子佩，悠悠我思。
纵我不往，子宁不来？

挑兮达兮，在城阙兮。
一日不见，如三月兮！

在现代人眼中，《子衿》就是一首爱情诗。全诗共三章，内容看起来非常简单。第一章“青青子衿，悠悠我心”。“衿”指的是领子。那时候的衣服，衣襟向上直接和领子连在一起，领子部分叫“衿”。“青青子矜”，字面意思是说青色的您的衣领，或者您的衣领是青色的。“悠悠我心”，即充满思念的是我的心。“纵我不往，子宁不嗣音？”意思是即使我不去，您难道就不能给一个音信吗？“嗣音”就是保持音信。第二章“青青子佩，悠悠我思”。“佩”是古人佩戴在身上的装饰品——身上佩戴的最好的装饰品当然是玉佩了。

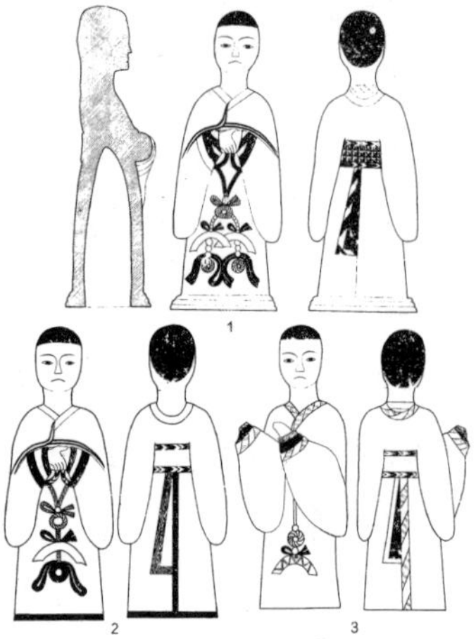

楚式袍服①

左图是根据春秋晚期、战国早期河南信阳楚墓的彩绘俑绘制的，你看这些人像身上都有环、珠、璜之类的佩饰。“青青子佩”，字面上的意思是说青色的您的佩饰，或者您身上佩戴的装饰品是青色的。“悠悠我思”，是说绵绵不绝的是我的思念。“纵我不往，子宁不来？”是说即使我不去，您难道不能来吗？您可以主动一点来啊。第三章“挑兮达兮，在城阙兮”。“挑达”是往来相见的意思，这两个字，《汉语大词典》的标音是“tāo tà”，《汉语大字典》的标音是“táo tà”，总之不是“tiāo dá”。“城阙”是城门两边的望楼，在古代，一般少有人去，所以比较适合男女幽会；且其地势高，便于掌握周遭的动静。“一日不见，如三月兮！”仅仅才一天没见面，仅仅才分开一天，感觉就好像几个月那么漫长。

你看，《子衿》有什么深奥的地方吗？好像没有。我们这样过一遍，不就读懂了吗？可是我们真的读懂了吗？比如说这首诗开头的四个字“青青子衿”究竟是什么意思呢？朱熹《诗集传》提出过一种解释：“青青，纯缘之色。”什么是“纯缘之色”呢？好像我们看不懂。有学者认为，这里有一个错字，朱熹原话应该是“青青，纯绿之色”。“缘（緣、緣）”和“绿（綠、綠）”字形不是很像吗？“青草”不就是“绿草”，“青色”不就是“绿色”吗？所以这个解释听起来十分合理。他们认为，二十世纪三十年代，我们中国人借日本静嘉堂藏宋本《诗集传》影印复制，刊行了《四部丛刊三编》；1955年的时候，文学古籍刊行社出版的《诗集传》在影印此复制本的基础上稍微做了一点加工；1958年的时

① 图片引自河南省文物研究所《信阳楚墓》，文物出版社1986年版，第115页。

候，中华书局又根据影印复制本做了一个铅字排印本。[1]就在由复制本变成铅字排印本的时候，搞错了，把朱熹说的“纯绿”搞成了“纯缘”。二十世纪八十年代，有学者评介《诗集传》各种刊本，说：“新修本《诗集传》最初成书刊刻时为二十卷，末附《诗序辨说》，但《诗序辨说》不知何时被删去，历代著录及今传宋刊本均未载。至清修《四库全书》，则只有八卷本，‘盖坊刻所并’（《总目提要》），讹误改易之处很多，四库本作了一些校勘。1949年后，文学古籍刊行社影印了宋二十卷本《诗集传》，后来中华书局上海编辑所据此本排印，这是目前最容易见到的本子。但排印本中有讹字，如《郑风·子衿》一章注‘青青，纯绿之色’，‘绿’误作‘缘’；……所以，使用这个本子时应该注意。”[2]我特意考察了一下手头容易找到的一些《诗集传》，比如长沙岳麓书社的《诗集传》（跟《楚辞章句》合刊，二十卷本，1989年版），北京中国书店的《诗经集传》（八卷本，1994年版），上海古籍出版社《朱子全书》（2002年版）所收《诗集传》（二十卷本），南京凤凰出版社的《诗集传》（二十卷本，2007年版）……都直接把“纯缘”改成了“纯绿”。总之，在我发文公开批评之前，几乎是清一色的“纯绿”了。

---

① 案：朱熹《诗集传》有二十卷本，有八卷本。二十卷本之宋元旧刻留存甚少。《四部丛刊三编》收上海涵芬楼影印中华学艺社借照日本东京岩崎氏静嘉文库藏宋本《诗集传》（二十卷），为残宋本，自卷十二《小雅·蓼莪》第三章朱传“则无所恃”四字起，至第十七卷《大雅·板》亡佚，后补抄配齐。原本旧藏陆心源皕宋楼，后流落日本静嘉文库。八卷本是明清通行的《诗集传》版本，但宋、元两代不见著录，故四库馆臣认为“盖坊间所并”。（以上请参阅《朱子全书》第一册《诗集传》点校说明，上海古籍出版社2002年版，第327页）1955年文学古籍刊行社《诗集传》（二十卷）是在《四部丛刊》本基础上处理而成的。1958年中华书局《诗集传》（二十卷）乃据文学古籍刊行社本排印，其讹误、脱文亦据文学古籍刊行社所作校记改正。

② 冯宝志《诗集传》，《文史知识》1982年第12期，第28页。

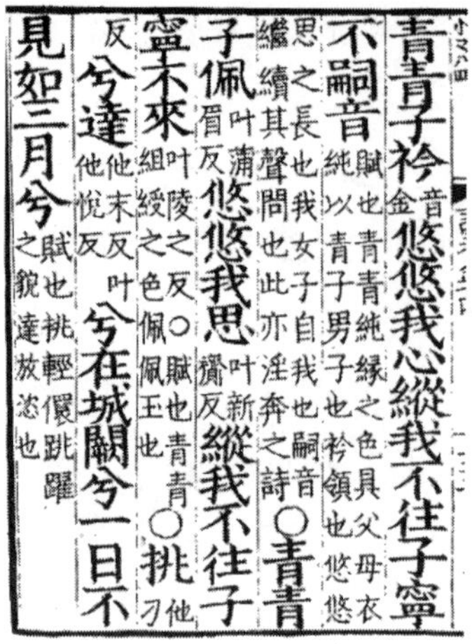
青青子衿音金悠悠我心縱我不往子寧
不嗣音賦也青青純緣之色具父母衣純以青子男子也衿領也悠悠
思之長也我女子自我也嗣音繼續其聲問也此亦淫奔之詩○青青
子佩叶蒲眉反悠悠我思叶新齎反縱我不往子
寧不來叶陵之反○賦也青青組綬之色佩佩玉也○挑他刀
反兮達他末反叶他悅反兮在城闕兮一日不
見如三月兮賦也挑輕儇跳躍之貌達放恣也

书影1　日本静嘉文库藏宋本《诗集传》

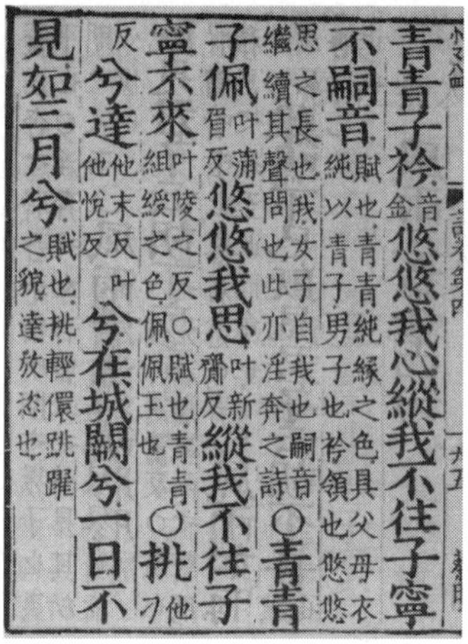
青青子衿音金悠悠我心縱我不往子寧
不嗣音賦也青青純緣之色具父母衣純以青子男子也衿領也悠悠
思之長也我女子自我也嗣音繼續其聲問也此亦淫奔之詩○青青
子佩叶蒲眉反悠悠我思叶新齎反縱我不往子
寧不來叶陵之反○賦也青青組綬之色佩佩玉也○挑他刀
反兮達他末反叶他悅反兮在城闕兮一日不
見如三月兮賦也挑輕儇跳躍之貌達放恣也

书影2　南京图书馆藏宋刻本《诗集传》

究竟是不是这样一种情况呢？我们先来看看《四部丛刊三编》所影印的日本静嘉文库藏宋本（参见书影1）。朱熹的注释很清楚，原本就作“青青，纯缘（缘）之色”。这个“缘”字跟“绿色”的“绿”差别可大了，右下角完全不一样。南京图书馆藏宋刻本《诗集传》同样作“缘”不作“绿”（参见书影2）。

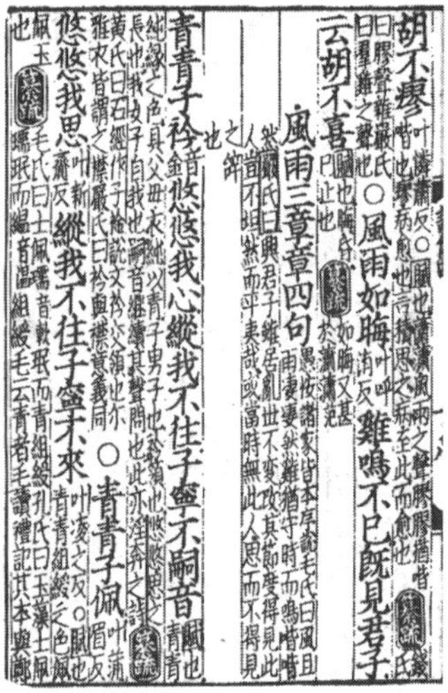
胡不瘳
風雨如晦雞鳴不已既見君子
云胡不喜
風雨三章章四句
青青子衿悠悠我心縱我不往子寧不嗣音
青青子佩
悠悠我思縱我不往子寧不來

书影3　中国国家图书馆藏《诗集传附录纂疏》

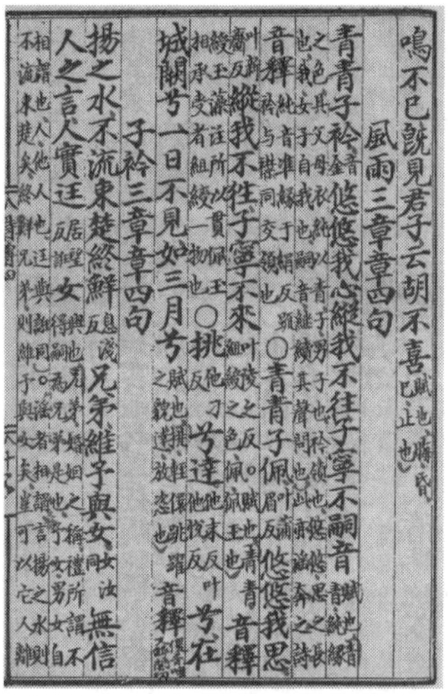
鳴不已既見君子云胡不喜
風雨三章章四句
青青子衿悠悠我心縱我不往子寧不嗣音
悠悠我思縱我不往子寧不來
城闕兮一日不見如三月兮
子衿三章章四句
揚之水不流束楚終鮮兄弟維予與女無信
人之言人實迋女

书影4　中国国家图书馆藏《诗集传名物钞音释纂辑》

我又找了其他较早的与《诗集传》有关的刻本作比对。元泰定四年（1327）建安刘君佐翠岩精舍刻本《诗集传附录纂疏》（朱熹集传、胡一桂纂疏，中国国家图书馆及日本静嘉堂文库藏，参见书影3），相关文字同样很清楚，作“青青，纯缘（缘）之色”。元至正十一年（1351）双桂书堂刻本《诗集传名物钞音释纂辑》（朱熹集传、罗复撰，中国国家图书馆藏，参见书影4），元至正十二年（1352）建安刘叔简日新堂刊《诗集传通释》（朱熹集传、刘瑾通释，日本静嘉堂文库藏）等，均同。

我又找了文渊阁《四库全书》里一系列跟《诗集传》有关的本子，我们先看看文渊阁《四库全书》经部诗类所收八卷本《诗经集传》。这个很清楚，也是“青青，纯缘之色。”（参见书影5）这个“緣（缘）”我们更熟悉了，直接就是“缘分”的“缘”的常用繁体字。《四库全书》经部诗类所收元朱公迁《诗经疏义会通》二十卷，“为发明朱子《集传》而作，如注有疏，故曰疏义”，其释“青青子衿”之“青青”，亦作“緣”（参见书影6）。

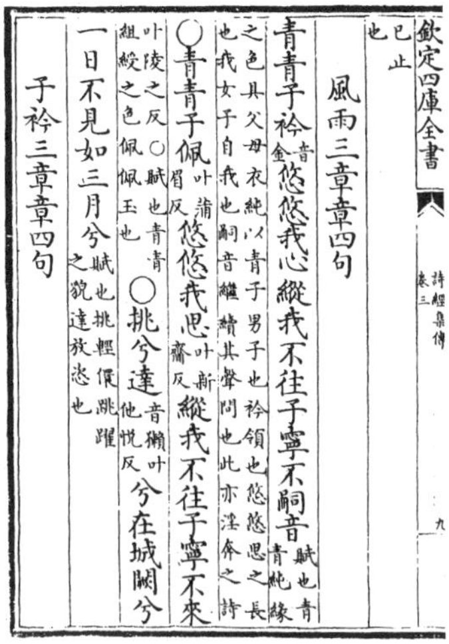
欽定四庫全書 詩經集傳 卷三
已止也
風雨三章章四句
青青子衿音金悠悠我心縱我不往子寧不嗣音 賦也青青純緣之色具父母衣純以青子男子也衿領也悠悠思之長也我女子自我也嗣音繼續其聲問也此亦淫奔之詩
○青青子佩叶蒲眉反悠悠我思叶新齋反縱我不往子寧不來叶陵之反 ○賦也青青組綬之色佩佩玉也
○挑兮達兮挑他彫反達他悅反在城闕兮
一日不見如三月兮 賦也挑輕儇跳躍之貌達放恣也
子衿三章章四句
九

书影5 《诗经集传》（文渊阁《四库全书》本）

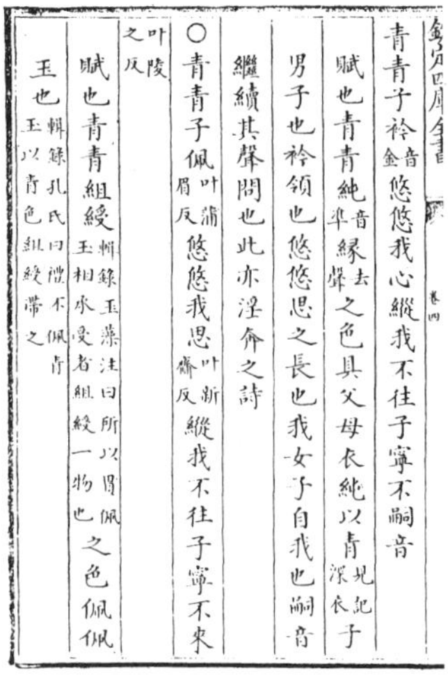
欽定四庫全書 卷四
青青子衿音金悠悠我心縱我不往子寧不嗣音
賦也青青純音準緣去聲之色具父母衣純以青見記深衣子
男子也衿領也悠悠思之長也我女子自我也嗣音
繼續其聲問也此亦淫奔之詩
○青青子佩叶蒲眉反悠悠我思叶新齋反縱我不往子寧不來叶陵之反
賦也青青組綬輯録玉藻注曰所以貫佩之色佩
玉也輯録孔氏曰禮不佩青玉相承受者組綬一物也玉以青色組綬帶之

书影6 《诗经疏义会通》（文渊阁《四库全书》本）

总之，没有任何一个重要的本子能够证明朱熹解释“青青”的原话是“纯绿之色”。为什么研究、整理《诗集传》的专家认定朱熹的原话是“纯绿”呢？那是因为他们根本没有读懂朱熹的意思。他们之所以没有读懂朱熹的意思，则是因为他们的知识和文化视野中没有了朱熹说的那种文化。

朱熹释语的意思究竟是什么呢？我们一个字一个字地看：“青青，纯……”解释“青青”的这句，第一个字根本不读“纯（chún）”，古人读“准”。元代刘瑾《诗传通释》、元代朱公迁《诗经疏义会通》、明代胡广等《诗传大全》以及清代《钦定诗经传说汇纂》等，都特意用小字注明此字读“準”，或者“音準”。“纯”是什么呢？简单地说，“纯”就是衣领、袖口等处的镶边。我一说大家都明白，比如说老式的布鞋，男式的有镶边，女式的也有镶边；衣服的袖口、领口也都有镶边。这个镶边，古人就称为“纯”。“青青，纯缘……”“纯”字后面这个字根本不是“缘分”的“缘”，古人读为去声，元代刘瑾《诗传通释》、元代朱公迁《诗经疏义会通》、明代胡广等《诗传大全》以及清代《钦定诗经传说汇纂》等，都用小字标示“去声”。“缘”是什么东西呢？“缘”和“纯”基本上是同义词[①]，就是指衣服、鞋子、帽子边缘的布条带子，笼统地说不还是镶边吗。这样我们就很清楚了，朱熹说“青青，纯缘之色”，意思是，“青青子衿”的“青青”不是指领子的颜色，而是指领子镶边的颜色，大家不要搞错了。诗歌第二章不是说“青青子佩”吗？这四个字字面上是说青色的是您佩戴的饰品。朱熹则说，错，这里的“青青”指的是“组绶之色”——即悬挂饰品的丝带子的颜色。这跟朱熹将第一章“青青子衿”的“青青”解释为领子镶边而非领子本身的颜色，是一致的。

朱熹为什么强调“青青子衿”之“青青”指的是领子镶边的颜色呢？这涉及一个重要文化现象。朱熹是这么说的：“青青，纯緣（缘）之色。具父母，衣纯以青。”“具父母”即父母在世。“具父母，衣纯以青”是说父母在世，子女衣服镶青边。这条规则，从儒家传世礼书中依然看得清清楚楚。《礼记·曲礼上》说：“为人子者，父母存，冠衣不纯素。”意思是说，做儿子的，父母在世，帽子也好，衣服也好，均不镶白边（“素”即白色生绢）。为什么不能镶白边呢？郑玄解释说：“为其有丧象也。”家里有丧事才会那样做。古礼在这方面分得相当清楚。《礼记·深衣》讲深衣[②]制度，说：“具父母、大父母，衣纯以缋；具父母，衣纯以青。如孤子，衣纯以素。”郑玄注云：“尊者存，以多饰为孝。缋，画文也。三十以下无父称孤。”陆德明《经典释文》说：“大父母，祖父母也。”孔颖达疏曰：“‘具父母、大父母，衣纯以缋’者，所尊俱在，故衣纯以缋。言‘具父母’，则父母俱在也；‘大父母’则亦然也。若其不具，

---

①《礼记·曲礼上》：“为人子者，父母存，冠衣不纯素。”郑玄注云：“纯，缘也。”《说文解字·糸部》：“纯，丝也。”段玉裁注云：“《礼》之‘纯’释为‘缘’，实即‘缘’之音近假借也。”《说文解字·糸部》：“缘，衣纯也。”段玉裁注云：“此以古释今也，古者曰‘衣纯’，见经典，今曰‘衣缘’，‘缘’其本字，‘纯’其假借字也。缘者，沿其边而饰之也。”

②“深衣是中国古代一种上衣下裳相连、被体深邃的服装，是我国最早服饰之一。”“起源于原始社会晚期的深衣，至迟在商代已经完全形成。”（参阅袁建平《中国古代服饰中的深衣研究》，《求索》2000年（2），第113—116页）

一在一亡，不必纯以缋也。”“‘具父母，衣纯以青’者，唯有父母，而无祖父母者，以为吉不具，故节少，而深衣领缘用青纯，降于缋也。若父母无，唯祖父母在，亦当纯以青。”大致说来，第一种情况是，父母、太父母均在世，深衣之镶边是彩色且带花纹的，表示喜庆。第二种情况是，父母在世，而太父母不在世，深衣镶以青边。第三种情况是，未满三十，而父母、太父母都不在世，深衣镶以白边。[①]古人反反复复强调，“父母存，冠衣不纯素”，“亲存者不得纯素也”，即父母在世，一定不能镶白边（“亲”在古汉语中指的是父母）。

对于我们中国人来讲，这种礼俗是一个并不遥远的记忆。有一次，我在讲座中提到这种礼俗，有一位云南来的朋友课下对我说：“您说得太对了。小时候我跟父母到邻居家去串门，孩子嘛，不懂事，看到邻居家墙角放着一双布鞋，布鞋面上整个蒙着一块白布，就很好奇，跑上去就穿上了，结果被父母暴打一顿。”蒙着白布的布鞋就直接关联着我们前面说的这种礼俗。这种礼俗，或者说凸显着中国人传统的行为方式、思维方式和情感方式的这种文化，先是从城市里大面积消失，后来在很多农村也陆续消失（近年在很多农村有恢复的迹象），导致我们研究《诗经》、研究《诗集传》的专家在看朱熹的相关注释时，横看竖看，愣是没看明白。所以他们琢磨“纯缘”是“纯绿”的讹误。这是文化流失给阐释经典造成的问题。专家学者们对《诗集传》的误读，仅仅是一个典型例子。

从《诗经》学层面说，对《诗集传》“青青”释语的误读，意味着误读了一个悠久的传统。汉唐经学家早就把“青青”解释为“纯缘”之色了。毛传云：“青衿，青领也，学子之所服。”看起来，毛传似乎是说“青青”乃指领子的颜色。但郑笺曰：“学子而俱在学校之中，已留彼去，故随而思之耳。《礼》，父母在，衣纯以青。”《经典释文》云：“学子以青为衣领缘衿也，或作菁。”孔疏申释传意，则说：“《释器》云：‘衣皆谓之襟。’李巡曰：‘衣皆，衣领之

①《深衣》“如孤子，衣纯以素”，应该是省略的说法。孔颖达疏《礼记·曲礼上》“为人子者，父母存，冠衣不纯素”，又云：“‘父母存，冠衣不纯素’者，冠纯谓冠饰也，衣纯谓深衣领缘也。《礼》，具父母、太父母，冠衣纯以缋；若有父母，无太父母，则纯以青；若少而并无，则乃纯素也。故亲存者不得纯素也。”依文义，所谓“少而并无”，应该是指父母、太父母并无。

襟。’孙炎曰：‘襟，交领也。’衿与襟音义同。衿是领之别名，故云‘青衿，青领也’。衿、领一物。色虽一青，而重言‘青青’者，古人之复言也。下言‘青青子佩’，正谓青组绶耳。《都人士》‘狐裘黄黄’，谓裘色黄耳，非有二事而重文也。笺云‘父母在，衣纯以青’，是由所思之人父母在，故言青衿。若无父母，则素衿。《深衣》云：‘具父母，衣纯以青。……孤子，衣纯以素。’是无父母者用素。”

## 结　语

《诗经》三百零五篇，特别是里边的民歌，可以说是中国历史上最早的天籁之音，接近原生态。为什么这么说呢？因为它们往往就是张嘴就来的歌唱，“心之忧矣，我歌且谣”（《魏风·园有桃》）。当然，朝廷乐官对这些东西做了记录，做了一些润色，但应该没有本质上的改变。这样一种接近原生态的歌诗，跟唐诗宋词大不相同。唐诗宋词每写一个字，每说一句话，有多少规则，有多少讲究，不能随便来的。这些歌诗却往往是张嘴就来。为什么说它们是天籁之音呢？傅斯年先生评价说：“《诗经》之最大艺术，在其不用艺术处。”[①]这是一个十分辩证的说法。如果我们能参透这句话，也就明白了《诗经》为什么不能被唐诗宋词取代。但是，如果我们不注重从里面发掘其文化信息的话，这样的歌声会离我们越来越遥远。

《诗经》这样的经典，最大的阅读困难不是在字面上，读不懂文化才是更大的问题。《诗经》对我们中国人来说，毫无疑问有重要的文学价值、史学价值和哲学价值，但是它还有一个重要价值，则是在文化层面上。

---

① 傅斯年《诗经讲义稿》，《傅斯年全集》第一册，台北：联经出版事业公司1980年版，第310页。

# 魏晋南北朝自然审美观与山水诗的兴起

北京大学中文系　杜晓勤

【内容提要】

源远流长、佳作迭出的中国古代山水诗，记录了中国人的心路历程。静赏自然，怡情养性的山水审美观是伴随着中国人对自然山川的开发和认识逐渐形成的，是儒家、道家和禅宗自然观的有机结合和美学升华。山水因诗歌而具文化艺术之灵性，诗歌因山水而呈现大美含蓄之意境。山水审美与中国山水诗兴起于魏晋南北朝，到唐宋时期逐渐定型。通过欣赏山水诗名作，可以体悟中国传统山水审美观和山水诗歌表现艺术的精髓。

# 作者介绍

杜晓勤，北京大学中文系主任，古代文学教授、博士生导师，主要从事魏晋南北朝隋唐五代文学教学与研究工作。兼任中国孟浩然学会副会长，中国唐代文学学会常务理事，《中国古典学》主编，《中国学研究》《唐代文学研究》等刊物编委。2009年入选教育部“新世纪优秀人才支持计划”。

对自然山水的审美感情，可以说是中国人比较独特的一种感情，也是我们中华民族传统文化精神最集中的一个体现。在中国古代诗歌研究界，以自然山水为主要审美对象的诗歌，一般称之为山水诗。大家要注意的是“主要审美对象”是一个审美视角的问题，并不是说其中涉及景物描写，就一定是山水诗。

中国古代诗歌中的山水诗，主要抒发了诗人对自然山水的惊奇、喜爱、沉醉以及欣赏的感情。这种审美型的山水诗，才是典型的山水诗。法国汉学家侯思孟说：山水诗是中国古代诗歌中最为优秀，最被人喜爱的艺术之一，也是中国对世界文学的最大贡献。如果我们从中国古代山水诗发展的历程来看，古代山水诗大致可以分为这样几个阶段：第一个阶段是先秦汉魏时期，这是山水描写的朦胧期；第二个阶段是东晋南朝，主要是宋齐时期，可以说是山水诗的兴起期；第三个阶段，山水诗的繁盛时期，就是大家所熟知的盛唐时期，主要的代表诗人是王维和孟浩然，而王维的诗歌被认为是中国山水诗最典型的代表之一。山水诗发展到两宋时期，发生了一个变异，或者说是新变，所以我们又称之为山水诗的变异时期。限于时间关系，今天我们主要讲前两个时期。

## 一　先秦自然观与文学作品中的山水因子

现在我们来看上古时期的自然观，在远古时期，直到夏商周，人们对上天、对大自然都保有一种崇敬或者说敬畏的心理。因为当时社会生产力比较低下，人们害怕自然的力量，就将自然界发生的一切灾难，如地震、洪水、大旱、大风、暴雪等灾难，都看作是自然界、上天对人类的惩罚，而把风调雨顺等好天象，看作是上天对人类的一种奖赏。那个时期的人，已经开始探讨自然界与人类活动之间的关系，因此对上古时期的哲学家来说，必须要从自然现象中找出自然界发生、发展变化的规律，目的就是要使人类的生活、劳动、生产，能够变得顺利、安宁、舒适一些。他们经过研究，就总结出了自然界山水的构成和运行的因素。如《周易》就从自然中选取了天、地、雷、火、风、泽、水、山等八种事物，作为万物起源和运行的重要因素，也就是《周易》的“八卦”，认为它们之间的相互关系及变化就是宇宙本身对立或发生变化的规律。这种自然观——一种对上天敬畏和探索的心理，也反映在上古时期的神话传说中。像《山海经》里面的女娲补天、精卫填海、共工怒触不周山、后羿射日、大禹治水等，都从某一个侧面反映了当时人们对大自然的敬畏与抗争的心理。女娲补天，大家可以想象一下，这可能是当时发生了一个很大的天灾，人们感觉好像天塌了，所以必须要把天补起来。精卫填海，也许是海边发生了一次特别大的海啸，所以人们期望能够把大海填平，让大海的波涛平复。共工怒触不周山，也可能是发生了一次地陷或者地震，所以人们就创作出这么一个故事。后羿射日，可能是远古时候，有一个很长的时期，天气突然变暖，气温上升很厉害，所以人们觉得可能是天上出了十个太阳，必须要把其中的九个都射下来，当然也要留一个，温度才刚刚好。大禹治水，则可能也反映的是河流改道、洪水泛滥等情况。这些故事和神话传说，都从某一个侧面反映了远古时期人们对自然界敬畏和抗争的心理，所以那个时候根本谈不上对自然界还有一种审美的态度。

到了春秋战国时期，儒家思想中才开始出现了一种对自然界的审美观，这就是“山水比德”说。用山水来比喻君子的美德。孔子说“知（智）者乐水，仁者乐山”，“知（智）者动，仁者静，知（智）者乐，仁者寿”。智者，就是有智慧的人，聪明的人，他更喜欢水。这是为什么呢？这是因为水是清澈的，而且是流动不居的，可以变化的，这就说明聪明的人碰到问题的时候，都善于根据事物的特点去随机应变，顺应事物本身的发展规律来调整自己的策略和应对方法，这就与水的特性比较相似。仁者乐山，山是博大的、宽厚的、稳重的，“仁者爱人”，“泛爱众而亲仁”，所以仁者就像山一样厚德载物，像山一样沉静安稳，具有一种广博深厚的道德之美，所以仁者更喜欢山这个自然物。“智者乐”，因为智者能通悉世上万物变化的规律，所以就能不为外物所累，就会变得高兴、快乐，没有太多的忧愁和苦恼。“仁者寿”，是因为他比较沉静，能以静制动，而且“泛爱众”“亲仁”，具有广博的爱心，所以就容易长寿。

那个时候，儒家思想用自然山水来比喻君子之德。不过，儒家思想更强调其政治功用，所以山水本身也被赋予了一种社会功能，即审美娱乐和调节放松的功能。在《论语·先进》中，孔子就很认同曾皙的政治思想。曾皙说，我要是治理一个国家的话，我就希望我的民众能够生活在这样一种场景下：“暮春者，春服既成，冠者五六人，童子六七人，浴乎沂，风乎舞雩，咏而归。”我们都知道，汉代以后，有一个很有名的节日——三月三，后来被称为“上巳节”。唐代杜甫在《丽人行》诗中说：“三月三日天气新，长安水边多丽人。”描写的就是上巳节人们游春的情景。而且上巳节作为中国古代的一个春游之节，周朝的时候就已经有了，但是那个时候并没有固定在三月初三，而是在三月上旬，到了汉代就固定在农历的三月初三这一天了。

傅抱石《兰亭修禊图》（局部）

暮春三月，江南草长，杂花生树，群莺乱飞。这个时候，桃红柳绿、鸟语花香，人们把厚重的棉袄、外套都脱去了，穿上了比较轻薄的春天的衣衫。这个时候，气候也最宜人，既不冷也不热。既不是初春时候的春寒料峭，又不是夏天的酷暑炎热，所以是一年中最好的季节，而且，这个时候大自然的景色也最美。曾皙说，在这个时候人们应该怎么样享受大好春光呢？“冠者五六人”，冠者就是成人了，行了冠礼之后的成人。“童子六七人”，就是六七个小孩子。他们干什么呢？“浴乎沂”，是到沂河里面沐浴、游泳吗？应该不是的，有学者认为这里的“浴”，可能是古代上巳节一种祈福的活动——祓禊，将手放到河水中沾一下。五六个成年人和六七个小孩子，一起在沂河边祈福嬉戏，这是一件多么快乐的事情。有老有少才能玩得高兴，如果只是五六个成年人，那恐怕也没什么意思。在沂河边祈完福之后，大家再登上旁边的舞雩台（原为鲁国祭天的一个高台）。此时春风拂面，大人小孩一起站在高台上，迎面吹来和煦的春风，这是一种多么美好的感觉啊。吹完风，下高台，一边唱着欢乐的歌曲，一边回家……大家想一想，这是一幅多么无忧无虑的、幸福惬意的生活画面啊。如果这个国家政治腐败，民不聊生，苛捐杂税多如牛毛，春天的景色就算再美，人们能有这样美好欢愉的心情去感受吗？春天里能够出现这样一幅祥和安乐的景象吗？肯定不可能。所以孔子说，曾皙虽然没说怎么治理一个国家，只是描述了他治下的一个社会图景，但不言而喻，我们就可以知道，他实行的是多么好的仁政。同时，我们从中还可以看出，大自然实际上也具有为人类提供放松身心、休闲娱乐的审美功能。

和儒家相并列的另外一个思想流派——道家，具有一种“道法自然”的自然观。老子和庄子论“道”，都是以自然观为核心的，老子说“人法地，地法天，天法道，道法自然”。所谓“自然”，是指一切并非人为的、天然存在的东西，当然这主要是指自然界，但又不仅仅指自然界。庄子在表述他的哲学观时，也大量地用自然景物作为比喻，所以《庄子》这部书里也有一些关于自然景物的描写。另外，他还提出人要认识自然界的本质，达到忘却自我的境界。这个说法已经为后来的山水审美奠定了一定的哲学基础，但是我们可以看出，他仍是把山水当作认识世界的一种物质媒介。所以在先秦时期，人们还是旨在从自然景物中找出对世间万物本质的一种认识，而不是对自然本身的一种欣赏和审美。

在先秦时期的诗歌中，也出现了一些景物的描写，但这些景物描写，也不是对自然界本身的审美，而是作为比兴手法运用的。比如说《诗经·卫风·淇奥》这首诗中，开头是这么说的：

瞻彼淇奥，绿竹猗猗。
有匪君子，如切如磋。

“瞻彼淇奥”，“瞻”是远望，远远地看着；“彼”是那、那个；“淇”是淇水。《诗经》里面带三点水的专名，大部分是河流的名字。比如“淇”是淇水，“汾”是汾河，“江”自然指长江，“汉”指汉水，“河”一定是指黄河，所以“关关雎鸠，在河之洲”，这首诗写的是什么地方？黄河边嘛。“淇奥”，是淇河比较深曲的地方，实际上就是河流拐弯的地方。“瞻彼淇奥”，就是远远地望着淇河的拐弯处。“绿竹猗猗”，翠绿的竹子迎风摇曳，郁郁葱葱。“有匪君子”，这个“匪”是通假字，通“斐”，与文采斐然的“斐”义同，就是博学，很有文采，很有才华；“君子”，一般指有知识有修养的男子，这样的男子大部分是贵族出身，当然《诗经》中也有用“君子”指自己丈夫的，但是那个“丈夫”也不是一般的庶民，大多是指贵族。所以“有匪君子”，就是有知识、有修养、有才华的那些君子们。“如切如磋”，古代把骨头加工成器物叫“切”，把象牙加工成器物叫“磋”。后来的常用语“切磋”就从这来的。“如切如磋”，他们在干什么呢？在那互相探讨问题，互相学习。一开始这两句好像是说河边的美景，翠绿的竹子迎风摇曳，其实这是一种起兴的手法，兴中有比，用翠绿的竹子来类比后面的君子的品德，是说他们的风度、气质，就像茂密的竹林一样青翠、清高。这是一首爱情诗，是写一个姑娘爱上了一个有知识的君子。

下面我们再看《诗经·小雅·节南山》：

节彼南山，维石岩岩。
赫赫师尹，民具尔瞻。

“节”就是高峻的意思；“彼”是那个；“南山”的释义，在古代就很多了，一般来说，如果指在长安南边那个“南山”，应该就是指终南山。“岩岩”，是山石巨大的意思。前两句是说：高峻的那座南山啊，山上的石头又高又大。这两句好像是在写景，其实不单纯是写景，它也是一种比兴的手法，因为其主要目的是要引出后面的两句——“赫赫师尹，民具尔瞻”。“赫赫”，就是位高显赫；“师尹”，指周太师尹氏。“民具尔瞻”，这个“具”也是一个通假字，通“俱”，是“都”的意思；这里的“尔”就是“你”；“瞻”，我们刚才已经讲过了，是“远望”的意思。高山仰止，师尹也只能远瞻。这几句实际上说的是：我们这些平民老百姓，只能远远地仰望你。所以前面那两句“节彼南山，维石岩岩”，就是兴中有比，主要不是说那个“南山”，而是说后面的这个“师尹”。这也是用自然界的高山来比喻现实中地位显赫的师尹。所以这些诗中的山水描写都是以比兴的方式存在的，并不表示当时的人对于此山此水有一种喜爱的感情或欣赏的态度，所以依然不是山水审美的角度。

## 二　“天人感应”说与汉代诗歌中景物描写的增多

到了汉代，朝廷推行“罢黜百家，独尊儒术”的政策，而这时的儒家思想中又比较强调“天人感应”，因此汉代人就喜欢把自然界发生的一切现象及其规律，与人生、社会乃至历史规律对应起来。这种思维模式投射到文学创作中，就形成了将自然景物与人生社会进行对照、类比的现象。

比如，汉乐府里有一些关于自然景物的描写，但是这些描写，只是作者作为自己人生的一种对照，更多的情况，是作为一种对比的对象存在的，给人一种警醒和启示。汉代人，尤其是东汉中后期的人，经常会写到岁月的流逝，人生的衰老，像《东城高且长》这首诗里面写道：

东城高且长，逶迤自相属。
回风动地起，秋草萋已绿。
四时更变化，岁暮一何速！
晨风怀苦心，蟋蟀伤局促。

一开头表现了秋风萧瑟、秋草萋萋的凄凉景色。虽然这种悲秋意识在宋玉《九辩》里就开始出现了，但是这首诗里还写到了秋天的景色——“回风动地起”，就是猛地刮来一阵旋风，平地而起，吹得秋草失去了昔日的那种翠绿，然后慢慢变得枯黄。在秋天这个季节，诗人正在大路上行走，忽然一阵旋风平地而起，吹得他一个激灵，他一下子就想道：一年四季，季节的变化怎么那么快！怎么一下子就到了秋天。秋天到了，冬天还会远吗？冬天要来的话，不就快到年底了吗？他由四时变化，意识到岁末马上就快到了——“岁暮一何速”，实际上反衬出他自己的青春流逝之快，人生的暮年将近，不禁悲由心生，让人感叹生命的脆弱和时光的飞逝。往往一个人在没有成功的时候，没有实现自己的人生理想的时候，就会感觉到生命流逝得特别快；如果他已经功成名就了，就不太会有这样的想法。而且，东汉中后期，瘟疫流行，战乱频仍，政治腐败，民不聊生，普通人要想实现自己的政治理想和人生目标，谈何容易。所以汉乐府里面有很多这样的句子，通过自然界的变化或者自然物的亘古不变，来反衬自己的青春易逝、人生短暂。

再如《青青陵上柏》：

青青陵上柏，磊磊涧中石。
人生天地间，忽如远行客。

前两句都是说不变的东西。自然界有些东西不容易发生变化，比如说四季常青的松柏和山石。“陵”一般是说高高的山岭，后来把像山岭形状的高大的墓也称为陵了。前两句是说，山陵上的柏树啊，四季常青，终年不凋。山涧中那些巨大的石块啊，一直横亘在河床上，也许几百年，几千年，有的说不定上万年了，可能是远古的某一个冰川时期，就遗留在那儿的。这些巨石纹丝不动，无论怎么风吹日晒，什么洪水冲刷，它依然在那儿纹丝不动。这位诗人看见了山上这些四季常青、经年不变的青翠松柏，看见了河涧里千万年来没有移动过的巨石，不由得想到，与这些东西相比，人的一生真是太短暂了。“人生天地间，忽如远行客。”人生活在这个世界上，一旦离开了，就好像远行的客人一样，不会再相见。古人还有一个说法，叫“生离别”。如“行行重行行，与君生离别”，这个“生离”后面其实少了一个字“死”，实际上“别”就是“死别”，“生离别”往往就是“生离死别”。在东汉末年，战乱频发，生灵涂炭，“白骨露于野，千里无鸡鸣”，人们的平均寿命只有三十几岁，一个人如果能活到五十岁，就算比较幸运的了。“人生七十古来稀”在那个时候是一种奢望。

下面再来看东汉中后期的行役诗。汉代实行察举制和征辟制，朝廷征召士人入朝为官。那个时候入仕的途径很少，所以大多数人大半生都在奔走途中，去谋生求仕，而一旦和家人离别后，不一定能平安归家。所以古时候写离别的诗歌特别多。有些时候诗中还写了旅途中看到的路边景色，如《回车驾言迈》：

回车驾言迈，悠悠涉长道。
四顾何茫茫，东风摇百草。
所遇无故物，焉得不速老。
盛衰各有时，立身苦不早。
……

清　朱耷《彩笔山水图》

这些诗句都是表达在外远行的旅人，因为自己的人生理想没能实现而产生的一种忧伤情感。所以，这些景色都充满一种悲愁，当然汉代的时候还产生了招隐士诗。许多隐士因为畏惧政局的动荡、官场的险恶而隐居到山林之中，不愿出来做官，那么就有人写了一些招隐士诗，招引隐士出来做官。这些诗中往往把森林描写得特别恐怖，说那个地方不好。同时，汉乐府里的山水景物诗中，大部分也具有这样一种特征。

直到曹操的《步出夏门行·观沧海》，诗中才开始借山水景物言志抒情。曹操的这首诗，我们在中学甚至小学可能就读过：

东临碣石，以观沧海。
水何澹澹，山岛竦峙。
树木丛生，百草丰茂。
秋风萧瑟，洪波涌起。
日月之行，若出其中；
星汉灿烂，若出其里。
幸甚至哉，歌以咏志。

这首诗可以说是中国古代诗歌史上第一首比较完整的描写山水景物的诗歌。《步出夏门行》属于汉乐府相和歌瑟调曲，原来人们是用这种曲调写升仙得道之事，但是曹操用这一个曲调来写他北征乌桓的史实。

建安十年（205），北方的袁绍被曹操打败之后，袁绍的两个儿子袁尚和袁谭逃到了乌桓，和乌桓联合起来经常南下骚扰。曹操为了摆脱这种被动的局面，决定斩草除根。在建安十二年（207）夏秋之季，曹操亲自率师北征乌桓。这次去的时候是从内陆追击，得胜凯旋时，曹操并没有再从内陆返回，而是走了另外一条路线，即沿着渤海边往回走。就是今天的葫芦岛、山海关一带，途中路过了碣石山，就是现在河北昌黎这一带的海边（有人说这个碣石山是在河北乐亭附近，据说已沉入大海）。曹操得胜回朝之时，很是得意，踌躇满志。他走到碣石山旁边的时候，来到了大海边，看见了此山此海和此岛，一下子心潮澎湃，不禁写下了这篇作品。

"东临碣石，以观沧海。"他从东边来，来到了碣石山旁。他来干什么？"以"是表示目的的连词，就是写来的目的——"观沧海"。他用的"观"，而不是"看"，不是"望"，因为他已经走到海边了。沧海就是大海的意思，他来干什么？他来看大海。我想曹操以前应该没有见过大海，这是他有生以来第一次到海边，心情一定很激动。所以曹操第二句就说"以观沧海"，他来到这个碣石山旁，不是看山，而是来看大海，一开始就把此行的目的告诉大家。一看到这个大海，他特别惊讶，就把以前从未见过的这种壮丽的景色，一一描写出来。"水何澹澹”，“水”当然是指海水，“澹澹”是水波荡漾的样子，说那个海水真是汹涌壮阔啊。“山岛竦峙”，这个海边居然有一个小岛，那个岛很陡峭，孤零零地耸立在海边。他说更奇怪的是，别看小岛不太大，竟然上面还长着树，而且还丛生着，所以曹操觉得很奇怪。再仔细一看，那些树木下面还“百草丰茂”，竟然生长着许多杂草。这些都是他以前没有见过的，也是不可想象的，所以惊异、叹奇。正在这时，一阵秋风吹来。萧瑟的秋风吹动着海浪，把岛上的树木和杂草都吹得摇动起来了，发出了秋天特有的瑟瑟声响。海面也一下子由刚才的一面平镜变得洪波涌起，甚至掀起了惊天的巨浪。这些惊天的巨浪前赴后继地拍打着山岛和海岸，发出震耳欲聋的巨响，所以曹操的视觉和听觉同时受到刺激和震撼。大家可以想象，这是一种什么样的感觉啊？这个时候，诗人曹操好像完全被这天地间回荡着的巨大声响，以及眼前这种壮丽奇美的景色震住了，不由得发出一种奇妙的感慨——“日月之行，若出其中”。就好像天上的月亮和太阳，都是从大海中升起又落下去的。“星汉灿烂，若出其里。”就好像天上的星星和银河也是在大海中运行，大海就变得包罗万象，无比壮阔了。最后两句：“幸甚至哉，歌以咏志。”意思是说我太高兴了，甚至到了极点，于是唱出这首歌来表达自己的感慨。但是大家要注意这个“幸甚至哉，歌以咏志”，不是这首诗里独有的，汉乐府旧题《步出夏门行》中，结尾都有这两句套话，就是每唱完一首都会说“幸甚至哉，歌以咏志”。所以曹操的这首诗结尾也要说到这两句。不过，这两句用在这里，不像是套话，好像还特别自然。

《观沧海》这首诗中，有很多自然景物的描写。诗人触景生情，在对壮美雄浑的山海之景的歌咏中，也表现了自己远大的志向和胸怀。曹操是个大丈夫、是个英雄，后人说他是乱世枭雄，枭雄也是英雄，心胸壮阔（这和他的两个儿子不一样，尤其他的儿子曹丕后来当上了魏文帝，文士气比较重）。曹操得胜回朝，正是踌躇满志的时候，他看到眼前山海壮丽的景色，正好与他的心境契合，所以他写的山海景色实际就是自己的胸怀。后来有人评价这一首诗说“只写其胸中眼中”，就是说这首《观沧海》实际上是写曹操的胸中之感，胸中之壮志，胸中之情怀，但他是通过眼前的山海壮丽景色表达出来的。这首诗中大多是景物描写，没有一句是直接言志抒怀的。但是，我们从它所表现的景色中可以看出，作者自有一种笼盖吞吐的气象，即想要实现国家一统的雄伟志向和政治理想。可以说这是中国诗歌史上最早的一首完整的山水诗。当然是广义的山水诗，是以山水景物为主，通过山水景物来言志。所以说汉代之前，并没有一首对自然山水进行真正审美的作品。

## 三　晋宋之际山水诗产生的诸多原因

中国诗歌史上对自然山水进行审美的山水诗究竟产生在什么时候呢？是在晋宋之际。为什么这个时候会产生山水诗呢？有下面这几个因素：

第一个因素，是魏晋时期庄园经济的发展，为山水文学的兴起创造了物质条件。

我们要知道，登山临水怡情养性，只能是具备一定的经济基础之后，才能进行的高级审美活动。只有温饱问题解决了，物质条件满足以后，你才可能有闲暇和情趣来做一些审美性的活动。当然，对自然山水的审美也必须建立在经济基础之上。晋室南渡之后，带着大批金银珠宝的中原大族们，从北方逃到了长江流域，占据了江南许多山川湖泽，也将他们的私人宅第与自然山水融为一体。一般的老百姓要在其中打鱼砍柴，都必须向这些庄园主缴税交租。他们建造了一些私人园林，如西晋时期巨富石崇的金谷园可以说是当时私人园林的一个代表。金谷园修于洛阳附近，根据自然山水的走势，稍加调理疏浚，就建立了一个私人园林。石崇把金谷涧的水引来，形成了园中的水景，河涧可行游船，岸边杨柳依依，人坐在岸边既可垂钓，又可饮酒，曲水流觞，娴雅之至。当时最有名的谢氏家族，也有这样的大庄园。郦道元在《水经注·渐江水》中这样描写道：

右滨长江，左傍连山，平陵修通，澄湖远镜。于江曲起楼，楼侧悉是桐梓，森耸可爱，居民号为“桐亭楼”。楼两面临江，尽升眺之趣。芦人渔子，泛滥满焉。湖中筑路，东出趋山，路甚平直，山中有三精舍，高甍凌虚，垂檐带空，俯眺平林，烟杳在下，水陆宁晏，足为避地之乡矣。

大诗人谢灵运的庄园，从他的祖父谢玄以来，就“右滨长江，左傍连山，平陵修通，澄湖远镜”。“右滨长江”，谢氏庄园右边一直到江边，这个“长江”应该不是指现在的长江，可能是指今浙江上虞一带的曹娥江。“左傍连山”，左边又靠着一片山岭。“平陵修通”，“陵”就是山岭，把山头平了；“通”是通路大衢，修筑通路大衢，就是在山间修了许多大路。然后是“澄湖远镜”，又把湖底的淤泥挖掉，修整湖岸，使湖水变得清澈无比，一平如镜。“于江曲起楼”，在那个江流拐弯的地方建起高楼。如果建在平直的江边，不会太好看，但是江岸一弯曲，就有特别的景致了，所以谢家就在江水拐弯的地方建起了一座楼阁。“楼侧悉是桐梓”，在楼的旁边又种了许多梧桐和梓树，“森耸可爱”，树木都很高、很美，当地的居民于是称之为“桐亭楼”。“楼两面临江，尽升眺之趣。”因为楼是修在拐弯的地方，左边右边都能看到江水，又比较高，可以登高望远。“芦人渔子，泛滥满焉。”江上美景，尽收眼底。捕鱼的小船在湖面上来来往往，星星点点，显得湖面充满生气。如果湖面寂寥无人，死气沉沉，就未免太单调了，谈不上美感。不过当时谢氏家人登上桐亭楼，再看江面上，星星点点、三三两两的小船在划动着，砍柴的砍柴，打鱼的打鱼，自然之美和人文之美融合无间，这是一幅多么美丽和谐的画面啊！谢家庄园中有好几个湖，最大的一个湖叫作巫湖。他们在巫湖中修了一条路，“湖中筑路，东出趋山，路甚平直”，往东直奔山里而去，大路又平又直。他们还在山中建了“三精舍”。“精舍”本指读书的地

明　戴进《溪堂诗思图》

方，后来变成了佛教高僧修行的地方。所以这三个精舍既可以说是谢氏书房，也可以说是他们习佛的地方。“高甍凌虚”，是说这三个在山中的书房，也修建得特别高。“垂檐带空”，屋檐就好像从空中垂下来一样。“俯眺平林”，从这个精舍之上，往外一看，森林都在下面了。“烟杳在下”，而且楼下山林之中，烟雾缭绕。“水陆宁晏”，无论是湖面，还是陆地，还是山中，都很安全祥和。所以最后说“足为避地之乡矣”——这真是一个可以安心隐居的好地方啊。

东晋南朝的氏族有崇尚“朝隐”之风。朝隐，就是在朝廷隐居，一边当官，一边隐居。当时，只有高门士族，才有这种朝隐的可能。像王谢大族以及江左士族“顾、陆、朱、张”这些人，出生以后大部分都能世袭爵位。谢灵运就是这样，很小就袭封康乐公，如果他自己不折腾，老老实实按部就班地做官，还能得到升迁，但是一折腾就完蛋了。后来他被贬为“康乐侯”，降了一等。南朝高门大族一般入仕之后，都能“平流进取，坐至公卿”，只要按部就班，自然而然，最后大多能够做到高官。所以他们不需要太多的努力，再加上他们比较喜欢清闲文雅之职，一般实际的事务都是交给吏去办。当时清浊分流、官吏分途，士族子弟做的当然是官，而不是吏，一般的小吏是由寒族或者庶族寒士充任的。所谓的吏，一般是指处理日常行政事务的小官，被称之为浊流，士族子弟断不可能去做，这会被人瞧不起的。所以像谢安、王导这些人，当官的时候根本不需要处理太具体的事务。所以他们在朝为官时并不很累，实际上就像隐居，所以叫“朝隐”。他们在入仕做官之余，其实也不一定是“之余”，经常游山玩水，吟诗作赋，想要从山水中获得清幽之趣。

谢灵运曾在《山居赋序》中说：

今所赋既非京都、宫观、游猎、声色之盛，而叙山野、草木、水石、谷稼之事。才乏昔人，心放俗外，咏于文则可勉而就之；求丽，邈以远矣。览者废张、左之艳辞，寻台、皓之深意，去饰取素，傥值其心耳。

我们这个时候所欣赏的、喜欢的东西，就是自然景物，而非以前汉大赋中所铺排的京都宫观游猎声色之盛。我们现在所喜欢的东西，已经不再是什么帝都的富丽堂皇，就像现在许多土豪，富二代，特别沉迷于大都市的灯红酒绿，纸醉金迷，喜欢住高堂大屋，房子越大越好，装修得镶金贴银，然后跟别人炫耀其价格昂贵。谢灵运却说，我们现在所喜欢的东西，已经不是这些了，这些太老土了。那谢灵运这些士族子弟们喜欢什么呢？是自然的山川草木，是农村的田园庄稼。谢灵运还说我们这些诗人，论博学和才华，真的不如司马相如、东方朔和扬雄他们，但是我们的志趣、性情，要比他们高远多了，所以“心放俗外”，我们根本不在乎你们讲的这种物质利益，眼前的这些功名利禄，我们视之为浮云，弃之如敝屣。如果要写文章的话，我们也是顺其自然，不会特别做作地硬要去求丽。如果要追求一种丽，也不追求那种富丽，也不追求那种华丽，而是要追求一种志趣高远的雅丽。我们现在要读文章的话，已经不喜欢原来张华、左思的艳丽辞藻，而是追求一种天真朴素的情调。你们要评价我们的作品时，要用这样的一种审美标准。这是谢灵运的心灵表白。当然了，他的《山居赋》其实写得也挺美，用的辞藻也挺富丽，但是比司马相如和扬雄的汉大赋、左思的《三都赋》，还是要清新一些，自然一些。这是晋宋山水诗兴起的第一个因素，即庄园经济的发展，为山水文学的兴起，创造了物质条件。

第二个因素，是自然地理因素。江南山川独特的一种美，也激发了文士们新的审美欲望。

因为晋室之乱，从中原地区南下了大批士族，这些士族原来主要是在北方居住，要么是平原，要么是山区。北方的崇山峻岭，当然有一种壮丽之美，但是北方山岭上面的植被，大多数比较稀疏。因为北方的气候不像南方那样湿润，空气相对比较干燥，所以不太适宜绿色植物生长。而且北方多为高山大河，你要想在那些高山大河之中，欣赏特别秀美的景色，并不容易。但是到了江南就不一样，江南多是丘陵地带，山都不太高，而且气候湿润，四季常绿。所以北方来的这些士族，一到了南方，就被南方的这种秀美的景色吸引住了。可以说是耳目为之一新。《世说新语·言语》里边记载：

顾长康从会稽还，人问山川之美。顾云：“千岩竞秀，万壑争流。草木蒙笼其上，若云兴霞蔚。”

顾恺之从会稽还京，有个同事或朋友问他会稽一带的山水如何。顾云：那个地方每座山峰都很秀美，且竞相争秀；每条山泉都很清澈，且每座山上都有山泉，争相奔腾流淌。树木丛生，百草丰茂，郁郁葱葱，就像绚烂的晚霞或者朝霞一样，笼罩覆盖在每座山上，风景真是太漂亮了。这是北方山川所没有的一种独特的美感。《宋书·谢灵运传》又说：

灵运既东还，与族弟惠连、东海何长瑜、颍川荀雍、泰山羊璿之，以文章赏会，共为山泽之游，时人谓之“四友”。

这四个哥们儿不好好到朝廷上班，却在这里游山玩水，人称“四友”。所以，江南山水，曲折深秀，这样的自然地理环境和山水美学风貌，就使得晋宋之际产生出优美型的山水诗。

宋　赵伯驹《春山图》

最后，一个重要的因素是晋

宋时期人们对山水的观念和态度也发生了变化，这与魏晋时期玄学的兴起有密切的关系。魏晋玄学大盛，诗人们追求“达自然之至，畅万物之情”的人格美，使得自然与人的关系更为亲近。《世说新语·言语》记载：

简文入华林园，顾谓左右曰：“会心处不必在远，翳然林水，便自有濠、濮间想也，觉鸟兽禽鱼，自来亲人。”

东晋简文帝司马昱入华林园，回头对身边的人说：“会心处不必在远。”如果你要欣赏山水，想体会山水之美，不一定非要跑到远方去，不一定非要游览名山大川，就是身边很普通的山林溪水，也自有一种山水之美。比如生活在北大校园里的同学，欣赏未名湖，也可以发现无穷的自然之美。未名湖南岸的那个小土山也不错，如果你能每天早上或者傍晚的时候，静静地看着那个小土山上的一草一木，观赏花开花落，儿童嬉戏，松鼠奔跑，也会感觉到自然之趣。小山上的松树，你如果天天观察、欣赏，也能从树枝、松针上悟出天地之大美，得自然之真趣。所以说：“会心处不必在远，翳然林水，便自有濠、濮间想也，觉鸟兽禽鱼，自来亲人。”如果你跟自然亲近，自然也和你亲近。你喜欢鸟兽鱼虫，那么鸟兽鱼虫也会把你当朋友，自然而然就来接近你。所以山水之美与人格之美有很多相关性，因而那个时候的文人士大夫，都有一个共识，要评价一个人的素质，判断一个人是不是文人，是不是雅士，有一个标准，就是看他能不能欣赏山水。

《世说新语·赏誉》说：

孙兴公为庾公参军，共游白石山。卫君长在坐。孙曰：“此子神情都不关山水，而能作文？”

孙兴公，即孙绰，东晋著名的诗人文学家，为庾公（即东晋名臣庾亮）的参军。大家一起去白石山旅游的时候，别人都为此山此景所沉醉和迷恋，有一个家伙却不，就是这个卫永（字君长），他毫无感觉，完全没有领略到山水之美，这样的人怎么能算是文人雅士呢？简直就是俗人一个。谢灵运在《游名山志》中也说：

夫衣食，人生之所资；山水，性分之所适。

衣食是人生活的物质基础，而山水之美，就是关乎各人性情的审美问题了。自然山水，是一个人提高修养和心灵境界的最重要的审美对象。东晋南朝人继承了老庄“人法地，地法天，天法道，道法自然”的道家思想，追求人与天地自然的和谐统一，把人也看成了自然的一部分。老庄以道生万物，而物也是达道之媒介。万物之中，唯有未受人世污染的自然山水，最能体现道的内蕴与真美。故在魏晋玄风大畅的时代，士人不仅将能否体会山水之美作为“人道关系”的衡量标准，而且进一步把以“我”之自然面对“山水”之自然，作为“人道关系”的理想境界。同时，人们又援佛教入玄学，对自然山水的观赏，也成为体会玄学佛理的一个媒介，这就是山水悟道。

## 四　兰亭雅集——东晋山水文学的一次集体创作活动

现在大家津津乐道的“兰亭雅集”，在当时实际上就是一次山水悟道的雅聚活动。王羲之的《兰亭集序》云：

永和九年，岁在癸丑，暮春之初，会于会稽山阴之兰亭，修禊事也。群贤毕至，少长咸集。此地有崇山峻岭，茂林修竹，又有清流激湍，映带左右。引以为流觞曲水，列坐其次，虽无丝竹管弦之盛，一觞一咏，亦足以畅叙幽情。是日也，天朗气清，惠风和畅。仰观宇宙之大，俯察品类之盛，所以游目骋怀，足以极视听之娱，信可乐也。

晋穆帝永和九年（353），江左名士谢安、孙绰和王羲之，以及王氏家族中其他一大帮人，在三月三，就是我们说过的上巳节，去踏青春游。他们在会稽山阴县

（现在的浙江绍兴）的兰亭，搞了一次文人集会。他们聚会的目的是什么呢？因为这个地方有崇山峻岭，茂林修竹，又有清流激湍，映带左右。在这样优美的景色之中，他们要仿效西晋石崇在金谷园搞的曲水流觞。“非必丝与竹，山水有清音。”他们认为“一觞一咏，亦足以畅叙幽情”。主要目的是在这里畅叙幽情。什么幽情？人生之情，山水之情，天地之情。因为在这种优美的山水之中，可以“仰观宇宙之大，俯察品类之盛”。“仰观”“俯察”，是当时的玄学家和名士们探索、思考自然界奥妙的一种方式。因此他们集会时所作的诗，也都描绘了他们纵情山水之时所妙悟到的玄理。然后，又通过对玄理的体悟，达到一种散怀忘羁的境界。

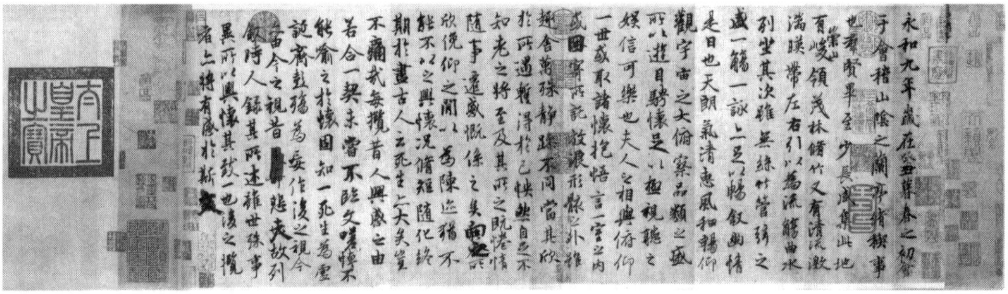

东晋　王羲之《兰亭集序》

孙绰的诗中就说：

流风拂枉渚，停云荫九皋。
莺语吟修竹，游鳞戏澜涛。
携笔落云藻，微言剖纤毫。
时珍岂不甘，忘味在闻韶。

“时珍岂不甘”，新鲜的时蔬、瓜果，难道不好吃吗？不甜美吗？但是，这种美味我都忘记了，为什么？“忘味在闻韶”，孔子曾说闻韶乐三月不知肉味。这个“韶”是至美之乐、大美之乐。天地有至美，山水有清音，这种天地之美、山水清音就像韶乐一样，让他忘记了俗世间的各种美味。王彬之诗说：

鲜葩映林薄，游鳞戏清渠。
临川欣投钓，得意岂在鱼。

“鲜葩映林薄”，“林薄”，只有树的就是“林”，“林”是树木丛生，而林草丛生，也就是树木和杂草在一起的地方叫“薄”，所以“鲜葩映林薄”，说的是鲜艳的花朵和茂林百草相互映衬。“游鳞戏清渠”，是说游鱼在清澈的溪水中嬉戏。“临川欣投钓”，是说在河边高兴地垂钓。“得意岂在鱼”，但是我在这儿垂钓并不是为钓鱼本身，而是要体味山水中的清幽之趣。王玄之是王羲之的大儿子，他的诗写道：

松竹挺岩崖，幽涧激清流。
消散肆情志，酣畅豁滞忧。

远望松竹挺立在岩崖之上，任凭风吹雨打，不改其志；近看清幽的山涧中溪水潺潺流淌，清澈无比，不受世俗的污染。所以他怀抱大开，情志酣畅，忘却了许多烦恼和忧愁。王徽之的四言诗也是这样的意思：

散怀山水，萧然忘羁。
秀薄粲颖，疏松笼涯。
游羽扇霄，鳞跃清池。
归目寄叹，心冥二奇。

山水可以令人“肆情志”“畅心志”，能让自己摆脱物累羁绊，达到出入六合、混同天地的境界。在他们的心目中，一丘一壑皆是造化之理的呈现，“寓目理自陈”，只要与自然山水亲近，浑然一体，便可以从中体悟到玄远之理。所以玄学家往往通过对自然山水的描绘来表达自己对玄理的体认。这就是一些玄言诗中夹有不少山水描写，并抒写山水之乐的原因。

正如刘勰在《文心雕龙》中说：“宋初文咏，体有因革，庄老告退，而山水方滋。”对此，王瑶先生的理解是：“‘老庄’其实并没有‘告退’，而是用山水乔装的姿态又出现了。”（《玄言·山水·田园——论东晋诗》）这个时候的山水诗实际上是玄言诗的发展，山水仍是体悟自然之理、天地大美的重要媒介，只不过人们开始侧重对这种美感本身的体悟和描写了。

## 五　中国古代山水诗的奠基人——谢灵运

刘宋时期，最重要的山水诗人就是谢灵运。谢灵运出身于士族高门的谢家，他是谢玄的孙子，很小就袭爵封康乐公，后世以“谢康乐”称之。他出生后，家人怕养不活他，就把他寄养在钱塘杜明师的道馆中，所以他小时候叫谢客儿，十五岁才从道馆中接回到京师建康乌衣巷的家里。他很有政治抱负，宋少帝的时候，卷入上层权力之争，被贬谪，出任为永嘉太守。之后，他纵情山水，肆意遨游，经旬不返，每到一个地方都写山水诗，以表达他的政治感慨，发泄不满，同时也从山水之中得到心灵的慰藉。元嘉五年（428），他索性就免官还乡了。但他在老家依然故态，招摇横肆，百姓多受惊扰。比如说他归田之后，在自家的祖业始宁这个地方，建了一个别墅——始宁墅。他在始宁墅的南山，伐山开道，把树木都砍了，开了一条路，但是路开得太远了，都开到临海去了。临海太守王琇很是惊讶，还以为是山贼跑到自己的地界上来了，一打听才知道原来是谢灵运在修山路。当地百姓深受其扰，于是谢灵运被弹劾。地方官员报告说谢灵运在老家不好好待着，有叛逆之心。后来谢灵运被流放广州，当押解到广州时，有人告他密谋造反，于是又被朝廷下令处死，年仅四十九岁。

谢灵运是我国文学史上第一个大量创作山水诗的诗人，他用“移步换景式”游赏山水。他喜欢用富丽精工的语言，生动细致地描绘永嘉、会稽、彭蠡湖一带的自然景色，诗风鲜丽清新。他写景的句子很有名，如《过始宁墅》：

白云抱幽石，绿筱媚清涟。

天空中的一朵白云，飘到清幽的山石旁，白云就好像轻轻地拥抱着山石，这就把云朵与山石的关系拟人化了，赋予了人性，充满了感情。“绿筱媚清涟”也是这样。“绿筱”就是青翠的竹子，被微风吹拂着，触碰着水面，漾起阵阵涟漪。这里用了一个“媚”字，写出了竹枝的媚态以及对碧水的痴情，他把自然界生命化了，感情化了。再比如《登江中孤屿》：

云日相辉映，空水共澄鲜。

红日和白云在湛蓝色的天空中相互辉映，而天上的云和日，又倒映在碧水之中，晴空和碧水都是那么澄澈，那么通透，那么美丽。又比如《游南亭》：

宋　马远《对月图》

密林含余清，远峰隐半规。

“密林含余清”，远处茂密的树林中，氤氲着一层清气，朦朦胧胧，若有若无；“远峰隐半规”，远处的山峰背后，一轮明月慢慢升起，但山峰遮住了月亮的半个脸庞，这是一幅多么美丽的画面。所以谢灵运笔下的山水景色，总是鲜明如画，这充分反映了诗人观察之细致，感受之敏锐，刻画之精妙。

不过，由于东晋玄言诗的影响尚存，谢灵运创作山水诗的主要目的仍是

“借山水证道”，借自然山水化解自己心中“有志不获骋”的郁结，表达自己对人生之理的思考。我们来看这一首《石壁精舍还湖中作》：

昏旦变气候，山水含清晖。
清晖能娱人，游子憺忘归。
出谷日尚早，入舟阳已微。
林壑敛暝色，云霞收夕霏。
芰荷迭映蔚，蒲稗相因依。
披拂趋南径，愉悦偃东扉。
虑澹物自轻，意惬理无违。
寄言摄生客，试用此道推。

我们刚才说了，谢灵运在“山中有三精舍”，其中一个就是石壁精舍，是他的书房之一。这首诗主要写他从石壁精舍回到祖宅的行程和感受。“昏旦变气候，山水含清晖。”本来是早晨就出发了，但是这首诗首句的第一个字是什么？是“昏”，黄昏。第二个字才是“旦”，早晨。看来谢灵运是走了整整一天。那这段并不算远的路程，他却为什么走了一整天呢？因为“昏旦变气候”，诗人告诉我们，山中傍晚的景色和早晨真是不一样的。“气候”就是景色。“山水含清晖”，这一路上看到的山山水水，真的特别美丽、清新。接下来，他又说：“清晖能娱人，游子憺忘归。”那些清丽秀美的景色啊，让我乐而忘返，所以我一直走到现在还没到家。“游子憺忘归”的游子，就是在外的旅人，赶路的人，因为山水特别清丽，所以不觉陶醉其间，忘记了赶路。“出谷日尚早，入舟阳已微。”我离开山谷的时候，也就是说离开石壁精舍出山的时候，太阳还老高呢，但是“入舟阳已微”，到湖边上船的时候，就已经日光熹微了，夕阳西下了。这个时候一看，湖边的那个景色啊，又是太美了，而且与山中美得不同。“林壑敛暝色”，山谷和树林，好像把黄昏最美的景色都已经汇聚在一起，暝色贯注其间，山林分外秾艳。“云霞收夕霏”，天上的彩云，也好像把地上所有的水汽都吸到天上，形成了斑斓五彩的云霞，铺陈在天空，令人陶醉。再看湖边，“芰荷迭映蔚，蒲稗相因依。”“芰”就是菱角，也是一种水生植物，它和荷叶互相映照着，交错着。“蒲稗相因依”，蒲草和稗草混杂地生长在一起，在水边随风摇曳。等到下船了，登岸了，他就“披拂趋南径”了。“披拂”就是分开，为什么要分开呢？因为路边的杂草长得比较高，长得比较多，要前行，就必须用手拨开路边的杂草。“趋南径”，就是往南边的方向走。经过一路跋涉，终于到家门口了，“愉悦偃东扉”，诗人在关上屋门的时候，不由得感慨，这一天这一路真是太高兴了。按理说，诗人走了一整天的路，应该感到疲惫不堪，但为什么还说“愉悦”呢？这是因为虽然一路上跋山涉水，但是山水太美了，心里反而感到特别轻松愉快。“虑澹物自轻，意惬理无违。”这是诗人回家以后总结这一天在山水之中悟到的玄理。“虑澹物自轻”，如果你的心境比较淡泊，思虑比较闲静，你就会把功名利禄看得很轻，不太重要，不是人生负担了。你看得轻，它就轻，所以说“意惬理无违”，是说只要你自己觉得快意，觉得舒服，无论做什么事，

明　周臣《春山游骑图》

就总是与人生之理相合的。人生在世，要顺其自然，自然就好。那么，无论你做什么事，怎么做，只要你觉得自然，觉得高兴，心情就会畅快。这是谢灵运走了一天以后，得到的人生妙悟。而且，他不但自己总结出来了，还要推己及人，当别人的人生导师。“寄言摄生客，试用此道推。”他告诉那些想要修习长生不老之术的人，不妨用这个道理去安排自己的一生。如果你们照着做的话，也会得到天地间的至乐，能得道长生。总之，谢灵运的这首诗，写了他一路上所见的山光水色，并被山水清丽的景色所陶醉，所感到的一种欢欣，一种愉悦。但是写景的时候，又有意地刻画了山川景色之美。其中，虚写和略写了石壁精舍旁边的那些清丽景色，他只是说了“出谷日尚早”，他没有告诉我们出谷时山中的景色，让我们去想象、去补足。相比而言，他详写和实写了湖中的物色，“林壑敛暝色，云霞收夕霏。芰荷迭映蔚，蒲稗相因依。”这四句，从上下远近各个方位，详细地描写了湖边的美景。看来他对此情此景感触最深。而且这四句诗，偶对精工，刻画精微。整首诗承转自然，章法谨密。最后两句表达他从山川胜景中，从自然大美中悟出来的玄理，水到渠成，理为景结。

这首诗在后世影响很大，李白就特别喜欢。有一次，一个姓殷的朋友——殷明佐，送给李白一件绣着五彩云纹图案的裘衣。李白收到这个礼物以后，高兴得不得了，就写了一首《酬殷明佐见赠五云裘歌》表示感谢：

故人赠我我不违，著令山水含清晖。
顿惊谢康乐，诗兴生我衣。
襟前林壑敛暝色，袖上云霞收夕霏。

李白告诉朋友殷明佐，你送给我的这件外衣，我太喜欢了。因为是你老朋友送的，恭敬不如从命，我当然不能拒绝，就收下了。这件衣服太美了，“著令山水含清晖”，我如果穿在身上，肯定会让山山水水都更加美丽，散发出清晖。而且李白一下子就产生了一种幻觉，好像谢灵运《石壁精舍还湖中作》中所写的山水美景就到自己身上来了。“诗兴生我衣”，什么诗兴呢？当然是谢灵运诗中那些最美的意境和画面了。衣服的前襟上分明是“林壑敛暝色”的美丽图画，而衣袖上呢，则是“云霞收夕霏”了，五彩斑斓的彩霞都缭绕在衣袖上，谢灵运诗中所写的美景都跑到我身上来了，那我还能不喜欢吗？可见，李白对谢灵运这首诗也特别佩服和欣赏。

谢灵运还有一首《登池上楼》诗，读起来比较拗口：

潜虬媚幽姿，飞鸿响远音。
薄霄愧云浮，栖川怍渊沉。
进德智所拙，退耕力不任。
徇禄反穷海，卧疴对空林。
衾枕昧节候，褰开暂窥临。
倾耳聆波澜，举目眺岖嵚。
初景革绪风，新阳改故阴。
池塘生春草，园柳变鸣禽。
祈祈伤豳歌，萋萋感楚吟。
索居易永久，离群难处心。
持操岂独古，无闷征在今。

这首诗中最有名的句子就是“池塘生春草，园柳变鸣禽”。但是，这两句诗不是凭空产生出来的，而是有特殊的创作情景，要结合上下诗境来理解。宋武帝永初三年（422），谢灵运被贬谪到永嘉，忧愁苦闷，然后一病不起。接下来整整一个冬天，他都卧病在床。第二年开春的一天，他揭开帷帘，推开窗子，突然听到有流水的声音。原来春天已然来到，冰消雪融，春风漾起，原本结冰的池面也是微波荡漾，诗人倾耳聆波，水声阵阵。诗人举目眺望，巍峨的远山也开始变绿了。“初景革绪风，新阳改故阴。”走到门外，空气也不太冷了，变得和暖宜人。再四周一看，卧床不起了几个月，没曾想池塘边竟然不知何时长出了嫩绿的春草；园中的柳枝间也多了许多鸟儿，在那欢快地鸣叫着。所以，“池塘生春草，园柳变鸣禽”这两名句就自然而然地出来了。诗人在大病初愈之时，惊见盎然之春色，不由得欢欣鼓舞，以前的那种病痛和愁苦，好像也消失得无影无踪。冬日里那种心之寒冷，那种情之萧瑟，一扫而空。所以，诗人最后说，我虽然被贬到这个地方后，没有朋友，一直感到有些寂寞，但是现在一点儿也不寂寞了，因为春天来了，有美丽山川相伴。“持操岂独古”，古人能够安心隐居，保持高尚的节操，谢灵运认为他自己现在也能做到了。“无闷征在今”，诗人现在也不抑郁愤懑了。因为大自然的这种春光春色春景，使诗人感受到青春、生命的热烈。虽然这首诗一开始抒发的感情比较隐讳复杂，其中还蕴含着孤芳自赏的情调，政治失意的牢骚，进退不得的苦闷，以及对政敌的怨怒和对归隐的无奈。但是，当诗人看到春日里的此情此景之后，一下子就被“池塘生春草，园柳变鸣禽”这样的画面，就被大自然的蓬勃生机、旺盛的生命力所感染、鼓舞，春色春意给了诗人重新生活的信心，让诗人拾回了生命的快乐。有一位诗评家说得好：

“池塘生春草”，单拈此句，亦何淡妙之有！此句之根在四句之前，“卧痾对空林，衾枕昧节候”，乃其根也。“褰开暂窥临”下，历言所见之景，至于池塘草生，则卧痾前所未见者，其时节流换可知矣。此等处皆浅浅易晓，然其妙在章而不在句，不识读诗者何以必就句中求之也。（潘德舆《养一斋诗话》引黄陶菴语）

“池塘生春草”，单挑出这一句，当然也很淡泊巧妙。但是，要知道它为什么能成为名句。此句之根是在之前的“卧痾对空林”和“衾枕昧节候”中。因为诗人前几个月一直是卧病在床，日夜以床枕为伴，没有能够出去观赏山川，再加上那几个月是寒风凛冽的隆冬季节，外面自然也没什么美景可赏。所以，整个冬天诗人就一直没有出过门。但是到了初春时节，他的病好了一些，强打精神出来一看，这才猛然发现，原来大好的春光已经洒满人间，整个大地生气勃勃，杨柳依依，鸟语花香。诗人顿时被感动了，从时节流转的变换中，也重新领悟到生命的顽强和快乐，所以“妙在章而不在句”。

## 六 “中间小谢又清发”

在中国山水诗发展史上，谢灵运之后的一个重要诗人是谢朓。谢朓是谢灵运的侄子，二人并称“二谢”，人们称谢灵运为“大谢”，称谢朓为“小谢”。谢朓写山水，不再用谢灵运那种“移步换景式”的铺叙方式，而是喜欢以固定的视点来写，写出现在眼前一刹那的美丽景色或一幅画面，而且谢朓更多是写观赏山川胜景时的心情，所以到这个时候，山水诗才真正地成熟了。

下面我们来看谢朓的这首《晚登三山还望京邑》：

灞涘望长安，河阳视京县。
白日丽飞甍，参差皆可见。
余霞散成绮，澄江静如练。
喧鸟覆春洲，杂英满芳甸。
去矣方滞淫，怀哉罢欢宴。
佳期怅何许，泪下如流霰。
有情知望乡，谁能鬒不变？

这首诗写于谢朓刚从西府荆州回到京城，很快又被贬谪出京的时候，时在齐明帝建武二年（495）。此时，诗人即将离开京城，远赴贬所宣城上任。宣城在今安徽东南部，当时也是幽僻之地。从京都建康被贬至偏远之宣城，诗人感觉已经远离政治中心，自己再也没有用武之地了，所以对京城特别留恋。

“灞涘望长安”，“灞”就是长安旁边的灞水。王粲《七哀诗》说“南登霸陵岸，回首望长安”，写的是自己南下投靠荆州刘表时，对长安的那种恋恋不舍之情。谢朓在这里用了王粲诗的典故，意思是说我这一次离开京城的心情，就像当年王粲离开长安时一样不舍，但是又没有办法。

“河阳视京县”，河阳，在现在的河南孟州。西晋大文学家潘岳曾任河阳县令，但潘岳不安于此职，时时想要回到京都洛阳，曾在《河阳县作诗》中云

“引领望京室，南路在伐柯”。谢朓此处用了潘岳诗中的典故，说他登上建康西边的三山，回望京城建康的时候，也像当年潘岳望洛阳一样，可望而不可即。因为诗人刚刚从外地好不容易回到京城任职，却又要离开了。这个时候，他对都城的生活就格外不舍，对帝京的景色就特别迷恋。

“白日丽飞甍”，登高远望，在明晃晃的骄阳之下，京城宫殿金碧辉煌的琉璃瓦，发出了耀眼的光芒，显得那么富丽堂皇。“参差皆可见”，但这些富丽堂皇的宫殿和其中富贵雍容的生活，却变得隐隐约约、渐行渐远了。再一看京郊大地，也是春色旖旎，令人陶醉——“喧鸟覆春洲，杂英满芳甸。”在春天的洲渚之上，春鸟欢快地鸣叫着，各种野花开满了江边。春光是如此灿烂，春色是如此美丽，但是诗人却不得不离开这一切了。此时景色越美，诗人心中就越是伤感，所以此处是“以乐景写哀情”。

“去矣方滞淫，怀哉罢欢宴。”“矣”是语气辞，相当于现代汉语中的“啊”。“方”是将要，“滞淫”是停留。这一句是说，我刚刚在京城停留了没几天却要离开了，但作者是倒着说的：又要离开了，我刚刚回来不久的京城。而且，也不知道什么时候才能再回来，所以诗人不由地流下了泪水。但是，大丈夫有泪不轻弹，所以用了“泪下如流霰”这个新奇的意象。我们有时候形容一个人哭得厉害的时候，往往说“涕泗滂沱”，眼泪鼻涕一大把，哗地一下就流下来了，但这与谢朓三十多岁男子的身份不符。他说的“霰”，既不是雨也不是雪，而是雨夹雪，是雨中夹着小雪珠，诗人用“霰”来形容自己的泪水，有了一种湿润冰冷的感觉。

“有情知望乡，谁能鬒不变？”更何况，只要是有感情的动物都希望回到故乡，如“狐死必首丘”，即便是狐狸，死的时候也希望回到自己最初生长的地方，何况是人呢？但是一想，“谁能鬒不变？”谁又能不老呢？“未老莫还乡，还乡须断肠。”等到老了还乡的时候，人们一定会唏嘘感叹。更何况到老的时候，还未必能回来。所以，这是一种何等的感伤。

这首诗中间的那部分山水描写，虽然熠熠生辉，却反衬了作者游宦怀乡的愁绪和怨情。前半写景，后半抒情，全诗结构谨严，完整对称。而且这首诗起调浏亮，用字特别响亮。谢朓就喜欢这样写，他的诗开头都比较响亮。

唐代诗人李白也很喜欢小谢的这首诗。有一段时间，李白不太理解“澄江静如练”这句诗，他想象不出这到底是一种什么样的景色。等他有机会到了金陵（也就是谢朓说的建康），一个月夜，他独自登上江边高楼，往下一看，一下子就明白了，真是“澄江静如练”呀！于是就写出了“解道澄江净如练，令人长忆谢玄晖”（《金陵城西楼月下吟》）这两句。意思是说，我今天终于领略了谢朓所写的“澄江静如练”是一幅多么美丽的画面：月上中天，辉映江面，长江自西南而来，蜿蜒曲折，飘逸如带；江水静静地流淌着，波光粼粼，这长江不就像一条轻盈舞动着的素净的练带一样吗？原来那么有名的写景佳句“澄江静如练”写的就是这美丽神奇的景色呀。李白不由地感叹道，小谢真是了不起，竟能刻画出这么美丽动人的景色，我到今天才真正感慨能与古人相通，此言不虚也，此景不虚也，此人当然会令人长忆也。

## 七　隋炀帝的山水嘉什

谢朓之后，隋代的杨广（就是大家熟知的隋炀帝）也有两首写山水的诗作特别美。这时的山水诗已经开始注重意境，属于写意型的山水诗了。这类诗歌往往表达一种意在景中、情寓境中而不言的无我之境。

请看这首《春江花月夜》：

暮江平不动，春花满正开。
流波将月去，潮水带星来。

《春江花月夜》本是南朝宫廷乐曲，相传最早是陈后主创制的。但是到了杨广手上，曲辞就不再写宫廷生活了，他的诗完全是另外一幅画面。“暮江平不动”，傍晚的江面，波澜不惊。江水实际上是流动着的，但是因为波纹细微，远远看去，江面好像完全静止了，不动了，像一面明镜。这是以静写动。“春花满正开”，春花本是静静开放的，但他却写出了动感，用一个“满”字表明花儿开得那么缤纷，那么烂漫。这又是以动写静。所以这首诗前两句是动中有静，静中有动。“流波将月去，潮水带星来。”月亮升起来了，潮汐现象发生了，江面起潮了，涌浪了。这个时候再看这个春夜的江水，便是波涛汹涌，有一种吞吐宇宙的壮美气势。我们知道曹操曾感叹过大海的壮阔：“日月之行，若出其中；星汉灿烂，若出其里。”那是曹操所感受到的大海的壮美，但是到杨广这儿，他写的江水、波涛，则既有壮美，又兼秀美。春天的傍晚，开满鲜花的江边的月下美景，多么清新美丽。诗中所蕴含的感情，不言自明。

最后，我们再看杨广的另一首诗《野望》：

寒鸦飞数点，流水绕孤村。
斜阳欲落去，一望黯销魂。

黄昏时分，诗人独立郊野，只见寒鸦在夜空中飞翔，弯曲的流水绕着一座村庄，静静地流淌；天边，斜阳欲归处，晚霞暗红如血，暮色沉沉，令人不觉黯然神伤。此诗写了这么凄寒美丽的景色，表达出苍茫萧瑟的诗境，被后人争相袭用。

隋代可以说既是南北朝诗歌的收束期，又是唐代诗歌的先声。所以说，杨广的这两首诗，实际上也为后来的唐诗、宋词、元曲中的凄美意境开了先河。如果我们从山水文学史的角度看，隋炀帝杨广也具有相当高的地位。

# 《三国演义》与中国传统文化

北京大学中文系　廖可斌

【内容提要】

《三国演义》是世代累积型作品，在反映中国传统文化方面具有高度的典型性，是观察中国传统文化的最佳样本。它所包含的历史循环论，通过刘备形象表达的仁政理想，通过关羽形象表达的“尚义”观念，通过诸葛亮形象塑造的全能型智慧形象，都是中国古代文化的结晶，反过来又对中国古代社会产生了深远影响。以《三国演义》为镜，我们可以认清中国人及中国传统文化的诸多面相。

## 作者介绍

廖可斌，北京大学中文系教授，教育部长江学者特聘教授，教育部人文社会科学重点研究基地北京大学中国古文献研究中心主任。曾在香港浸会大学、美国哈佛大学、法国社会科学高等研究院做访问学者。主要研究领域为明清文学、古代戏曲小说。

## 一 为什么我们现在还要读传统文学经典

为什么我们现在还有必要讲《三国演义》？现在社会发展太快，好像人们的审美口味、欣赏兴趣也转变得很快，现在来讲《三国演义》，似乎是重新提起了一个老古董，但我觉得这很有必要。因为《三国演义》具有经典性，它在中国传统文化中具有特殊地位。

所谓中国传统文化是一个博大精深的体系，包含诸多方面，每个方面的内容都非常丰富。其中“四书五经”是一个系统，它主要是针对读书人的，属于精英文化，上层文化；而《三国演义》《水浒传》《西游记》，还有很多其他戏曲小说等，则主要属于大众通俗文化。我们过去偏重强调精英文化的作用，精英文化影响确实很大，但实际上这些大众通俗文化影响的范围更广。中国古代的很多老百姓，根本就不认得字。古代的教育普及程度很低，老百姓的文化水平也很低，认得字的人是很少的，他们几乎不知道“四书五经”是什么，但是知道《三国演义》《水浒传》，知道曹操、诸葛亮、关羽、宋江和武松。他们的很多历史知识和道德观念、价值观念，其实主要是从通俗小说戏曲里面获得的。打个比方，精英文化中的经典内容，好比冰山露出海面的一角；而大众通俗文化则是一个庞大的存在，就好像海面下的冰山。我们不注意大众通俗文化，就不可能真正了解中国传统文化。

《三国演义》是一部历史小说，里面包含着中国古代人对理想政治的渴望，对智慧的向往，对仁义道德的崇敬，对“知其不可为而为之”的人生理想的追求，对人生以至社会历史中的悲剧的无可奈何的感伤等，古代许多人都受到这些东西的影响。《水浒传》本身是一部浪漫英雄传奇，它倡导追求人身自由，摆脱现实社会各种制度环境的约束。它在很大程度上不是一个写实的东西。其实我们很多人生活在种种现实的束缚之中，内心深处都有这种追求，《水浒传》就表达了我们的这种愿望。《西游记》表达的是一种对生活的游戏精神。我们的生活过得太枯燥乏味和死板，希望有一种游戏精神，同时也希望有一种克服千难万险达到理想目标的追求，《西游记》讲的就是这个东西。这些已经算是经典了。还有比这些档次更低一点的，其实影响更广泛，如《杨家将》《说岳全传》《三侠五义》等。《杨家将》过去对我们影响很大，它写杨家将一代一代前仆后继，保家卫国，祖孙几代战死沙场，男人死绝了，女人继续上，佘老太君百岁挂帅，十二寡妇征西，穆桂英阵中产子，等等。杨家将这样的故事，世界上都少见，饱含了惊天地、泣鬼神的爱国主义精神。几千年以来，我们中华民族饱经磨难，之所以能存在下来，而且越来越强大，像《杨家将》《说岳全传》这样的小说戏曲起了非常大的作用。它们倡导的忠勇节义，一代一代为国尽忠，这些精神渗透到中华民族的血液里去了，所以对人们的思想观念影响很深。

现在有一种误解，认为传统文化很多东西是落后的，如今我们再提这些东西会有不良的影响，这些东西读了有害。比如读了《三国演义》，人会变得狡诈；读了《水浒传》，人会变得野蛮，动辄想杀人；还有《金瓶梅》就不用说了。这些说法似是而非，是站不住脚的。因为古代人的生活与现在不同，那时候有那时候的生活环境和生活方式，也有那时候的生活观念。那时候的生活观念，比如一夫多妻制，放在现在当然不行了。但在古代，在那种生活环境下，有些就是必然的。既然是必然的，在一定程度上也就是合理的。古代和现代的生活肯定是不一样的，读古代的书必须明白这一点。读古代的书读得越多、越透，就越明白这一点，而不会把古代和现代搅在一起。如果读到古人怎么生活，现在就怎么生活，那就是读傻了。同理，要求古代人和现代人的观念一模一样，只要与现代人的生活观念不一样，就要把那些东西都废弃掉、毁灭掉，那古代就没有任何东西可以留下来了，因此这同样是不对的。

我们现在看古代的这些文学作品，首先要关注的是它的基本精神，最内在的价值观，这些东西是没有过时的。虽然有些变化，但变化很少，有些东西几乎是不变的。比如爱国主义，对仁义的追求，对自由的向往，还有像《红楼梦》里对爱情与命运的思考等，这些东西不会过时。经典为什么是经典，就是因为它涉及历史、社会以及人生的核心问题，在这些问题上有深刻的见解，这些东西不会过时，而且有广泛的适应性。其次，有些东西当时是合理的，现在变得不合理了。古代只要你真的受了冤屈，自己就可以报仇，甚至杀人，现在还能随便杀人吗？不可能了。包括前面讲到的一夫多妻等，现在也不行了。对这些东西，我们要历史地看待。最后，《三国演义》《水浒传》《西游记》等里面，确实写出了我们民族的一些弱点，一些人性之恶。但是，哪个时代的人只有好的一面，没有坏的一面？我们现在就没有缺点了吗？任何时代、任何民族肯定都有好的一面，也有不好的一面。古代文学经典作品把中国人一些不好的东西写下来了，我们正好可以把它当作一面镜子，知道我们这个民族有哪些不好的东西。我们还可以对照它进行反省，知道哪些毛病现在还存在，自己身上是否还有这些毛病，这样对自我就有清醒的认识，这不是很好吗？比方说《水浒传》中写到人性野蛮的一面，它让我们知道，古代中国人确实有这些问题（当然世界上其他地方的人也有这些问题）。我们因此就知道，中国传统文化中确实存在着哪些问题，现在这些问题可能还有遗留，或以另外的方式表现出来。我们知道了它的来龙去脉，就要戒慎恐惧，对症下药，防止它发作，尽可能把它抛弃掉。如果离开这些作品，不读这些作品，我们反而对自己究竟是什么样子心里没数了。打个比方，你明明长得就是这个样子，一看镜子中的自己，觉得长得不好，就把镜子砸碎，这有什么用呢？你怎么能怪罪镜子呢？没有镜子反而看不到自己是什么样子了。因为古代文学作品中写到我们民族的一些不好的东西，就要否定甚至毁掉这些作品，这与因为镜子中的自己不好看便把镜子砸了一样，是很肤浅的，不合理的。

顺便说一下，不同的时代，比如三四十年前与现在，人们读这些古代文学经典的感觉是不一样的。你十几岁读和三十几岁读，感觉也不一样。比如我十多岁时读《红楼梦》，也跟现在的年轻人一样，比较感兴趣的是其中谈恋爱的部分。但前些年，有些企业的老板想了解《红楼梦》，要我给他们讲一讲，我就把书温习了一下，选读了部分章节，感觉就和过去大不一样了，感到《红楼梦》真的把人性的复杂、人生的荒诞、人世的光怪陆离写透了。里面写到的人性的纠结，人生的无奈，人与人之间的关系，没有一定的生活感受和生活阅历，是读不懂的。如果有了一定的人生阅历，就会发现里面真是“一把辛酸泪”。所以曹雪芹说“都云作者痴，谁解其中味”。《三国演义》《水浒传》《西游记》《金瓶梅》等，莫不如此。我年轻的时候也深受《三国演义》的影响，做梦都梦到提刀上马，大战八十回合。年近花甲再读，感觉就大不一样了。但年轻时有这种感觉也有好处，就是让我们立志。小孩子读了《三国演义》，他可能心里会说，我就要做像诸葛亮这样的人，那可比父母老师整天劝导督促他学习还管用。这种作用是潜移默化的，是自然而然的，可遇不可求的，又是效果最好的。所以我觉得这些经典，不同时代的人要读，不同年龄段的人也都要读。

言归正传。作为中国传统文化的一部经典，《三国演义》反映了中国传统文化的哪些重要内容？反过来，《三国演义》又对中国传统文化的形成和发展，对中国人的思想观念，产生了怎样的影响？

现在一般都说《三国演义》是罗贯中写的。罗贯中历史上确有其人，他生活在元末明初，明初贾仲明《录鬼簿续编》中有记载，说他是太原人，号湖海散人。但《三国演义》多大程度上是他写的，还是个问题。中国古代早期的长篇通俗小说，都是世代累积而形成的，不像现在的小说是某个人创作的。中国古代的通俗小说，来源于说话艺术，最初是讲故事的人口头不断地讲，后来越讲越复杂，内容越来越丰富。然后有人看到可以印出来供人阅读，有市场，有利可图，就开始印刷售卖。印刷时自然而然就会加以改编，这样，故事的内容就进一步丰富扩充。《三国演义》也是这样，这部小说写了东汉末年到西晋初年近百年间的事情，这一时期确实涌现了很多英雄豪杰和传奇故事。这近百年的历史刚过去，马上就有许多关于三国的故事在流传了。关于三国时期的主要历史著作是陈寿的《三国志》，南朝裴松之为《三国志》作注，就引用了当时的很多记载，里面就包含了许多关于三国历史的不同传说。到了唐宋时期，民间就有说书人专门讲三国了，三国的故事当时应该已经非常丰富了。元代的说书艺术和戏曲中，很多都以三国故事为题材。这时已经有把三国的故事刻印售卖，这就是《三国志平话》。大约在元末明初，关于三国故事的小说，就变成一本比较大的书。现在我们还能看到的最早的刻本，是嘉靖元年（1522）刊刻的《三国志通俗演义》。它之所以叫“三国志通俗演义”，就表明它是依据《三国志》整理改编来的，是把这本历史书通俗化。到了明末清初，毛纶、毛宗岗父子又在此基础上做了很大的改动，大约改了五万多字。比如说嘉靖刻本的《三国志通俗演义》里面，曹操还是“曹公”，到毛氏父子的改写本中，就大都改成了“曹贼”，这个版本中拥护刘备、反对曹操的倾向就更鲜明了。总之，《三国演义》是像滚雪球一样逐步形成的。在这个过程中，说话艺人、出版商、中下层文人等都发挥了重要作用，他们都把自己的思想观念寄寓到小说中了。广大民众实际上也参与到它的成书过程中，因为说话艺人、出版商、文人等，往往是根据普通听众、读者的欣赏趣味，来编撰和改编故事的。广大普通民众的思想观念，也就进入小说中了。因此，《三国演义》成书的过程非常长，而且吸收了中国古代社会各个阶层人们的思想观念。它在反映中国传统文化方面，就具有了极大的典型性和代表性。

## 二 《三国演义》的历史观

元朝刊刻的《三国志平话》，开头是司马仲相断狱。说东汉初年，有个书生叫司马仲相，为人正直。读史书时看到秦始皇残暴无道，不禁怒骂。天公赏其忠正，命他为阴司之君，评断冤狱。这时韩信、彭越、英布三位前来告冤，称刘邦主要靠他们三人打天下，后来却把他们杀了，三人不服。司马仲相一听，召刘邦前来对质，刘邦把责任推给吕后，吕后不承认，刘邦又指蒯通为证。司马仲相上报天公。玉皇敕道：

与仲相记：汉高祖负其功巨，却交三人分其汉朝天下：交韩信分中原为曹操，交彭越为蜀川刘备，交英布分江东长沙吴王为孙权，交汉高祖生许昌为献帝，吕后为伏皇后。交曹操占得天时，囚其献帝，杀伏皇后报仇；江东孙权占得地利，十山九水；蜀川刘备占得人和。刘备索取关、张之勇，却无谋略之人，交蒯通生济州，为琅琊郡，复姓诸葛，名亮，字孔明，道号卧龙先生，于南阳邓州卧龙冈上建庵居住，此处是君臣聚会之处，共立天下，往西川益州建都为皇帝，约五十余年。交仲相生在阳间，复姓司马，字仲达，三国并收，独霸天下。

这反映了当时民众的看法，他们是用因果报应的观念来理解三国历史的。

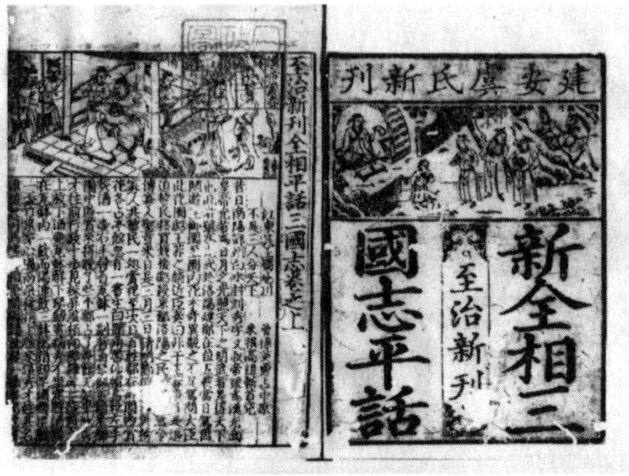


元刊刻《三国志平话》书影

明朝嘉靖元年（1522）刊刻的《三国志通俗演义》，没有采用这种说法。开头讲汉灵帝建宁二年四月十五日上朝，“方欲升座，殿角狂风大作。见一条青蛇，从梁上飞下来，约二十余丈长，蟠于椅上，灵帝惊倒”。接着又出现一系列奇异现象，预示汉朝气数已尽。这是用天命观来看待三国的历史。

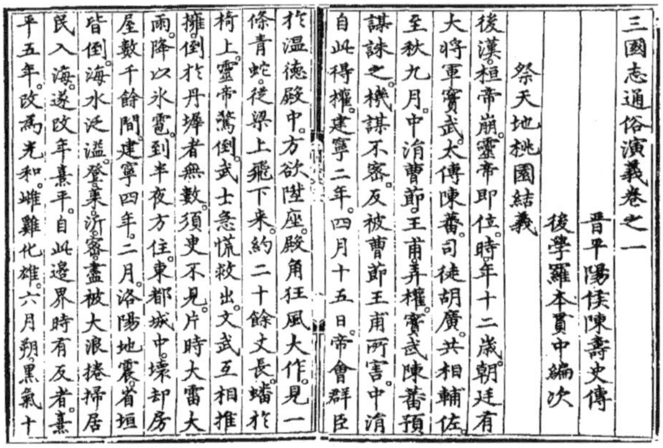

三國志通俗演義卷之一
晉平陽侯陳壽史傳
後學羅本貫中編次
祭天地桃園結義
後漢桓帝崩靈帝即位時年十二歲朝廷有大將軍竇武太傅陳蕃司徒胡廣共相輔佐至秋九月中涓曹節王甫弄權竇武陳蕃預謀誅之機謀不密反被曹節王甫所害中涓自此得權建寧二年四月十五日帝會群臣於溫德殿中方欲陞座殿角狂風大作見一條青蛇從梁上飛下來約二十餘丈長蟠於椅上靈帝驚倒武士急慌救出文武互相推擁倒於丹墀者無數須臾不見片時大雷大雨降以冰雹到半夜方住東都城中壞却房屋數千餘間建寧四年二月洛陽地震省垣皆倒海水泛溢登萊沂密盡被大浪捲掃居民入海遂改年熹平自此邊界時有反者熹平五年改為光和雌雞化雄六月朔黑氣十

明嘉靖元年刊刻《三国志通俗演义》书影

明末清初的《三国演义》，就是普通读者现在看的《三国演义》，开头用了明代中后期著名文学家杨慎的《二十一史弹词》里面的一首词，就是大家非常熟悉的“滚滚长江东逝水，浪花淘尽英雄……”。然后就是大家也非常熟悉的那句话：“话说天下大势，分久必合，合久必分。”这首词和这句话，原来的《三国演义》里面是没有的，是后来改编时加上去的。这下就把《三国演义》的历史观的理性化水平大大提高了。无论是过去的因果报应观，还是天命观，都是比较简单的。现在作出分析，总结了历史的规律，那就是“天下大势，分久必合，合久必分”。这就是贯穿现今这个版本的《三国演义》的历史观，即历史循环论，认为历史无非就是分了合，合了分罢了，没有什么变化，没有什么发展。既然历史没有什么变化和发展，人们也就不必太在意，不必人为地去干预。努力没有什么用，也没有什么意义。因为“是非成败转头空”，所以“古今多少事”，可以“都付笑谈中”。

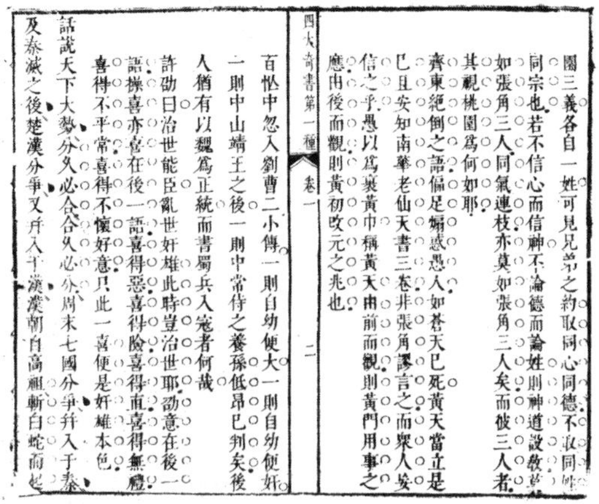

四大奇書第一種 卷一 二

園三義各自一姓可見兄弟之約取同心同德不取同姓同宗也若不信心而信神不論德而論姓則神道設教莫如張角三人同氣連枝亦莫如張角三人矣而彼三人者其視桃園爲何如耶

齊東絕倒之語偏足煽惑愚人如蒼天已死黃天當立是已且安知南華老仙天書三卷非張角謬言之而衆人妄信之乎愚以爲褁黃巾稱黃天由前而觀則黃門用事之應由後而觀則黃初改元之兆也

百忙中忽入劉曹二小傳一則自幼便大一則自幼便奸一則中山靖王之後一則中常侍之養孫低昂已判矣後人猶有以魏爲正統而書蜀兵入寇者何哉

許劭曰治世能臣亂世奸雄此時豈治世耶劭意在後一語操喜亦意在後一語喜得惡喜得險喜得直喜得無禮喜得不平常喜得不懷好意只此一喜便是奸雄本色

話說天下大勢分久必合合久必分周末七國分爭并入于秦及秦滅之後楚漢分爭又并入于漢漢朝自高祖斬白蛇而起

清　毛宗岗评《四大奇书第一种》书影

《三国演义》的这种历史观对中国人的影响太深了，很多人都经常这么说：“话说天下大势，分久必合，合久必分。”这两句话成了口头禅，成了格言，深深地渗透到我们脑海里。过去我们很多人看世界大势都是这么看的，现在也还有这么看的，而且这么说的时候，还显示出非常高深莫测、睿智超然的样子，觉得这两句话可以概括古今所有事件，觉得自己已经把握了人类社会发展的规律。

观念会影响行为。既然历史就是循环，没什么变化，那我们对历史、对现实所发生的一切，就不用在意。这种态度，在一定程度上导致了中国的落后。胡适先生到美国去留学，抱着学习西方的先进科学技术和文化拯救中华民族的愿望，最后在哥伦比亚大学拿了博士学位回来。他说我到国外几年，发现中外文化最大的差别，就在于外国人相信一切事情要靠人的主观努力，而中国人觉得很多事情靠天命。按照中国人的观念，世事反正会循环的，你努力也会循环，不努力也会循环。中外文化最大的差别就在这里。

很多中国人都认为历史只是循环，人付出再多的努力也白搭，顺其自然就行了。中国人为什么会产生这种观念？为什么很多中国人会接受和认同这种观念？这与中国古代历史有关，与中国古代人的生产生活方式有关。经济基础决定上层建筑，社会存在决定社会意识。中国古代社会主要是小农经济，就是一家一户的农业生产，而不是现在的规模农业和现代农业。中国古代人的很多观念都跟小农经济有关。我们现在讲的创新、改革、发展这些概念，现在叫得最响的这些概念，古代是没有的，是近一百多年来才逐步提出并受到重视的。古代人讲得最多的是什么呢？就是天下太平、风调雨顺。古代为什么不讲创新、改革、发展？因为中国古代是小农经济，小农经济在生产技术、生产方式等方面几乎没什么创新和发展。根据现代学者们的研究，在1900年以前的一千四百年间，整个人类GDP增长了一倍。一千四百年才增长一倍，人们会有什么感觉呢？小农经济没有什么发展，就导致了人们认为历史是没有什么发展的，无非是春夏秋冬、年复一年的循环罢了。从社会历史方面来看，建立在小农经济基础上的大一统君权专制制度也一直延续着，也没有什么变化，无非是一个朝代灭亡了，又一个朝代兴起罢了。生产生活方式没什么变化，社会制度也没多大变化，人们的观念也就没有多大变化。当然多少有些变化，但这种变化几乎可以忽略不计。

中国人之所以信奉循环论历史观，还与中国所处的特殊地理位置有关。中国主要处于北温带，春夏秋冬，四季分明，循环往复。大家不要因为我们习惯了这种四季分明的气候，就以为全世界都四季分明，其实不是的。比如柬埔寨、泰国就没有四季，只有旱季、雨季。马来西亚、新加坡这些地方一年到头热得要命，也没有四季的变化。我们生活在四季分明的地方，其实是很幸运的。我们永远处于季节的变化中，热了就会变凉，冷了就会变暖，就会觉得这个世界总是在变，觉得总有希望。气候又与农业有关，我们中国古代不一直是以小农经济为主吗？从事农业的民族就特别注意观察季节的变化，而季节的变化就是春夏秋冬的循环，这又加深了中国古人的循环观念。总之，中国所处的地理环境和气候，深深影响了中国人的思想观念、思维方式乃至行为习惯。

这种循环论历史观有什么好处？

第一，它确实比较符合中国古代王朝更替的社会历史事实，让人们在这种变化过程中不要掉以轻心，也不要绝望。因为知道合久必分，所以合的时候要居安思危，不要高枕无忧，以为天下太平；因为相信分久必合，如果碰上天下大乱，或者国家一塌糊涂，还要抱有希望，不要丧失信心，不要灰心丧气，要相信总会有转机出现。所以，这个观念含有辩证思维的因素。中华民族历经灾难，之所以能一直延续至今，这么有韧性，与信奉这种观念很有关系。比如抗日战争时期，中国当时的实力不可能很快战胜日本，但中国人还是咬紧牙关挺住，相信到了时候就会发生变化，一定要坚持到最后。结果后来果然就发生了变化：日本偷袭珍珠港，日本与美国打起来了；德国同时与英国和苏联交战，陷入被动了，整个战局就变了；加上中国人自己浴血奋战，中国就有救了。中国这种传统的历史观，在当时对鼓舞士气起了一定作用。

第二，它让中国人对历史和现实有一种超越感，就是不要太在乎人生中一些微不足道的东西。因为人的一生中总有得意和失意，有喜悦也有烦恼，而且一般都是不如意事常八九。太在乎人生中的有些东西，就会活得很累。人还是把世界看得淡一点比较好。整个历史也是合久必分，分久必合，都不过如此。古往今来多少英雄豪杰、帝王将相，也是转头即空，灰飞烟灭，不过如此。我们普通老百姓那一点得失又算什么？整个历史的大事都不过如此，个人那一点点小事算什么？所以视野高远一点，心胸坦然一点，超脱地来看待这个世界，看待历史，看待人生，我们就会活得轻松一些。

人类进入工业革命时代后，社会发展实在是太快了，在某种程度上是以加速度方式发展的。这时候再抱着合久必分、分久必合的循环论观念，一切顺其自然，不做主观努力，那就要落后，落后就要挨打了。现在必须要不断地创新和发展，才能立于世界民族之林。每个人也一样，只有不断地创新发展，才能有所作为，才能有充实美满的人生。像过去那样好像什么都无所谓就不行了。现在的社会变了，我们的思想观念和生活方式就得变。当然，虽然现代人的观念已经发生了很大变化，但过去的文化对我们还是有影响的。如果社会生活已经变了，但我们的观念还没有变，那就要反省了。我们读《三国演义》，不是要接受它的历史循环观的影响，而是要通过读它，反省我们现在思想观念中的某些问题，意识到在哪些方面这些观念对我们的影响依然存在。

对《三国演义》中所包含的历史循环论观念，我们首先要历史地看待，理解它在古代的必然性、合理性，甚至要肯定它有一定的价值和积极意义。但另一方面我们也要知道，现在它在很大程度上已经不适合了，因为社会变了，生活方式变了，这种观念已经不合时宜了。当然，这么说并不否认这种观念即使在现在也还存在一些可取的因素，比如对历史和现实的一定的超越感，我觉得还是要有，不然一个人太执着于现实的东西，那是一个很俗的人。至于如何一方面积极进取，一方面保持超然，如何掌握这里面的度，那就看我们每个人的智慧了。

## 三　关于刘备形象与中国古代的“仁政”理想

唐　阎立本《历代帝王图》（局部）

过去无论是知识分子还是普通老百姓，对《三国演义》塑造的刘备形象，态度都是矛盾的。一方面觉得他是好人；一方面又认为刘备收买人心，很虚伪。鲁迅先生的《中国小说史略》就批评《三国演义》：“欲显刘备之长厚而似伪，状诸葛之多智而近妖。”人们似乎都知道，刘备的仁义有点靠不住。

其实历史上的刘备不是小说中的这个样子。历史上的刘备，可以说是三国时期几大集团的领导人里面最不讲信用的。三国历史中真正白手起家，靠个人奋斗起来的就是刘备。因为曹操的父亲曹嵩投靠了当时的大宦官曹腾，做他的养子，继而官封太尉，相当于现在的国防部长，所以曹操家里是大地主，人多势众，有政治地位和经济实力。孙权的父亲孙坚和哥哥孙策，都当过太守，也有雄厚基础。只有刘备是白手起家。其实他最初也是个读书人，读了很多书，曾跟当时的著名学者卢植学习。但《三国演义》后来为了迎合老百姓的口味，故意淡化了刘备是读书人这一身份。刘备一辈子是背叛他人最多的，他最初跟着公孙瓒干，后来跟着陶谦干，一度又投靠吕布。后来曹操打败了吕布，要杀吕布，吕布觉得自己有恩于刘备，就希望刘备说句话，因为这时刘备又投靠曹操了。曹操悄悄问刘备，你觉得该怎么处置？刘备就说原来吕布曾经背叛过丁原和董卓，你现在如果放了吕布，将来也会被他所害，曹操就把吕布杀了。吕布死前说了一句“大耳儿最无信义”，大耳儿就是刘备，因为据说他“两耳垂肩”。刘备后来也背叛了曹操，又先后投靠了袁绍、刘表。再后来曹操来打刘表了，他就逃，与东吴结成联盟来抵抗曹操。他的军队很少，抵抗曹操主要靠东吴的军队。可把曹操一打败，他就占据荆州不还给东吴了，又和东吴闹翻了。接着是益州刘璋收留了他，他后来又把刘璋的地盘占了，建了蜀国。总之，他是不断地跳槽，不断地背叛。当然，在当时环境下，如果不这么做，他也不可能成就那么一番事业。

曹操有那么强的实力，孙权也有那么强的实力，也都有根基，刘备就给自己也搞了一个名号，说自己是汉朝中山靖王之后，汉景帝阁下玄孙，但都是两三百年前的事了，谁知道真假呢？而且西汉的王室过了好几代，和老百姓也就没有什么区别了。除身份之外，他还要为自己树立一个品牌，就好像现代经营企业，要和曹操、孙权的公司竞争，要为自己的企业打出一个文化品牌来。他经过周密论证和精心设计，发现曹操靠实力，孙权靠谋略，他只能靠仁义，就把仁义作为自己的旗号。他说得很清楚，只有这样，他才能有自己的特色。每件事情都必须与曹操他们反着来，事业才有希望。《三国志·蜀书·庞统传》裴松之注引《九州春秋》载刘备云：“今指与吾为水火者，曹操也。操以急，吾以宽；操以暴，吾以仁；操以谲，吾以忠：每与操反，事乃可成耳。”这就是说，刘备之所以选择“仁义”这个旗号，主要是一种策略。当曹操打到荆州时，他只好逃跑，荆州有很多百姓跟着他一起跑。带着老百姓，速度肯定就慢了。眼看曹军要追上了，有人劝他丢下老百姓快跑，他说那些老百姓跟着我走这么远了，我抛弃他们，确实不忍心。这恐怕是事实，因为没有了老百姓，将来做什么军阀？所以刘备这时候主要考虑的，是没有老百姓我就做不成军阀，或者失去了民心就失去了自己唯一的资本，因为他没有别的条件和资本。后来走到长江边上的时候，这些老百姓还是丢掉了，当时船很少，军队上了船，老百姓上不了，还是都扔下了，反而害了这些老百姓。所以我这里要强调的是，刘备和中国古代的大小帝王将相或者军阀一样，没有什么不同。

但《三国演义》里为什么把他塑造成仁义的楷模呢？有几个原因：

第一个原因是倡导仁政理想的需要。中国古代的政治结构和西方不一样，西方早期有宗教，教会有很大的权力，政治权力不是最大的。到十五世纪以后，市场起来了，企业家起来了，企业家有很大的权力，成立了各种行业的行会，这就是后来西方议会的雏形。所以西方后来的君权，既要受宗教权力的制约，又要受行业协会的制约，它的权力非常有限。而中国古代宗教没什么权力，宗教都要听皇帝的，也没有行业协会，所以君王的权力几乎不受制约，可以为所欲为。怎么样给它一定的制约呢？唯一就是靠思想文化，主要是以孔孟之道为核心的儒家学说。知识分子手无缚鸡之力，虽然没有钱，也没有军队，但他们说，我探索天地之道，研究古代圣人的学说，我掌握了这个道，这个道是天地的规律，是最基本的原则。王朝可能会变，天道是不会变的，因此天道高于皇权。你是皇帝，你继承了法统，而我继承了道统。皇帝也要服从天道，你不服从，就会失去合法性，就要被推翻，并遭到千万人唾骂。中国古代这么长的历史里，那么多的学者和知识分子为什么要强调孔孟之道、儒家之道？就是为了对君权有一定的制约，把社会引向比较合理的方向。

著名理学家朱熹说过，尧、舜、三王、周公、孔子所传之道，未尝一日得行于天下。也就是说，儒家知识分子都知道，他们所倡导的仁义之道，只是一种理想，在现实中并没有真正实现过。但他们为什么还是要反反复复地讲这种仁义之道？就是为了让社会有一个理想，有一个目标，有一个标准，不能让皇权失去制约，不能让人们迷失方向。虽然这种理想不可能达到，甚至可能有点虚假，但有总比没有好，这样对社会、对老百姓稍微好一点。就像西方人总讲上帝，上帝谁也没见过，但需要有这么个上帝。所以在中国古代，一定要创造一种仁政理想，远的、高的楷模是尧、舜，比较近的、低的就是刘备之类了。为什么《三国演义》要把刘备写得这么仁义，就是表示统治者应该这样，这样才是合理的。这表达了中国古代政治体制和社会结构背景下人们的一种理想。

第二个原因是强调汉族正统的需要。刘备集团在三国里面确实力量比较弱小。三国时期各国分别有多少人口，有几种不同的统计。比较流行的统计是这样的：曹魏大概有2000万人口，有的说只有700万，大概就在700万到2000万之间吧。东吴最高统计大概是600万，最少统计是200万，大概在200万到600万之间吧。刘备统治的西蜀呢？大概只有100万人口。这样一个总人口规模，真正能招去打仗的士兵人数不会超过6万。《三国演义》里说诸葛亮动不动就指挥几十万大军，这是夸张，是不可能的。所以刘备的实力很小。后来把刘备和蜀国写得越来越重要，主要是在南宋以后。在北宋以前，讲三国故事，绝对主角是曹操，然后是诸葛亮，这两个人的故事比较多。刘备的故事很少，关公的故事也很少。北宋司马光的思想比较传统，但他的《资治通鉴》还是实事求是，以曹魏为正统，因为曹魏就是比较强大，其他两个国家都很小。南宋以后就不一样了，慢慢就以蜀国为正统了。朱熹编了一部《资治通鉴》的压缩版，叫《资治通鉴纲目》，就改以蜀国为正统了。因为每个时代的人，都是根据自己的生活处境和感受来看待历史的。南宋版图逼仄，北方先后有辽国、西夏、金国、蒙古国等。南宋的人会用一种特殊的心态看三国历史，对号入座，把自己看成刘备，曹操就隐然代表北方的金国或者蒙古国，所以人们的立场就慢慢转过来了。南宋人就说，刘备虽然小，但是汉朝的正宗，曹操再强大也是奸臣，蒙古国再强大也是野蛮人。所以，南宋人为了现实的需要，对历史进行了改造，刘备的形象也就提升了，变得越来越重要了。人们不仅把刘备身上很多不好的东西去掉，转到其他人身上，同时还给刘备增加了很多好的东西。

《三国演义》通过刘备形象所表达出来的仁政思想，是中国传统的基本价值观。所谓仁政思想，就是要关心老百姓的疾苦，君王自己要节俭。这种理想是中国古代非常宝贵的思想，虽然没有真正彻底地做到，但至少是一个理想，一个目标，一种轨道。中国传统文化讲的这些东西，看起来好像很虚，但是虚的东西有时候意义很大。它们就像航道里的灯塔。灯塔有什么用？它好像没有直接地影响航道，但就是因为参考灯塔，船就会走一条正确的航线。如果没有灯塔作为参照，就可能不知道何去何从，就可能触礁翻船。中国古代的仁义观念、仁政理想，就是社会历史发展中的灯塔。根据这种理想，人们就不应该乱来，不应该唯利是图、残暴不仁。仁义变成大家共同的价值观，自然而然对古代的皇帝、官员有很大的影响，这个传统是中国古代思想里很宝贵的财富。

但中国古代的仁政理想，与现在我们所说的执政为民还是有很大的区别，为什么呢？因为仁政的根本核心在于强调统治者关心老百姓，它最多只说一切权力为了人民，而不是说一切权力来自人民，一切权力属于人民。这就是中国古代仁政理想的局限性。认识不到一切权力来自人民，一切权力属于人民，并在制度上予以保障，就不可能真正做到一切权力为了人民。小农经济时代，老百姓都喜欢有一个比较贤明的统治者，他如果比较关心老百姓，如果不是那么残暴不仁，老百姓就很高兴很满足了。把一切希望都寄托在统治者身上，老百姓本身没有力量，这个是有问题的。在古代只能这样，因为古代是小农经济，老百姓没有力量。马克思有一个描述，就是在小农经济时代，老百姓人数虽然很多，也只是像麻袋里的土豆，彼此没有联系，没有组织，就没有力量，不能把意见有渠道、成体系地提上去，就不能对统治者的权力形成制度上的约束，所以只能把希望寄托在贤明的君主身上。只有形成组织才有力量，以组织的形式提出要求和建议，这样当权者就不敢忽视了，所以中国古代官方对组织非常警惕。我们一方面要吸收仁政理想里的合理成分，就是要关心老百姓，但是也要知道我们现在的执政理想应该是什么，然后推进现代化、民主化的进程。

## 四　关于关公形象与中国古代的“义”

中国古代有几千年的历史，著名的战将数不胜数。关羽在中国古代那么多的战将中，甚至在三国时期的战将里，也是比较普通的一员，并没有特殊地位。他甚至还有很多缺点，比如骄傲、意气用事等。顺便说一下，三国相当于三个大企业，它们的内部结构是不一样的。曹操这个企业是开放式的公司，所以做得最大；东吴是个家族企业，但它比较牢固；蜀汉是合伙性企业，有几个元老级的创始人，属于合伙人办的企业。刘、关、张属于合伙人，诸葛亮相当于聘请的职业经纪人，赵云等属于引进的人才，相当于高级打工仔。所以刘备拿关公是没有办法的，因为他几个兄弟，动了一个，其他人也会离心离德，这个公司的总体结构就会出问题，所以关公有时候有点胡来。

关公像

但为什么关公在后代地位越来越高？其实关公在三国结束后的几百年里可以说默默无闻，其知名度远不能与曹操、诸葛亮相比。在隋唐之际才开始重新被人提起，最早给他做宣传的是佛教天台宗的开创者智者大师，他要到湖北当阳一带建寺庙，经过调查，发现这是关羽被潘璋擒获的地方，于是散布说关羽托梦给他了，要他在此建寺庙。当地人还多少知道一点关羽在当地的事情，智者大师就是利用了当地资源做广告，这样宣传效果当然就好多了。在宋代，关公的地位显著提高，最初是因为山西解州（关公故乡）的盐池干涸了，没有水就无法采盐，影响到民众的生活和国家的财政收入。宋真宗派王钦若去解决这个问题。宋真宗是个喜欢装神弄鬼的人，王钦若是个奸臣，投其所好，回来报告说，因为现在的皇上英明，关羽显灵了，帮忙降了雨，解决了盐池的问题。宋真宗听了自然高兴，于是就更喜欢王钦若了，同时也颁诏给关羽加封。从宋代、元代到明代，关羽的地位芝麻开花节节高，从被封为“义勇武安王”，到被封为“伏魔大帝”。到清代达到最高峰，这又有个特别的缘故：因为满族人最早读到的汉族文学作品就是《三国演义》。他们用它作为作战指南，借鉴其中的谋略打仗，还用于统战。据说到了清朝晚期，宫廷里演戏，只要演到关公的时候，慈禧太后就假装站起来走动走动，为什么呢？她说关公都出来了，我不能还坐着，得走动走动，不然对关公不尊敬。关公这时已经与孔子并尊了，一个是文圣，一个是武圣。关公在海外华人圈的地位比在国内还高。在东南亚地区的华侨社区，到处建有关公庙，他们不怎么讲孔子，但特别崇拜关公。为什么？

《三国演义》中的关公有几个特点，第一就是义，即讲义气、忠义。刘备在创业过程中，有时几乎要完蛋了，关羽完全可以有别的选择，但他没有产生过二心。别的人来邀请他，比如曹操给他特别的优待，他也没有变心。他对兄弟非常忠心，这是义。第二是勇，武艺高强。第三个特点是长得很威严，面如重枣，丹凤眼、卧蚕眉、长须飘飘等。关公还有第四个特点就是骄，非常骄傲。《三国演义》的电视连续剧里，演员把关公演得很好，把关公的骄傲演出来了。他有一种莫名的骄傲，骄傲本来不是美德，但中国人就喜欢关公的骄傲，觉得关公骄傲得好。因此关公主要有这几个特点：义、勇、威、骄，但他最核心的特点还是义和勇，特别是义。

中国人为什么对义特别感兴趣？这又与小农经济有关。中国古代基层管理是很简单的，县级以下主要靠宗族乡绅管理社会，大家经常找长辈、娘家舅舅来仲裁矛盾纠纷。古代人家为什么一定要有儿子，而且最好有几个儿子，就是因为如果发生矛盾冲突，没有人来管理，主要靠自己，儿子多就比较好办。然后就是靠团伙。中国古代叫作亲帮亲，邻帮邻，经常结拜把子兄弟，就是因为中国古代社会基层管理力量非常薄弱，甚至很多事情没人管，民众的安全得不到保障，杀人都没人管，被欺负得要死也没有人管。基层的政府管理力量为什么这么薄弱？主要是因为小农经济生产的财富非常有限，养不起那么庞大的政府。政府是真正的小政府，管不了那么多，人们就要靠自己。自己的力量又很弱小，所以就要靠亲戚朋友。中国古代人为什么对关公的形象感兴趣？就是因为在现实社会生活中要靠朋友，朋友之间要有义。为什么海外华侨特别喜欢关公？他们来到海外，举目无亲，生存环境非常险恶，同乡情谊、兄弟情谊就极其重要，所以一定要建关公庙作为精神支柱，一定要在关公庙前发誓，不能背叛兄弟，要互相帮助。所以，所谓义，主要就是中国古代小农经济环境下民众所形成的一种观念。

《三国演义》为什么特别强调关公的勇，几乎把他的武功神化？《三国演义》里写打仗，每次都主要是靠一员大将，武功高强。其实中国古代打仗不是这样的，勇将的作用是非常有限的。即使你是勇将，你把我方将领杀了，但是我方有几万人，你只有几千人，你还是打不过我的。我们现在看到的小说、电影里对古代战争的描写是不真实的。只要我的实力强，作战计划安排得好，比如埋伏设计得好，机动部队调动得好，你即使有勇将，还是打不过我的。中国古代老百姓为什么那么推崇武功，把一个武将的武功说得那么了不起？因为中国古代民众大部分是农民，农民文化程度不高，如果要发迹，要想有发展前途的话，主要的途径就是去投军，靠武功发迹。《水浒传》《三国演义》这些作品，都反映了中国古代普通老百姓的心理。《水浒传》里的读书人没有一个好的，这就是代表了普通老百姓的立场，特别是农民的立场。他们认为读书人和自己有距离，不是一类人。而对武将则有亲切感，认为有武功很了不起。所以《三国演义》强调关公的武功，也是反映了老百姓的观念。

关公很骄傲，无论是对自己的同僚，还是对外面的人，对敌人，都那么骄傲，这应该是个很大的毛病，但中国人就特别喜欢他的骄傲，对此产生共鸣。为什么？因为中国古代主要是小农经济，每个人的力量是非常有限的，但农民对外部世界不了解，容易自我满足。因此小农经济条件下的农民，实际上很容易夜郎自大，这是就个体而言。就整个民族而言，在整个古代历史上，汉族往往是受欺负的。譬如从宋代说起，前有女真人，后有蒙古人，然后又是满族人。那个时候汉民族总是打不过少数民族，汉民族怎么树立自信心呢？只能说我虽然弱小，但我是华夏文化的正宗，我在文化上要比你先进，我的精神境界要比你高。汉民族只能通过这个东西来树立自己的信心。敌人虽然强大，但我藐视你。后来也是这样，当西方列强打过来的时候，中国人也只得说，你虽然强大，但你是蛮夷，你不讲道德仁义，我的精神境界比你高，从而获得一种优越感，获得自信心。所以关公的形象，包括关公的骄傲，从宋元明清一直到近现代，都很受推崇。因为它很符合几百上千年来汉民族的处境和心态，所以人们反而觉得关公的骄傲是一种骨气。事实已经证明，这种骄傲没有什么用处，很多情况下还非常有害。我们只能老老实实承认落后，奋起直追，才能真正改变落后的处境。

但关公形象的某些品质，如视金钱如粪土，把兄弟、朋友之间的信义看得比生命还重要，视死如归，大义凛然，这些品质永远也不会过时。我们现在和朋友同事在一起，如果整天就想着背叛和跳槽，就很可怕。虽然不能要求人人都和关公一样，毕竟每个人都有权利寻求自己的发展空间，但也不能唯利是图，翻脸不认人，有奶便是娘。那样社会就会一团糟，人生也没有什么意义。所以中华民族也好，世界其他地方的民族也好，人与人之间还是要讲信用，特别是危难之中，危机时刻，大家还是要携手同心，共渡难关。坚持下去，说不定就能看见曙光，迎来新的辉煌。所以，我觉得忠义还是很重要的。关公身上虽然有小农经济时代的烙印，但也有很多有价值的东西。

## 五　关于诸葛亮形象与中国古代的智慧模式

诸葛亮这个形象，在中国老百姓的心目中占有神圣的地位。大家到成都去，参观武侯祠，就会发现作为臣的诸葛亮地位更高，作为君的刘备的地位反而不如诸葛亮，诸葛亮占主位，刘备是配角。这反映了老百姓的看法，觉得诸葛亮应该是主角，刘备应该是配角。

诸葛亮像

诸葛亮的形象也很有特点，首先仍然是忠义。刘备死了以后，以诸葛亮的能力和当时的威望，完全有可能篡权自立，但他没有这么做。诸葛亮的形象之所以越来越受欢迎，与历代统治者的推波助澜有关，因为古代统治者都希望大臣们向诸葛亮学习，虽然我没什么能力，我的儿孙没什么能力，但你们还是要鞠躬尽瘁，死而后已。老百姓为什么也喜欢诸葛亮呢？这与他身上的忠有关。因为如果所有大臣都想篡位的话，就会不断地打仗，打仗就会死人，受害的还是老百姓。所以老百姓希望这些野心家不要斗来斗去，安分一点，你们安分一点，我们就少受点罪。因此老百姓也不希望大臣篡位，也敬仰诸葛亮的忠。这样，统治者和老百姓的愿望，在某种程度上就达成一致，都体现在诸葛亮的形象上了，诸葛亮想不火都难。

当然，除了忠心耿耿以外，诸葛亮形象最重要的特点还是智慧。诸葛亮是一个全能型的智多星，什么都知道。中国老百姓按照自己的理想塑造了一个诸葛亮的形象，然后又把诸葛亮的形象在现实生活里加以应用。为什么会产生这样一个诸葛亮的形象？这也与小农经济有关。大家可能都知道，在三四十年前的农村，所有事情都要尊重老人的意见，村子里往往有一个好像什么都懂的人物，大家都很敬重他，信服他。因为小农经济主要靠经验，小农经济条件下所需的知识是非常有限的，常用的知识无非是婚丧嫁娶、春种秋收等，所以一个人如果比较聪明，活的年纪比较大，就有可能掌握当时几乎所有的生活和生产知识。所以小农经济时代，人们很容易产生一种想法，即认为某个人可以拥有所有的知识，他可以为人们提供生活中所有方面的指导。在日常生活中是如此，在整个国家层面，人们也会把这种观念放大，认为某个人可以掌握一个国家所有方面的知识。于是在人们的观念中，在文学艺术作品中，就产生了诸葛亮式的人物。顺便说一下，现在的情况不同了，进入工业文明时代以后，特别是近几十年以来，知识大爆炸，谁也不可能掌握所有的知识了。最多你比别人稍微聪明一点，但谁也不可能成为全能的人。

但传统文化的影响是有惯性的，现在诸葛亮的形象对我们还是有比较大的影响。我们有时会自觉不自觉地寄希望于某个人可以全知全能，大家把希望都寄托在他身上，这样的智慧模式实际上是一种小农经济时代的智慧模式，现在肯定不合时宜了。真正现代化的国家治理，公司和机构管理，应该有一个比较民主的决策模式或者说机制，让每个人都能够平等自由地表达自己的意见，发挥自己的聪明才智。其实中国古人已经在一定程度上明白了这一点，所以古人一方面认为诸葛亮很了不起，崇拜诸葛亮这样的人物；另一方面又知道讨论、交流和探索是非常重要的，所以有“三个臭皮匠顶个诸葛亮”的说法。

诸葛亮这个形象以及他所代表的智慧模式，也是在中国古代小农经济背景下产生的。那么诸葛亮对当代人的启示意义在哪里？那就是我们一定要追求知识，积累更多的知识，遇到问题，一定要动脑筋，那么这个形象的影响就不是负面的。现在的小孩子，读了《三国演义》，看到诸葛亮这么有智慧，什么问题都能解决，自然而然就产生了学习的兴趣，学习起来就有动力，因此这个形象的积极意义还是很大的。

最后简单总结几句：《三国演义》这部小说，包括它所塑造的人物形象，所表达的思想观念，都是中国古代特定历史环境下的产物。一旦《三国演义》成书以后，这部小说以及由它衍生出来的种种文学艺术作品，又反过来对我们的社会生活产生了巨大影响。一方面反映了生活，另一方面又指导了生活。所以说《三国演义》堪称一部中国传统文化的百科全书，是我们观察中华传统文化非常重要的标本。

# 从甲午战争到抗日战争

北京大学历史学系　臧运祜

【内容提要】

两次中日战争，对于近代中日关系的历史影响巨大而深远。战后七十多年来，中日关于其历史认识问题纷争不已。本讲座将立足于甲午战争与抗日战争的纵向考察与横向比较，在近百年中日关系的历史演变中，考察两次战争的来龙与去脉；又从中日与东亚及世界的视角，比较两次战争的多维面相。从甲午战争促使中华民族空前觉醒、抗日战争成为中华民族复兴枢纽的历史意义与时代影响，论证中日两国和平发展、友好相处的历史镜鉴。

## 作者介绍

臧运祜，北京大学历史学学士、法学硕士，中国社会科学院历史学博士。曾任中国人民解放军军事科学院军事历史研究部助理研究员，现为北京大学历史学系教授、博士生导师。兼任中日共同历史研究委员会中方委员、中国抗日战争史学会常务理事、北京市中日文化交流史研究会副会长；国家社会科学基金2019年度重大项目首席专家。主要研究近现代中日关系史及中华民国史。

今年（2020年）是一个非常特别的年头。它是中国农历的庚子年、鼠年。我们从年初开始，经历过一场前所未有的新冠肺炎疫情的严峻考验，中国人民铸就了伟大的抗疫精神。今年也是中国人民抗日战争暨世界反法西斯战争胜利75周年。今年的9月3日上午，习近平总书记等党和国家领导人同首都各界代表一起，在中国人民抗日战争纪念馆向抗战烈士敬献花篮。下午，中共中央、国务院、中央军委在北京人民大会堂举行座谈会，纪念中国人民抗日战争暨世界反法西斯战争胜利75周年。习近平总书记发表了重要讲话，强调在新时代继承和弘扬伟大抗战精神，同时向世界发出五个铿锵有力的中国人民“绝不答应”的声音。明天（12月9日），又是青年学子为抗日救亡而发起的伟大的“一二·九”爱国运动85周年的日子。因此，在今年的今天（2020年12月8日）这个特殊日子，我们一起回味和研讨与抗战相关的历史，应该具有特别重要的现实意义。此外，我们在今年纪念抗战胜利75周年，还有一个另外的意义，那就是今年也是甲午战争失败125周年。

习总书记多次说过：历史是最好的教科书，也是最好的清醒剂。从甲午战争到抗日战争，跨越半个世纪的近代中日关系史，是如何演变和发展的？有什么经验和教训需要我们思考与总结？这就是我今天讲座的主旨所在。

首先需要指出的是，这两场中日战争，结局是完全不一样的：甲午战争中国失败了，被迫与日本签订了《马关条约》，从此陷入半殖民地的深渊；抗日战争中国胜利了，我们废除了中日之间的一切不平等条约，中华民族开始了伟大的复兴。这就是历史的辩证法，我们应该全面地看待。

其次，这段半个世纪的历史，也与整个中国近代史密不可分。这两场中日战争相隔了半个世纪，影响当然非常大，但是在近代中日关系上，又不仅仅都是战争，还有很多其他方面的内容。我们讲中日战争史，应该把它放在一个近百年的中日关系历史的长河当中来看，这样有好多问题，可能看得比较清楚一些。也就是说我们应该历史地、理性地看待两次中日战争。

从近百年中日关系的历史角度，本讲座包括六个部分的内容，其实也就是两大阶段的内容。第一个阶段是甲午战争之前的将近半个世纪，从1840年鸦片战争到1894年（甲午年），这是近代中日关系建立和发展的时期；第二个阶段就是甲午战争到抗日战争，半个世纪的历史。最后就与两次中日战争相关的近百年中日关系的历史，进行一下简要的总结与展望。

## 一　古代中日关系的回顾

中日两国是“一衣带水”的邻邦。如果从公元前219年秦朝末年的徐福东渡算起，中日两国之间的关系，在近代以前，就有二千余年的历史了。徐福东渡虽然是个历史传说，但是司马迁在《史记》里是有记载的：秦始皇晚年身体不好，想寻找长生不老之药，就派徐福到东海去求长生不老之药。徐福就带了五百童男、五百童女，下了东海，但从此一去不复返。徐福一行据说是到了今天的日本，日本至今也有不少他们的后裔和遗迹，但这也只是个历史传说。中日两国最早的交往，在历史上有正式记载的，而且后来又被日本出土文物所证实的，是在中国的东汉时期，公元57年，有一个叫“倭奴国”的国家，曾经派遣使节来到中国，向中国的皇帝朝贡。即使从这时算起，再到十九世纪中叶的近代以前，中日两国的交往也有近两千年的历史。所以说，中日两国的交往历史，可谓“源远流长”。

在这两千多年的历史交往当中，中日两国之间的友好关系与和平交往，是历史的主题和主流，而中国一直充当着日本的老师。日本国家的历史发展，与中国相比要晚得多。“日本”作为一个统一的国家名称出现在世界上，大约是在中国唐朝初年的时候，但中日两方的交往其实是很早的。在古代，中国在各个方面，包括政治、经济、军事、文化制度上一直都比较先进，因此长期以来充当了日本的老师，日本则不断地向中国学习，创造、丰富并发展了本国的文化。

但是，在这两千多年的友好交往过程中，也有着一些不太愉快的历史，中日两国在古代曾发生过三次战争。第一次是在唐朝的时候，当时的朝鲜半岛分成三个国家，一个高丽、一个百济、一个新罗。新罗和百济发生冲突，唐朝的皇帝应新罗国王的要求，派兵到朝鲜半岛，跟百济的援兵倭军打了一仗，这就是发生在公元663年8月的白江口之战，战役很快就结束了，倭国被打败。后来，新罗统一了朝鲜半岛。

第二次是元朝的时候，忽必烈分别于1274年和1281年，两次派元朝的大军征讨日本。元军要经过海上去讨伐日本，但是两次都遭遇台风，很多元朝战船都葬身大海，使东征计划失败。日本人把当年的台风命名为“神风”，认为这是上天救了他们国家，因此二战后期日本军队就组织过“神风特攻队”，直接撞击美国的军舰。元军两次征讨日本，但都没有达到目的，日本历史上称之为“蒙古袭来”。

第三次战争是在明朝的时候，万历年间的1592年和1597年，日本的丰臣秀吉两次派军队侵略朝鲜半岛。明朝政府再次应朝鲜政府的要求，派兵到朝鲜去，开展了大规模的援朝抗倭的战争。中朝两国互相支持，两年中的两次战争，都把日本打败了，丰臣秀吉也因此愤懑而亡。

历史上发生的这三次中日战争，第一个特点是战争时间比较短，最多一两年就结束了。第二个特点是除了元朝那次，其他两次都不是中日两国直接交战，是为了第三国，是在朝鲜半岛打的。第三个特点就是结局非常清楚，在朝鲜半岛的两次战争，都是日本失败了。

尽管历史上中日之间曾经有过三次战争，但是两国在两千多年间，还是维持了一个长期稳定的友好交往关系。这才是历史的主流和主题。郭沫若先生曾经说过：中日两国在古代是“相师相学倍相亲”的关系。鲁迅先生也说过：中日两国人民“渡尽劫波兄弟在，相逢一笑泯恩仇”。

## 二　近代中日关系的建立与发展（1840—1890）

### （一）中日两国走向“近代”

近代中日两国，几乎同时在十九世纪中叶（中国1840年、日本1853年）走向近代历史，但又是“被近代”的历史。之所以说“被近代”，是因为中日两国如果按照自己的历史发展，这个时候应该还没有发展到近代历史，因为其内部社会因素的积累和增长还没有达到近代的要求，就是被带入近代的历史。按照世界历史的划分，世界近代史的标志是1640年的英国资产阶级革命，由此开始了资本主义和资产阶级的历史。但是，几乎在1640年英国资产阶级革命的同时，1644年清军入关，1603年德川家康在江户建立德川幕府的统治。当世界已经走入近代，中国和日本两国还是继续在古代的历史里行走，还有两百多年没有走完。这就是东西历史之间一个巨大的时间差距。

十九世纪中叶，中国在1840年和1856年，发生了两次西方列强入侵的鸦片战争，第一次是英国，第二次是英法联军。他们打败了中国，中国政府被迫签订了不平等条约，以《南京条约》和《北京条约》为标志。中国就这样走入了近代的历史，也就是被西方资本主义列强带入近代历史。

与此同时，1853年，美国的佩里将军率领东印度舰队征讨日本，打开了日本的国门，迫使其签订了《神奈川条约》。随后的1858年，英、法、俄、美还有荷兰等五个国家，强迫日本签订了一系列不平等的条约，也就是“安政五国条约”。这样，几乎与中国同时，日本也被迫让西方列强打开了自己的国门，走向了近代的历史。

走向近代的初期，中日两国都面临着一个非常相似的境遇——“内忧外患”，也都面对着一个共同的时代课题——“近代化”。

西方列强的入侵，也给中日这两个国家带来了一系列的内忧和外患。“内忧”指内部的社会矛盾进一步激化，中国爆发了太平天国运动，日本也有武士的暴乱及农民起义；“外患”指西方列强的入侵，迫使国家走向了半殖民地的境地。

这两个国家所面临的一个共同的时代课题，就是都要走向“近代化”，说到底就是“西化”。中国近代化的标志是1861年，清政府为了处理外务，设立一个机构叫“总理衙门”，这是以前中国政府从来没有过的机构，也是中国第一个常设的外交机构。在此之前，有“礼部”，还有专门管理边疆民族事宜的“理藩部”。总理衙门成立后，中国就开始了一场洋务运动，在军事上、工业上学习西方，搞近代化建设。日本在幕府时代的末期也走向了改革，1868年明治天皇在京都宣布了要开始“明治维新”，目标就是建设一个近代化的强国。这两个国家几乎同时，开始了一场历时三十余年的近代化运动。

中日两国的近代化，如同在同一个起跑线上的比赛，进行了三十多年的时间，但是其结局却完全不一样。日本的明治维新成功了，成为一个近代化的强国；而中国的洋务运动却没有把中国做强做大，虽然造了一些先进的军事设备，建了一些工厂，但是整个国家没有太大的改变。这样，中日两国的近代化，虽然在同一个起点上比赛了三十年，最终的结果却是中国落后于日本。其中的原因是什么？中外史学界都有过很多的研究和探讨，我不用太多重复，简单说来，就是中国古代的历史包袱太沉重了，改革非常艰难。鲁迅先生说，在中国即使搬动一张桌子，改装一个火炉，几乎也要流血。日本毕竟是个小国，又没有太大的历史包袱，近代化相对就容易推进；而且日本是海洋国家，也比较容易接受外来的文明，甚至全盘西化也可以。

到了十九世纪九十年代，中日两国近代化的结局就完全不一样了，且最终导致了甲午战争的胜败结局。这就是我们讲的甲午战争的一个历史的、时代的大背景。

### （二）中日建交——近代关系的建立

中日两国虽然在古代的关系友好，但毕竟不是近代的国家关系。因为自1648年《威斯特伐利亚和约》以来，近代民族国家的外交关系，是以国际法的条约为基础建立起来的。所以，中日两国近代以来，就要建立这样的外交关系，即“国交”。

中日两国在近代化的同时，如何开展两国的近代外交关系？对于这个问题，日本政府考虑在先。日方主要基于压服朝鲜的需要，确定了“日清交涉先行”的方针，并于1870年决定派遣外务权大丞柳原前光赴华，谈判订约与建交事宜。

柳原前光一行于8月自东京出发，经过上海，于9月27日到达了天津。在他转呈的日本政府致总理衙门的书信中称：“方今文明之化大开，交际之道日盛，宇宙之间无有远迩矣。我邦近岁与泰西诸国互订盟约，共通有无；况邻近如中国，宜最先通情好、结和亲。而唯有商舶往来，未尝修交际之礼，不亦一大阙典也乎？”在这里，日本隐瞒了对朝鲜交涉的理由，也没有提及两国古来交好的事实，而是完全按照近代国际条约体系的交际模式，企图将西方列强强加于自己的不平等条约，发展到与中国缔结的条约之中。

对于日本政府提出的订约要求，清政府婉辞予以谢绝。总理衙门于10月3日复照云：“中国与贵国久通和好，交际往来，已非一日。缘贵国系邻近之邦，自必愈加亲厚。贵国既常来上海通商，嗣后仍即照前办理，彼此相信，似不必更立条约，古所谓大信不约也。……此乃中国与贵国格外和好亲睦之意，谅贵国必明悉此情也。”清政府念及与日本的旧好，又区别于双方与西方列强的既有关系，对于日本外交，企图继续坚持传统的交往方式。

尽管如此，由于柳原前光的再三恳请和努力说服，在曾国藩特别是李鸿章等人的建议下，清政府的总理衙门不久就改变了态度，于10月31日照会日方，请其特派使臣到天津，与中国钦派大臣“会议章程，明定条约，以垂久远，而固邦交”。

1871年6月，日本政府决定派遣大藏卿伊达宗城为全权特使、外务权大丞柳原前光为副使，赴华进行订约谈判。日本使团由横滨出发，到达天津后，与清政府任命的全权大臣李鸿章开始了谈判。最初，日方主张按照中国与西方各国的成例，以1861年的中普（普鲁士）通商条约为蓝本，拟订条约的草稿，企图“一体均沾”，在中国获取与欧美列强同等的特权。以李鸿章为首的中国代表团对此断然拒绝，坚持按照中方的草案进行谈判。日方最后让步了。在中方草案的基础上，经过谈判，9月13日，双方在天津签订了《中日修好条规》18条、《中日通商章程》33条。

《中日修好条规》签订后不久，因为其中的第二条引起了日本政府的担心和西方国家的疑虑，日本政府于是决定暂缓批准，并在1872年3月派柳原前光第三次来华。5月，柳原前光在天津向李鸿章提出了修改条约的要求，但被中方拒绝。日本政府最后只好批准了此条约，并在1873年2月任命外务卿副岛种臣为特命全权大使，于4月20日到达天津，30日与李鸿章举行了《中日修好条规》的换约仪式。该条约从此正式生效。

两国签订的《中日修好条规》，开篇即强调“大清国、大日本国素敦友谊，历有年所，兹欲同修旧好，益固邦交”，并在第一条中规定“嗣后大清国、大日本国倍敦和谊，与天壤无穷”。这表明了两国继续延续古来友好关系的愿望，但其实主要是中方的一厢情愿。至于在第一条中又规定的“两国所属邦土，亦各以礼相待，不可稍有侵越，俾获永久安全”，这虽然主要是中国为了制约日本对于邻邦的侵扰，但也隐含了日本要求中国不得干预属国的目的。在具体内容上，尽管没有接受和实现日本“一体均沾”的原则，但也包含了双方对等的领事裁判权、协定关税等近代条约体系的主要内容。

《中日修好条规》是中日两国步入“近代”以后，在自身尚受制于西方列强的不平等条约之下，订立的第一个较为平等的邦交条约。中国学界有学者认为：中日修好条规，其体例虽大致仿照西约，但内容却基于平等地位，洵为中外条约，前所未有。日本学者也指出，该条约的谈判与表述方式，较之东亚传统邦交有很大区别，“可以将这一条约看成东亚国际关系进入近代标志的条约的嚆矢。”[①]因此《中日修好条规》之后，两国应该、也可以在东亚世界维系与发展平等的国家关系。但是，由于两国的内外环境有别，主要是日方从缔约之初并不是与中方相向而行，随后中日两国在东亚世界展开了一系列交涉。在两国的外交竞争关系之下，该条约名存而实亡了。

中日两国建立外交关系后，虽然《修好条规》没有规定期限，但是按照当时的国际惯例，“通商章程”十年以后就可以修改。日本就以修改通商章程为由，要求修改以前签订的条约，也就是“修约”。但是，日本每次的修约要求都被中国政府拒绝了。日本为此非常怨恨中国，并持续了二十多年。甲午战后签订《马关条约》，接替李鸿章办理对日商约交涉的张荫桓，曾在1896年1月25日的

①［日］滨下武志《近代中国的国际契机——朝贡贸易体系与近代亚洲经济圈》，朱荫贵等译，中国社会科学出版社1999年版，第49页。

奏报中说道："同治年间所订日本修好条规，限制较严，日本以为较西国约章相形见绌，心怀怨毒垂二十年。兵衅一开，旧约遂废。"他的这段话，就把甲午战前日本要求废约、修约的原因、过程与结果，都说清楚了。

上述说明，中日近代在建交、签约之初，就埋下了分歧的种子。接下来在十九世纪七十至八十年代，陆续发生在中日之间的以下几个事件，两国的矛盾就在其中的交涉和斗争中暴露出来了。

**（三）日本入侵台湾**

第一个事件就是日本入侵台湾。

近代之初，日本就兴起了要侵略中国台湾地区的所谓"征台论"。1871年底，在日本与清政府谈判签约的同时，台湾发生了一个琉球国漂流民被台湾原住民杀害的事件。这个事件本是台湾原住民和琉球国人之间发生的一个海难事件，日本知道后，就要以这个"牡丹社事件"为借口，出兵台湾。

台湾岛东部高山地区土著居民所在的地方，当时被称为"蕃地"。日本接受了美国人灌输的观点，认为台湾的"蕃地"不是中国的主权领土之地，而是一个谁都可以占有的地方，于是就以台湾原住民杀害琉球人为借口，准备出兵台湾。1874年，日本政府制定了"台湾番地处分要略"。4月，组织了以陆军中将西乡从道为首的所谓"探险队"，实为日本侵略军。5月，日军正式入侵台湾。

日军在台湾的进攻，受到了台湾原住民的反抗。清政府知道此事后，派沈葆桢作为钦差大臣，到台湾去办理海防的事务。日军进攻台湾也受到了很大的挫败。在这种情况下，日本政府派出了以大久保利通为首的代表团到北京，跟清政府进行交涉。1874年10月31日，经过谈判，双方在北京签订了关于台湾事务的《台事北京专约》。其中第一条规定，日本这次侵略台湾属于"保民义举"，清政府"不指以为不是"。也就是说日本侵略台湾是为了保护其国民的"义举"，中国政府不认为日本做得不对。这第一条关键条款的定性是非常重要的，等于中国政府认可了琉球人是日本的"国民"，且日本出兵台湾是合理的。那么接下来的条款就是中国政府赔50万两白银，日本在12月20号之前将军队撤出台湾。如此，台湾事件就被轻描淡写地解决了。

1874年发生的日本入侵台湾的事件，在近代中日关系史上有着重要的意义。第一，这是在1873年《中日修好条规》刚刚换文不到一年发生的第一个大事，日本以出兵台湾的侵略之举，回击了条约中的所谓的中日“修好”。第二，这是近代日本第一次向海外用兵，而且它的目标直指中国领土，从此开始了七十年的侵华历史。第三，清政府虽然经过谈判，维护了包括蕃地在内的台湾全岛的领土主权，解决了台湾领土的归属问题，但同时又埋下了另外一个隐患，那就是承认了琉球国民为日本的“国民”，这就为日本吞并琉球提供了很大的方便，或者说是法理上的基础。

清政府经过这次台湾事件，意识到不光要加强塞防，还要加强东南的海防，特别是台湾岛，它是东南五省的屏障与锁钥，连接着太平洋和中国南海，必须要加以保护。

十年之后发生的中法战争，中国本来是胜利了的，但是清政府却“乘胜求和”，跟法国谈判，承认其对越南的侵占，而要求法军撤离台湾，因为台湾是中国的领土。1885年，清政府改台湾府为“台湾省”，任命刘铭传为台湾首任巡抚。清军入关之后，关内一共设了18个省。1884年，左宗棠收复新疆后，清政府在新疆设立行省，以加强塞防。1885年设立的第20个行省“台湾省”，就是为了加强海防的重要举措。首任巡抚刘铭传到台湾后，大力推行洋务运动，开始了近代化建设，并取得了重要成就。

**（四）日本吞并琉球与中日交涉**

第二个事情就是琉球问题。

在西方列强入侵之前的明清时代，亚洲东部、南部、东南部地区，以中国为中心，形成一套国际关系的秩序，学界一般称之为“华夷秩序”，或者又叫“朝贡体制”与“宗藩关系”。当时在中国之外，东亚最主要的周边国家有三个：北边的朝鲜，中间的琉球，南边的越南。这三个国家跟中国的关系是非常特殊的，被称为中国的“藩属”。

日本虽然在明朝初年一度加入过这个秩序，但随后就游离其外。日本跟朝鲜、琉球也有一定的通使关系，他们之间也有交往，但这跟与中国的交往是不一样的，地位也不一样，他们之间并不存在臣属与宗藩的关系。所以，近代以来，日本向海外发展的一个重要目标，就是要打破东亚地区旧有的国际秩序，建立自己的所谓“东亚新秩序”。为此，日本为了要解决琉球、朝鲜问题，就必须跟中国打交道。这样就开始围绕琉球、朝鲜问题，跟中国进行交涉。

琉球国的历史，难以考究，但是从明朝洪武年间开始，中山王统一了琉球半岛之后，琉球中山王国跟明清两代政府，维持了五百余年的宗藩关系。他们对中国称臣纳贡，穿中国的衣服，用中国的年号，用中国的文字等。

1609年，日本的萨摩藩派出军队，入侵了琉球，迫使琉球称臣纳贡，但也只是向萨摩藩、而不是向日本国称臣纳贡，属于一种地方关系而非国家关系。所以，此时的琉球国，并不是一种日本学界认定的在中日之间的“两属”关系。

明治维新以后，日本就处心积虑地要吞并琉球。1871年，日本废藩置县，萨摩藩被废除了，设置了鹿儿岛县，并规定由鹿儿岛县来管辖琉球的事务。但到了1872年10月，日本政府又在琉球设立“琉球藩”，独立于鹿儿岛县之外，企图逐渐将其纳入日本的版图。

琉球政府强烈反对日本政府的上述决定，并求助于清政府，把主要希望寄托于清政府的干预和援助上。清政府的第一任驻日公使何如璋到任之后，便与日本政府进行交涉。何如璋1877年12月到东京后，经过研究，向清政府提出了援助琉球的上、中、下三策。清政府最后决定采纳其“下策”，由何氏在东京与日本“据理诘问”。自1878年9月开始，何如璋就日本禁止琉球朝贡中国一事，奉命与日本外务省及外务卿寺岛宗则进行了多次交涉，指责此为“背邦交、欺弱国”的不信不义、无情无理之举。

就在中日激烈交涉之际，日本断然决定强行“处分”琉球。1879年3月8日，日本政府决定废除“琉球藩”，并派遣军警到琉球强制执行。4月4日，日本政府在国内布告改琉球为“冲绳县”。琉球国王尚泰及其他王室成员，被移送到东京。琉球王国从此覆亡。

琉球覆亡之后，清政府继续与日本进行交涉。1879年5月10日，总理衙门向日本公使宍户玑发出照会，抗议日本的行为是“灭人之国，绝人之祀”，并违背了

《中日修好条规》第一款所云“两国所属邦土，亦各以礼相待”等语。27日，日本外务卿寺岛宗则答复中国驻日公使何如璋，竟称此举系日本内政，与中国无关。

不久，美国前总统格兰特到访东京与北京，他愿意主动在中日之间进行调停，提出了三分琉球的方案（琉球各岛之中部归琉球，立君复国；南部割隶中国；北部割隶日本）。日本遂接过其“分岛”的建议，利用清政府与俄国因伊犁问题的交涉困境，向清政府提出了“改约”的要求。

1880年4月，日本政府讨论了外务卿井上馨的提案，决定将琉球南部的宫古、八重山群岛划归中国，以此换取清政府修改《中日修好条规》。在此次修改条约中，日本要获得中国内地的通商权，且举凡欧洲各国在中国的特权，日本都要获得。这就是日本的所谓“分岛改约案”。它把琉球问题与对华修改条约紧密联系在一起，而后者才是其真正的目的所在，即趁机攫取以前与中国在订约、改约、换约过程中尚未得到的在华不平等特权。

8月，日本驻华公使宍户玑奉命开始与总理衙门谈判。10月，总理衙门接受了日本的方案，议定了《琉案专条》的“约稿”：除冲绳岛以北属日本管理外，宫古、八重山二岛属于中国管辖；分界以后，“彼此永不相干”。而在该专条的附件《加约》中则约定：双方同意修改《中日修好条规》第十四、十五条，加上“所有与各通商国已定条约内载予通商人民便益各事，两国人民亦莫不同获其美”的条款。后者就是日本企求的对华“一体均沾”的条款。

上述“约稿”受到了清政府内部的反对。李鸿章了解到宫古、八重山乃是琉球的贫瘠僻隘之地，于是反对接受日本的方案。1881年3月5日，清廷发布上谕，否决了总理衙门与日本公使达成的上述条款；总理衙门也训令何如璋通告日本外务省。至此，日本策划的“分岛改约”计划失败，其驻华公使愤而离京回国，但琉球问题未决。1882年2月，黎庶昌继任驻日公使后，继续与日本交涉琉球问题。直到甲午战争以后，因中国战败、台湾被割占，日本终于彻底吞并了琉球。

到第二次世界大战的后期，罗斯福跟蒋介石在开罗谈判的时候，曾经提出过把琉球还给中国。但蒋介石没有要，他说琉球不是我们的，但是台湾我必须要回来。到1944年，美日之间的冲绳岛战役，打得非常残酷，琉球人民也付出了很大的牺牲。战后，冲绳就被美军占领了。美军受联合国的委托，管理冲绳，一直到1971年6月美日之间才达成协定，美国决定把冲绳归还给日本，但是美军可以继续驻扎在冲绳。冲绳的驻日美军基地就是日美之间一个很大的外交问题，到现在也没有得到解决。

**（五）围绕朝鲜问题的中日交涉**

第三个就是朝鲜问题。

明治初期，日本国内在鼓噪“征台论”的同时，就提出了征讨朝鲜半岛的所谓“征韩论”。日本为了解决朝鲜问题，必须向中国进行交涉，因此制定了“日清交涉先行”的方针。这就是日本政府为什么要跟中国签订修好条规、最终又予以批准的一个目的和阴谋，那就是为了压制朝鲜。因为日本认为既然已经跟中国平起平坐了，朝鲜是中国的下属，也就是日本的下属了，这就为征韩创造了极大的外交条件。

1875年4月，日本再次派外务少丞森山茂前往朝鲜，建议对朝鲜采取“最为有效的手段”，即施加军事压力。外务卿寺岛宗则接受了这个意见，并经过太政大臣三条实美、右大臣岩仓具视的批准，与海军大辅川村纯义秘密决定向朝鲜派遣军舰。随后，日本派遣的“云扬”号等军舰，三次侵犯朝鲜汉江口的江华岛、釜山等地，制造了所谓“江华岛事件”。日本遂以此事件的交涉为借口，于12月任命陆军中将兼参议开拓长官黑田清隆为特命全权办理大臣，元老院议官井上馨为副大臣，前往朝鲜。太政大臣训令他们“以缔结和约为主”。此前还任命外务少辅森有礼为驻华特命全权公使，与清政府交涉朝鲜问题。

1876年1月，黑田一行仿照1853年美国培里将军率舰队来航的先例，前往朝鲜。2月11日，开始在江华府同朝鲜的全权代表进行谈判。日方代表将提前拟好的条约初稿强加给朝鲜，并且以即将派军队大举入侵朝鲜相威胁。26日，迫使朝鲜与之订立了《日朝修好条规》12条，通称“江华条约”。这个条约的第一条就规定“朝鲜国为自主之邦，保有与日本国平等之权”，借口强调朝鲜的自立，从而否决朝鲜与清政府的宗藩关系。还规定要在汉城设立日本使馆，强迫朝鲜向日本开放釜山、元山、仁川诸港，日本可向各港口派遣领事并享有领事裁判权等。

同年8月，日本又与朝鲜签订了《日朝修好条规附录》及《通商章程》；9月，日本政府单方面通过了“有关芟除朝鲜宿弊”的公函，为日本掠夺朝鲜的黄金与粮食、迫使朝鲜接受无税贸易提供了便利。翌年1月30日，日本又迫使朝鲜签订了《釜山居留地租借契约》，第一次在釜山设置了日本人“居留地”的“战略要地”。

《江华条约》是日本强加的带有欺骗性质的不平等条约。它虽然打着“修好”的名义，但“实际上是明治政府仿照幕末欧美诸国强迫日本而签订的不平等的安政诸约的条款，将它再转嫁到朝鲜的身上”[①]。日本在自身还受制于不平等条约的形势下，以二十多年前美国迫使它开国的同样手段，迫使朝鲜与自己签订了第一个不平等的条约。这是近代日本继中国台湾之后，在大陆政策上迈出的重要的第二步。

进入十九世纪八十年代，日本加速了在朝鲜半岛的经济与军事扩张行动。1882年7月，汉城发生朝鲜士兵的反日暴动（“壬午兵变”）。日本驻朝鲜公使花房义质逃回国内，要求政府出兵朝鲜。日本出兵进行干涉。8月30日，迫使朝鲜与日本订立《济物浦条约》，要求朝鲜政府惩凶、抚恤、赔偿，并特别规定日本可以在其使馆设置兵员进行警卫，而朝鲜却要负责修缮其兵营。日本因此取得了在朝鲜首都的驻军权，这也是近代日本在台湾撤兵之后，第一次将其军事力量部署在东亚大陆。1884年11月，日本驻朝鲜公使竹添进一郎制订甲、乙两案，后来实施了“发动内乱”的甲案，指使金玉均等开化党发动了“甲申事变”，杀害了主政的闵妃派要人。1885年1月9日，日本又迫使朝鲜与之签订了《汉城条约》，朝鲜再度向日本道歉并支付赔款，还要为日本新建领事馆，并修建“护卫兵营”。

日本在朝鲜半岛的扩张，加剧了清政府的担忧和不安。清廷不得不努力采取对策，在发展对朝鲜贸易的同时，也加强了中国在朝鲜的宗主国地位。康有为曾经提出《保朝鲜策》三项：“吾有力则收为内地，而执其政，中策也；吾无力

① 伊原泽周《近代朝鲜的开港——以中美日三国关系为中心》，社会科学文献出版社2008年版，第97页。

则捐为万国公地，援比利时例，各国共同保护之，此上策也；若内冒藩国之虚名，而外听通商之自主，此下策也，是无策也。”但清廷最终还是以维持宗藩关系现状为主，推行了康有为所批评的“下策”或“无策”，因此在对日交涉中渐居于被动地位。

1883年中法战争爆发后，日本在朝鲜半岛制造事端，趁机加强与中国关于朝鲜问题的交涉。1885年4月，清政府授命李鸿章为全权大臣，与日方全权大使伊藤博文在天津进行谈判。由于日军在汉城战斗中失利，中方在谈判中占有一定的主动地位。伊藤博文接受了李鸿章的提议，双方就共同在朝鲜撤兵达成了意向。但在关键的出兵权问题上，李鸿章依据传统的宗藩关系，强调应朝鲜国王之请，中国可以循旧例向朝鲜派兵，且与日本“无涉”。伊藤博文则以朝鲜与美国所签条约已删除朝鲜为中国属国等字句为由，强调朝鲜的主权，不同意中国对朝鲜拥有派兵权至少是单方面的派兵权。1885年3月，清朝军队取得镇南关大捷，但中法战争尚未结束，为避免两线吃紧，清政府采取了息事宁人的态度，最后接受了日方的要求。1885年4月18日，双方签署了《天津会议专条》，规定：“一、议定中国撤驻扎朝鲜之兵，日本国撤在朝鲜护卫使馆之兵弁，自画押盖印之日起，以四个月为期，限内各行尽数撤回，以免两国有滋端之虞。二、两国均允劝朝鲜国王教练兵士，足以自护治安。又由朝鲜国王选雇他外国武弁一人或数人，委以教演之事。嗣后中日两国均无派员在朝鲜教练。三、将来朝鲜国若有变乱重大事件，中日两国或一国要派兵，应先互行文知照，及其事定，仍即撤回，不再留防。”

《天津会议专条》签订之后，7月，中日两国军队撤离朝鲜。由于中方的轻易让步，使得上述共同派兵的条约第三款得以成立。这对于刻意寻机出兵朝鲜以达成扩张目标的日本来说，终于从中方得到了法理“保障”。后来担任日本外相的陆奥宗光，在其《蹇蹇录》中，曾不无得意地评价道：“该约确为表示两国在朝鲜权力均等之唯一明文，除此则中日两国间并无任何保障存在。……中国政府不能不撤回其朝鲜之驻军，且将来不论如何欲派遣军队于该国时，不能不以公文照会日本。该政府订结有如此条款之约，殆受一大打击。而从来中国所唱属邦论之理论，亦因之大灭杀其效力，则已无丝毫可疑之点矣。”

《天津会议专条》之后，日本厉兵秣马，准备在朝鲜问题上再次与中国政府进行较量。这就是十年后的甲午战争。

## 三 甲午战争的爆发、经过、结局与影响（1894—1895）

甲午战争的爆发，跟近代日本的大陆政策有很大的关系。近代日本完成了明治维新的近代化，1889年实施《明治宪法》之后，开始向海外扩张。因为日本国家很小，资源有限，必须向外扩张，走帝国主义的老路。1890年，日本的山县有朋首相在国会发表了一个著名的演说，正式提出日本国家发展的两条线，第一条是“主权线”，日本本土这几个地方是其主权必须保护的，谁也不能侵犯；第二条是日本要发展自己的国家权益也要有“利益线”，日本利益线的焦点在哪里？就在朝鲜半岛。山县有朋首相的演说，标志着近代日本大陆政策的正式形成和明确提出。

经过1884年朝鲜的甲申政变，日本与清政府签订《天津会议专条》之后，扩军备战，最终准备跟清政府打一仗，来解决朝鲜的归属问题。为此，日本各方面都磨刀霍霍，做了积极与周密的准备，并派遣各种人员收集中国各种各样的情报。但此时的中国，却安于现状而不自知，伊藤博文当时就嘲讽说中国这头狮子又睡了。

1894年，是中国农历的甲午之年。这一年的春节后，恰恰赶上了慈禧太后的六十大寿。她的大寿，被当作清廷的头等大事，要举国大庆，君民同欢。慈禧太后当年所在的圆明园早已经被烧毁了，重修无望，她就重修颐和园。因为重修颐和园需要相当的经费，他们就把北洋海军的大部分经费挪用来修建颐和园。中国的北洋海军，当时虽然已经很有实力了，但是要打败日本海军，还是需要更好的军舰和火炮，却没有钱来增添和维护。

就在这一年春天，朝鲜半岛突发了两个事件。一个是亲日派分子金玉均在朝鲜被处决，日本国内随即掀起了反朝、反华的气焰，大造舆论。还有一个事件，这年春天朝鲜的农民组织“东学党”发动了起义，义军直指首都汉城。朝鲜政府向中国求援，中国政府应朝鲜政府的要求，让李鸿章派军队去朝鲜，帮助平叛、镇压农民起义。可是按照中日《天津会议专条》的规定，中国政府派兵朝鲜，必须要照会日本政府。日本就以此为借口，也派遣大量海陆军到朝鲜去，但它不是为了帮助朝鲜政府，而是为了对付中国军队。

待到朝鲜农民起义被镇压之后，两国按约都应该撤军了。但是，日本却以各种理由，拒不撤军，赖在朝鲜半岛。日本不但自己不撤军，还在中国撤军的时候，公然袭击中国的军队。1894年7月25日，在丰岛海面上，日舰炮袭中国军舰，正式向中国开战。

清政府忍无可忍，8月1日正式对日宣战。日本明治天皇接着也正式对清政府宣战。这样就爆发了中日甲午战争，日本叫“日清战争”。所谓“日清战争”，应该说这是日本借口朝鲜半岛而对中国发起的侵略战争。从两国的宣战诏书上看，可以说中国纯粹是为了保护朝鲜而战，但是日本的诏书说得很清楚，是为了朝鲜而跟中国开战。

开战后，日本海陆两军同时进攻中国的军队。9月17日的黄海海战，天昏地暗一直打到晚上，北洋海军邓世昌的致远舰被打沉了，邓世昌带着他的爱犬一块沉了大海；日本的军舰也受到严重的损伤，退回去了。这次黄海海战，中日两国海军打了个平手，并不是中国完全失败，也不能说日军完全胜利。但黄海海战打完之后，中国海军奉命退回了威海卫，不再主动出战。

日本陆军派了两个军，一军和二军在朝鲜半岛追着中国军队打，打下朝鲜之后，继续分兵打中国的辽东半岛，占领旅顺，对旅顺城进行大屠杀，仅留了36个人幸免于屠杀，让他们埋中国人的死尸。

日军打下了辽东半岛之后，接着又进犯山东半岛。日本陆军登陆山东半岛之后，配合海军攻打北洋海军，北洋海军龟缩于威海卫的刘公岛，被日本海军围攻，北洋舰队提督丁汝昌自杀，日军彻底占领了威海卫。与此同时，日本还派出了海军，攻打中国台湾的澎湖列岛。到1895年3月，中国的陆军溃败，日本占领了辽东半岛，随时准备进攻中国的首都北京和直隶省。

面对这种情形，清政府只好派出使节，到日本去求和。中国政府最初派出的使节级别不太高，日本很不高兴，说必须让李鸿章来。于是清政府按照日本要求，派出李鸿章到日本的马关去进行求和谈判。日本首相伊藤博文、外相陆奥宗光，在马关的春帆楼，跟李鸿章使团进行了谈判。谈判期间，李鸿章从他住的宾馆前往春帆楼谈判的路上，被日本武士刺伤。这个事因为影响比较大，使日本国际影响受损。据说因为此事，最终日本在谈判桌上也做了让步，把原先要求赔偿的3亿两白银减为2亿。双方最终在4月17日签订了《马关条约》。

《马关条约》的主要内容，包括四个方面。

第一个方面就是朝鲜从此要自主。朝鲜能自主吗？那就是中国你别再管朝鲜的事了，这就为日本继续干预朝鲜提供了借口和条件。

第二、三个方面就是作为战败国，中国跟以前一样，要对日本割地、赔款。首先割让辽东半岛，这是日本打下来的地方；再割让台湾岛以及澎湖列岛，这个日军没怎么打，但日本说丝毫不容商量，而且是永久割让，要不就要进攻中国的直隶，清政府只好同意了。在赔款方面，规定中国要赔款2亿两白银。

第四个方面规定，中日以前的条约一概作废，从而达到了日本此前的修约目的。中日今后的条约，就要以中国跟西方国家签订的条约为蓝本进行谈判缔约，也就是说中国跟西方国家签的什么条约，也要跟日本签什么条约。由此，日本彻底实现了二十多年前向清政府提出的缔约要求。

《马关条约》是个城下之盟。李鸿章是败军之将，又带着自己的儿子和美国顾问去求和，还被日本的武士给刺伤了。从内容上看来，这是个不平等的条约；从日本提出的各种要求来看，相比于中国此前跟西方列强签订的不平等条约，它又是一个最为刻毒的不平等条约。

《马关条约》签订后，光绪帝一度还幻想拒绝签署，但最终还是批准了。1895年5月8日，在烟台，中国与日本交换了条约的批准文书，这个条约从此就生效了。

《马关条约》规定中国割让辽东半岛后，威胁到了俄国在远东的利益，俄国就联合了德国和法国这两个欧洲大陆的国家，共同向日本施压进行干预，并说不惜与日本开战。日本在甲午战争中打败中国已经很费力了，无力再跟这三国开战，明治天皇只好接受了三国的劝告，把辽东半岛还给中国，但是中国政府要赔钱赎回。此后中日又签订了一个《中日辽南条约》，中国再赔款3000万两白银，收回了辽东半岛。这就是三国干涉还辽的事情。

除了上述赔款之外，日本还有一个要求就是规定了清政府还款的优惠条件。如果三年之内还清，就不要利息了；如果不行，之后每年是5%的利息往上滚。清政府当年的岁入只有8000万两白银，为了换取日本的利息优惠，不惜举借外债来还款，终于在三年内还清了。这期间，日本为了监督中国政府执行条款，在占领了威海卫之后，日本的军队就在那里继续待着，执行监督任务，而且中国政府还要掏钱，一年掏50万两白银养着日军。日军一共待了三年才撤军，清政府为此又支付了150万两的白银。因此，中国政府的马关赔款，实际数目应该是2亿3150万两白银。

甲午战争期间，日本在割占中国台湾与澎湖列岛的同时，还窃取了中国的钓鱼岛。钓鱼岛无论从历史、地理与法理上，都是中国的领土。日本在甲午战争期间，即1895年1月，其内阁秘密通过了一个决定，要把钓鱼岛编入日本的领土，成为“尖阁列岛”。但是这个决定一直没有公开，当时外界都不知道，战后很长时间才被公开。这不是窃取又是什么？日本是借甲午战争打败了中国，直接窃取了中国的钓鱼岛，其行为当然是非法的。

日本割占中国台湾和澎湖列岛之后，派兵进占台湾岛。1895年6月17日，日本政府正式在台北设立台湾总督府，从此就把台湾变成了日本的殖民地。

甲午战争时间虽然很短，双方只打了半年多，但它的影响是非常大的。它是近代中日关系“逆转”的一个标志性的历史事件。如果说以前的半个多世纪，中日还是平等的竞争关系，此后则是不平等的关系了。以前中国是日本的老师，那么以后中国就变成日本的学生，日本变成中国的老师了。甲午战争也可以说是近代中日关系的一个历史拐点，日本由此发展为一个军事封建帝国主义的东方强国，中国则继续沦落为半殖民地的弱国，中华民族面临着亡国灭种的严重危机。

从东亚世界来看，甲午战争以后也发生了巨大的改变。中国及其藩属国的宗藩体系不再存在，另外一个新兴的日本帝国崛起，东亚世界的国际关系格局彻底改变了。这是我们所说的甲午战争的重要影响和对世界历史的意义。

## 四　日本侵华行动的加剧（1895—1931）

甲午战争之后到抗日战争之前的三十多年间，是日本进一步实施大陆政策，并加剧侵华行动的阶段。期间，日本主要的侵华行动有以下四件大事。

第一件就是日本加入了侵略中国的八国联军。1900年庚子年，为了镇压中国的义和团运动，由日本参与的“八国联军”入侵中国，占领了天津和中国的首都北京，迫使中国政府在1901年9月7日签订了不平等的《辛丑条约》。

日本在八国联军中，出兵数量最多，且在八国联军的进攻作战中，充当了先锋和主力。《辛丑条约》共有11个国家与清政府签订不平等条约，分别是参加联军的8个国家以及因使馆在北京而受到影响的西班牙、比利时、荷兰这3个国家。条约规定中国要赔款4.5亿两白银，而且要在47年内还清，利息也相当高，这叫“庚子赔款”，日本因此分得了一部分赔款。列国为了监督清政府执行这个条约，要在北京到山海关的铁路周边派驻军队，日本就派出了一个军队叫“清国驻屯军”，司令部设在天津，又简称“天津军”。这是近代日本第一次在中国大陆派驻军队，这个军队就是后来挑起“七七事变”的日本部队。日本还追随英、美两国，迫使中国续签了通商行船条约的条款，继续满足它在商约上对中国的更多要求。

第二件就是在发生甲午战争的十年后，日本和俄国也开战了，爆发了日俄战争。日本对俄国开战的理由是为了解决两国之间的满韩问题。由于俄国带头干涉，日本被迫归还辽东半岛给中国，日本跟俄国也种下了仇。随后俄国又强租了旅顺和大连，并建设了联结西伯利亚大铁路的中东铁路。俄国在朝鲜半岛扩张势力，也使得日本非常不快。1904年2月10日，日本正式对俄国宣战，日本的陆军海军对俄军作战，并最终取得了胜利。战场主要是在中国的辽东半岛打的，但清政府也不介入，采取了局外中立的态度。战争打到最后，美国人出来调停，日俄两国的代表在美国的朴茨茅斯，经过谈判签约，就是《朴茨茅斯条约》。据此，俄国要将在中国的辽东半岛的权益转让给日本，但要经过中国政府的同意。日本随后马上派团赴北京，强迫清政府签订了关于东三省的条约，承认了俄、日之间的上述转让，并扩大了日本在南满的权益。一个原本中立的中国，最终却落得了战败国的下场。

日俄战争之后，日本重新占领了中国的辽东半岛，将其作为“南满”。在旅大租借地建立了关东都督府，又把俄国在南满的中东铁路收回，成立了“满铁”公司，并建立了看护旅大租借地与南满铁路的部队“关东军”。以此为据，日本建立了在南满洲的势力范围。后来，日本又跟俄国共同瓜分了在南、北满洲的势力范围。

俄国被打败后，彻底退出了在朝鲜半岛的势力，朝鲜只有被日本一国单独控制了。1910年8月22日，朝鲜被日本吞并，从此变成了日本的殖民地。日本仿效在中国台湾的殖民统治模式，在朝鲜设立了朝鲜总督府，并建立了朝鲜军来控制朝鲜半岛。

日俄战争和甲午战争相隔正好十年。明治时代这两场前后关联的对外战役，对于近代日本的崛起，具有重要的历史意义。日本既打败了老大的中国，又打败了东方陆上最强大的帝国主义国家俄国，从此日本帝国就可以做东亚的霸主了。

第三件就是参加第一次世界大战。1914年7月爆发第一次世界大战之后，日本以日英同盟为借口，积极参加战争，跟德国作战。德国当年是参与三国干涉还辽的国家之一，此后又在中国的山东建立了势力范围。日本不顾中国的局外中立方针，出兵中国。先派陆军登陆山东半岛，占领潍县后西进济南，然后沿胶济铁路东进，与日本海军一起，在英军的配合下攻占了胶州湾。日本侵占山东之后，继续在胶州湾实施军管的殖民统治，不但不准备撤兵，而且借机正式向当时的袁世凯政府提出了更大更多的侵华要求。

1915年1月18日，日本驻华公使日置益，向袁世凯正式提出了对华的“二十一条”要求，并要求袁世凯严格保密，准备谈判。中日两国政府经过多次谈判，5月7日，日本以“最后通牒”的方式，要求中国必须接受日本的条约。袁世凯政府被迫在5月9日接受其要求，5月25日跟日本签订了基于“二十一条”要求的“民四条约”，主要是日本继承并扩大德国在中国山东的一切权益，日本扩大其在满蒙的权益以及中日合办汉冶萍煤铁厂矿有限公司等。在该条约中，日本原来的第五号要求除了福建一条之外，实际上中国都是没有接受的。因此可以说日本的“二十一条”不等于条约，这是一个基本的历史常识。

1918年11月11日，第一次世界大战结束，德国为首的同盟国被打败。1919年初，在战胜国召开的巴黎和会上，中国政府代表团提出了废除日本“二十一条”以及收回山东的正当要求，但是被和会拒绝讨论，大会决定把德国在山东的权益转给日本。中国国内为此爆发了“五四运动”。受其影响，中国代表团最终没有在6月28日的巴黎和约上签字。这个条约决定对于中国就是无效的，山东问题因此成为“悬案”。

1921年底，美国政府召集了华盛顿会议，讨论与解决远东问题。中国政府又派出庞大的代表团参会，再次提出了废除日本“二十一条”的要求。与会的九国通过了关于中国问题的公约，在英美两国的调停下，中日两国举行了关于解决山东悬案的谈判并签订了草案。会后，经过两国政府的谈判与订约，中国政府在1922年12月收回了山东的主权，但是日本仍保留了若干权益。

1923年，俄国强租旅大的25年到期了，但由于“民四条约”中日本把旅大的租期延长到99年，于是中国东北民众及国会提出了废除条约、按期收回旅大的要求，中国政府向日本政府提出了废约要求，但日本政府拒绝回应。这样，日本继续以上述的不平等条约，来维护其所谓的满蒙权益。

第四件就是日本为分离满蒙而出兵山东、制造皇姑屯事件。一战结束，华盛顿会议之后，日本在中国问题上被迫采取列强的协调方针。但是，日本又利用张作霖奉系军阀集团的崛起与发展，通过对其的支持与勾结，不断扩展自己在中国东北的权益。

1925年以后，奉系军阀逐渐掌控了北京政府。与此同时，中国的南方在国共合作之下开始了国民革命运动，北伐战争推进到长江流域，奉系军阀的统治岌岌可危。面对这样的形势，上台不久的日本田中义一内阁于1927年6月召开了东方会议，确定了分离满蒙的对华政策。会后，田中首相将此上奏给昭和天皇，其中提出了“欲征服世界必先征服中国、欲征服中国必先征服满蒙”的方针，这就是臭名昭著的“田中奏折”，它再次暴露了日本帝国主义对外侵略战争的路线。

为了维系奉系军阀的反动统治和满蒙权益，日本田中义一内阁不惜强行派兵，干预中国的国民革命。1928年4月，蒋介石率领国民革命军进行二次北伐，到达山东之后，日本政府决定出兵进行干预，日军于5月3日制造了济南惨案，杀害中国军民1万余人，并对奉系军阀提出了警告。日本前后三次出兵山东，直到1929年5月才撤军。

蒋介石忍辱负重，率军绕道北伐，在国民革命军进逼京津之际，张作霖被迫退出关外。6月4日凌晨，张作霖乘坐的专列行至沈阳近郊的皇姑屯车站时，关东军高级参谋河本大作指挥引爆预埋的炸药，张作霖被炸成重伤，抬回后不久死亡。张学良回到东北以后，集家仇国恨于一身，摆脱日本的阻挠，于1928年底宣布东北三省“改旗易帜”，服从国民政府。日本分裂满蒙的企图，最终遭到了挫败，于是他们开始酝酿一个更大的侵略中国的阴谋。

## 五　日本侵华战争与中国抗日战争（1931—1945）

从1931年“九一八事变”开始，日本从局部到全面，发动了对中国的侵略战争。战争期间，日本有所谓“满洲事变”“华北事变”“中国事变”之称呼。1941年发动大东亚战争后，把“中国事变”也纳入其中。日本既称作“事变”，又没对中国正式宣战，企图以此来模糊和掩盖其侵略本质和战争性质。战后，日本学界经过讨论，在二十世纪八十年代提出了较为普遍接受的“十五年战争史”以及“太平洋战争史”等概念。

中国的抗日战争在相当长一段时间，被称为“八年抗战”，因为从1937年到1945年正好是八年。二十世纪八十年代以后，逐渐有中国学者不断提出中日战争从“九一八事变”算起，应是十四年。学界现在一致认定，中国抗战史应为十四年。

这段历史，一般又被划分为两个阶段：第一个阶段是从“九一八事变”到“七七事变”，这是日本局部侵华和中国局部抗战的阶段；第二个阶段是从“七七事变”开始到日本投降，这是日本全面发动侵华战争与中国抗日战争胜利的阶段。

在第一个阶段，日本首先发动了侵略中国东北地区的“九一八事变”，到1932年2月5日侵占哈尔滨，日军在4个多月的时间里，侵占了中国东北三省110多万平方公里的领土（相当于日本本土面积的四倍左右）。1932年3月，日本扶植成立了以溥仪为首的伪满傀儡政权。1933年2月，日军又侵占了热河，并将其纳入伪满洲国。

“九一八事变”以后，张学良的东北军奉行了不抵抗主义，马占山一度领导了江桥抗战。东北人民组织了抗日义勇军，奋起抵抗。中国共产党组织领导的东北抗日联军，在白山黑水之间的广大地区展开了艰苦卓绝的抗日斗争。东北人民揭开了中国人民十四年抗战的序幕。在日本随后制造的“一·二八事变”及热河—长城作战中，国民党部分爱国将领领导军队，开展了淞沪抗战、长城抗战。冯玉祥将军组织了察哈尔抗日同盟军。

1935年，日本制造“华北事变”，企图分裂中国华北五省，中华民族到了最危险的时候。中国共产党发表了抗日救国的“八一宣言”，领导了“一二·九”抗日救亡运动。在日本继续加紧侵略华北的形势下，中国共产党倡导的抗日民族统一战线受到全国人民的拥护。绥远抗战的胜利以及两广事变、西安事变的和平解决，促进了国民党政府转变政策，走向抗战。

第二个阶段开始于1937年7月7日的卢沟桥事变。“七七事变”爆发以后，日本最初定名为“华北事变”，打着“不扩大”和“就地解决”的幌子，不断调兵遣将，7月底开始发动进攻，很快就占领了天津和北平。8月13日，日军在上海再次发动“八一三事变”，不久就定名为“中国事变”，并放弃了“不扩大”方针，一场从华北开始的全面侵华战争拉开了序幕。

中国在全面抗战爆发后，国共实现了第二次合作，抗日民族统一战线正式形成。中华民族开始了举国抗战。中国军队在华北、华东地区的抗战，打破了日军三个月灭亡中国的神话。日军占领当时的首都南京之后，制造了震惊中外的大屠杀，中国有30万以上同胞遇难。在日军占领广州、武汉之后，其侵华战争的战略进攻也达到了顶峰，战争转入相持阶段，日本主要依靠伪政权来维系在占领区的统治。

在持久战的战略方针指导下，中国国民党和中国共产党分别在广大的正面战场与敌后战场，顽强抗击侵华日军。中国共产党领导下的敌后抗战，渡过了最困难阶段，发挥了中流砥柱的作用。1941年12月太平洋战争爆发以后，中国加入世界反法西斯同盟，共同抗击日本法西斯，中国战场成为第二次世界大战的东方主战场。伴随着世界反法西斯战争的胜利，中国人民终于迎来了抗日战争的胜利。1945年8月15日，日本宣布投降。9月2日在东京向盟国签署了投降书。9月3日成为中国人民抗日战争胜利的纪念日。9月9日，侵华日军在南京向中国政府投降。1945年10月25日，台湾光复。

抗日战争的胜利，是近代以来中华民族反侵略战争取得的第一次伟大的胜利。由于抗日战争的胜利，中国奠定了作为世界大国的地位，成为联合国的五个常任理事国之一，参与了战后国际秩序的构建。在近代以来中华民族伟大复兴的历程中，抗日战争的胜利也是一个历史转折点。

全面抗战爆发以后，北平的北京大学、清华大学以及天津的南开大学，被迫辗转到云南昆明，共同组建了“国立西南联合大学”。抗战胜利后，三校开始复员与复校。1946年5月4日，冯友兰先生在为西南联合大学撰写的纪念碑文中说道：“举凡五十年间，日本所鲸吞蚕食于我国家者，至是悉备图籍献还。全胜之局，秦汉以来所未有也。……旷代之伟业，八年之抗战，已开其规模，立其基础。今日之胜利，于我国家有旋乾转坤之功。”把抗日战争胜利的伟大历史意义及其历史转折作用，进行了很好的阐述。

## 六 两次中日战争的比较与近百年中日关系的思考

以上，我把从甲午战争到抗日战争的主要历史事实，给大家简单地讲述了一遍。对于这两次战争，我们还可以进行一些纵横方面的历史比较。北京大学历史系王晓秋老师1995年在《北京大学学报》发表的一篇论文，对此进行过深入的研究，很值得参考。王文指出，可以从两次战争的性质、目的、手段等方面进行比较；也可以从两次战争中国胜败的因素方面作一些比较，比如战略战术的不同，民众因素、国际因素等的不同。在此就不再重复了。

最后想谈的一个问题是跟两次战争相关的近百年中日关系的历史。我们应该看到，近百年中日关系不仅仅、不完全都是战争的内容，但是毫无疑问，战争又是其中最主要的内容。那么，从两次战争的视角，如何看待近百年中日关系呢？因为在中日学界，迄今也有很多不同的看法。

所谓近百年中日关系，一般而言是从1840年到1949年，或者到中国抗战胜利的1945年。这是一般的划分法，其实主要是以两次中日战争为依据的。但是我认为，近代以来中日两国的关系，毕竟是要靠条约来加以规定的。因此，也可以将规范两国国家关系的条约作为一个视角，来审视近百年的中日关系。1871年的《中日修好条规》、1978年的《中日和平友好条约》，这两个条约，正好也相差一百多年。笔者在《社会科学辑刊》2019年第3期发表过一篇论文，就是以这两个条约为依据来谈这个问题的。文章发表后不久又被《新华文摘》全文转载。因此，我想不揣重复，就把这篇论文的主要内容放在这里，作为我对于近百年中日关系史的一个总结与回顾吧。

### （一）由平等到不平等：从《修好条规》到《马关条约》

十九世纪中叶，中日几乎同时步入“近代”；两国并分别以洋务运动与明治维新，开始了“近代化”的历史过程。中日两国的近代外交关系，也就在这个历史背景之下展开。

1870年7月，日本政府按照“日清交涉先行”的方针，派遣外务权大丞柳原前光赴华交涉。他在9月27日到达天津后转呈的致总理衙门的书信中称：“我邦近岁与泰西诸国互订盟约，共通有无；况邻近如中国，宜最先通情好、结和亲。而唯有商舶往来，未尝修交际之礼，不亦一大阙典也乎？”日本隐瞒了对朝鲜的交涉，也没有提及两国古来交好的事实，而是按照近代国际条约体系的交际模式，企图将西方列强强加于自己的不平等条约，发展到与中国缔结的条约之中。

总理衙门首先委婉谢绝：10月3日复照云：“中国与贵国久通和好，交际往来，已非一日。缘贵国系邻近之邦，自必愈加亲厚。贵国既常来上海通商，嗣后仍即照前办理，彼此相信，似不必更立条约，古所谓大信不约也。”清政府念及与日本的旧好，又区别于双方与西方列强的既有关系，企图继续坚持传统的交往方式而不订约。但在曾国藩、李鸿章等人的建议下，总理衙门改变了态度，于10月31日照会日方，请其特派使臣到天津，与中国钦派大臣“会议章程，明定条约，以垂久远，而固邦交”。

1871年6月，日本政府派遣大藏卿伊达宗城为全权特使，赴华进行谈判。日本使团到达天津后，与清政府任命的全权大臣李鸿章，开始了缔约谈判。最初，日方仍主张按照中国与西方各国的成例，以1861年的中德（普鲁士）条约为蓝本，拟订了条约的草稿，企图在中国获取与欧美列强同等的特权。中国代表团对此断然拒绝，坚持按照中方的既定草案进行谈判。最终在中方草案的基础上，达成了协议。9月13日，在天津签订了《中日修好条规》18条、《中日通商章程》33条。

《中日修好条规》首先在序言中称“大清国、大日本国素敦友谊，历有年所，兹欲同修旧好，益固邦交”，接着就在第一条中规定“嗣后大清国、大日本国倍敦和谊，与天壤无穷”。这些文字，重复了两国“友谊”“和谊”的“旧好”，表明了今后愈加巩固友好关系、发展邦交的意愿。这既是对于古代中日关系的回顾性总结，也是对于近代中日关系发展的展望性规定。尽管其具体内容以及同时签署的《中日通商章程》所规定的完全是近代意义上的国家关系，但是，它突出强调的“友好”主题，反映了中日两国在受制于西方列强逼签不平等条约的情形下，以平等条约发展近代关系的考虑。

《中日修好条规》签订后，因其中的第二条引起了西方国家的疑虑，日本政府决定暂缓批准，并在1872年3月派遣柳原前光第三次来华， 5月柳原前光在天津向李鸿章提出了修改条约的要求，但被中方拒绝。日本政府最后只好批准了此条约，并在1873年2月任命外务卿副岛种臣为特命全权大使，于4月20日到达天津，30日与李鸿章举行了《中日修好条规》的换约仪式。该条约从此正式生效。

然而，自始即对与中国订约抱有特殊考虑，并企图以此来拆解东亚“宗藩体系”的日本政府，企图继续修改条约。随后，日本通过相继制造的台湾事件以及围绕琉球问题的对华交涉，开始了打破该条约的历程。在琉球问题的交涉过程中，日本曾经企图以“分岛”为名，达到“改约”的目的，但未成功。1883年3月24日，日本外相井上馨命令驻华公使榎本武扬，以1873年起生效的《中日通商章程》届满十年为由，向中国政府提议修改此条约，但中方未予回应。1886年3月，日本政府命令新任驻华公使盐田三郎再次向中国政府提出修约，但仍然无果。

日本于1871年9月签订《中日修好条规》之后的近二十年间的改约夙愿，在甲午战后终于得以实现。战后于1896年接替李鸿章办理对日商约交涉的张荫桓，曾在3月8日的奏报曰：“同治年间所订日本修好条规，限制较严，日本以为较西国约章相形见绌，心怀怨毒垂二十年。兵衅一开，旧约遂废。”这道出了日本的意图。

甲午战争爆发后，1894年7月28日，北洋大臣宣布“暂停日本通商”；31日，清政府照会日本驻华使馆：因日军7月25日发动牙山海战，“两国修好之约从此废弃”。日本打败中国之后，1895年4月17日，迫使中国政府在日本马关签订了《讲和条约》，简称《马关条约》。该条约虽然在序言中仍宣称“大清帝国大皇帝陛下及大日本帝国大皇帝陛下为订定和约，俾两国及其臣民重修平和，共享幸福，且杜绝将来纷纭之端，……”但是，其各项内容的严苛规定，则毫无和平、友好之体现；非但如此，还在第六条中规定“中日两国所有约章，因此次失和，自属废绝，……其两国新订约章，应以中国与泰西各国现行约章为本。”如此，日本就以《马关条约》废除了此前的《修好条规》等所有对华平等条约，而规定今后要与中国签署与西方列强一样的不平等条约。

还在与俄、德、法三国交涉还辽之时，日本就急不可耐地要求将与中国实现商约之换约，作为还辽的条件之一。根据《马关条约》有关规定，日本于1895年12月迅速展开了《通商行船条约》的交涉，并于1896年7月21日正式签约。但在该条约第一个十年有效期尚未到期之际，日本参与八国联军侵华战争，并于1901年11月与英美等国共同逼签了《辛丑条约》。根据该约有关规定，日本又伙同英美列强，于1902年6月展开对华商约交涉，并于1903年10月8日签订了《通商行船续约》。这两个前后相连联的商约，实际上构成了《马关条约》的续约。

以《马关条约》及其上述商约的签订为标志，近代日本对华不平等条约体系基本形成。由于这些不平等条约的签订，近代以来半个多世纪的中日两国平等关系，在甲午战后就“逆转”为不平等的国家关系。甲午战争，实为近代中日关系的一大转折。

在接下来的半个世纪里，日本不断地发动侵华行动和战争，继续通过一系列不平等条约，构筑了不平等的两国关系。

**（二）中日不正常关系的半个世纪**

1914年8月第一次世界大战在欧洲爆发，日本视之为大正时代之“天祐”，迫不及待地以“日英同盟条约”为由，迅速对德国宣战，并出兵占领了山东。随后于1915年1月18日，向以袁世凯为首的北京政府，提出了对华“二十一条”要求；并以“最后通牒”的方式，迫使北京政府于5月25日签订了基本接受其“二十一条”要求的“民四条约”。

“二十一条”暴露了日本独霸中国的大陆政策的真实面目。中国人民以北洋政府接受其最后通牒之日为“国耻日”，开始了反日运动。一战结束后，作为战胜国的中国政府派出的代表团，分别在巴黎和会与华盛顿会议上，提出了废除“二十一条”的要求，但均为日本拒绝。“山东悬案”解决之后的1923年，北京政府以旅大租借期25年届满为由，3月10日由外交部照会日本驻华公使，再次要求日本政府废除基于“二十一条”而签订的“民四条约”等，但日本外相3月14日照会中国驻日代办称：“此实出于日本政府之意外，且颇为遗憾者也。”对于中国政府收回旅大之要求“实无酬对之必要”。日本对于臭名昭著的“二十一条”及其条约，非但不予废除，反而在华盛顿会议之后，于“满蒙问题”上变本加厉，激化了他们与奉系军阀集团的矛盾，最终在制造“皇姑屯事件”之后又发动了“九一八事变”，并通过扶植伪满洲国傀儡政权，侵占了中国东北及内蒙古东部地区。“二十一条”实为民国时期中日关系不断恶化之“癌”。

1937年日本从“七七事变”后开始发动了全面侵华战争，侵占中国首都并制造了惨绝人寰的南京大屠杀。1938年初，日本政府宣布“不以国民政府为对手”。等到汪精卫集团叛国投降之后，1939年12月迫其签订了超出“二十一条”要求的卖身契——“日汪密约”。以此密约为基础，日本在汪精卫伪国民政府成立之后的1940年11月30日，与其签订了“基本关系条约”；后来又在发动太平洋战争之后的1943年10月30日，与其签订了日华“同盟条约”。作为民国时期日本在华最大的不平等条约，它们在一定程度上实现了日本的“二十一条”要求，也是近代日本大陆政策最终得以实现的标志。

1941年12月9日，中国政府正式对日宣战，并在《对日宣战文告》中宣布：“所有一切条约、协定、合同，有涉及中、日间之关系者，一律废止。”至此，近代以来自《马关条约》开始、包括根据“二十一条”所产生的“民四条约”等所有的中日不平等条约，被中国政府宣布彻底废除。

在中国抗日战争和世界反法西斯战争不断取得胜利的情况下，1943年12月1日，中、美、英三国首脑通过、斯大林同意发表的《开罗宣言》规定：“使日本所窃取于中国领土，如满洲、台湾、澎湖列岛等，归还中国。”1945年7月26日，中、美、英三国发表了促令日本投降的《波茨坦公告》，宣布：“《开罗宣言》之条件必将实施。”8月8日苏联宣布参加《波茨坦公告》。8月15日，日本天皇发布“终战诏书”，宣布日本政府“通告美英中苏四国愿接受其联合公告”。9月9日，向中国政府签订了投降书。10月25日，台湾光复，回归祖国。

至此，日本帝国主义被迫放弃了自甲午战争以来通过不断发动侵略战争及其后签订的一系列不平等条约而窃取的中国领土、攫取的在华权益，随着中国大国地位的确立，近半个世纪以来不平等的中日关系局面也宣告结束。

### （三）由不正常到正常：战后中日关系的演化与《和平友好条约》的签订

第二次世界大战以后，中国国内很快陷入内战的局面。中国政府对于战后日本问题的处理，虽然参与国际处理并解决了一些战争遗留问题，还发表了关于对日和约的意见，但是，随着国民党政府在大陆的迅速覆亡而告终。

1949年10月1日中华人民共和国成立以后，在世界冷战的国际形势影响之下，新中国在外交上采取了“一边倒”为主的方针，日本仍处在美国的军事占领之下，两国之间的关系长期处于不正常的状态。

1951年9月8日，美国操纵召开了旧金山会议后，与日本签订了片面的“旧金山和约”；1952年4月28日，该条约生效之日，又操纵日本与退居台湾的国民党当局签署了所谓的“和平条约”。对此，中华人民共和国政府认为它们是非法和无效的。在这样的不正常情况之下，中日两国之间只有发展“民间外交”。

在中日两国人民的艰苦努力下，中日恢复邦交终于“水到渠成”。1972年9月25日，日本首相田中角荣访问中国，29日，中日两国政府在北京签署了《中日联合声明》。该声明在序言中首先指出：“中日两国是一衣带水的邻邦，有着悠久的传统友好的历史。”这就明确了“友好”这一中日关系的传统历史主题。对于近代以来由于日本发动战争而带来的中日关系的不正常状态，该宣言通过日本“表示深刻的反省”以及重申充分理解中国政府提出的“复交三原则”的立场。中国政府则宣布“为了中日两国人民的友好，放弃对日本的战争赔偿要求”，双方宣布自即日起结束迄今为止的不正常状态。对于未来中日关系的发展，双方同意在和平共处五项原则的基础上，“建立持久的和平友好关系”；根据上述原则和联合国宪章的原则，两国政府确认，“在相互关系中，用和平手段解决一切争端，而不诉诸武力和武力威胁”。为此，同意进行以缔结“和平友好条约”为目的的谈判。这样，该宣言就规定了中日关系和平、友好的发展方向。

据《中日联合声明》的要求，经过双方“一波三折”的外交谈判过程，1978年8月12日，中国日本两国政府在北京签署了《中日和平友好条约》。10月23日，邓小平副总理访日之际，双方在东京交换了批准文书，该条约从此正式生效。《中日和平友好条约》的历史性意义在于：一是将1972年中日政府的《联合声明》法律化；二是规定了新时期发展中日关系的各项原则。

自《中日和平友好条约》以来，中日关系的发展历时四十余年。这期间，

1998年11月26日中日两国在东京发表的《中日联合宣言》以及2008年5月7日在东京签署的《中日关于全面推进战略互惠关系的联合声明》，在确认1972年《中日联合声明》和1978年《中日和平友好条约》继续有效的同时，又对发展新形势下的中日关系进行了规划。

以上四个政治文件，共同构成了新时期中日关系发展的政治基础。而在其中，《中日和平友好条约》作为新时期中日关系的法律基础，更具有承上启下、继往开来的特殊意义，故尤其值得关注和纪念。

**（四）和平、友好：近百年中日关系的主题**

1978年10月23日，日本首相福田赳夫在东京说：由于《和平友好条约》的签订，“近一个世纪日中关系的不正常状态，终于宣告结束了”。

从1871年9月的《中日修好条规》到1978年8月的《中日和平友好条约》，近百年中日关系的上述历史演变过程，可以给我们如下的启示：

中日两国作为一衣带水的邻邦，“友好”不但是古代悠久的中日关系的传统主题，也是步入近代之初两国最初设定的国家关系的主题，更是战后现代两国人民的共同愿望。在主要由两次中日战争所构成的近代中日关系中，由于日本诉诸武力和武力威胁的侵略行为，破坏了中日友好，恶化了中日关系，使得中日两国长期处于不正常状态。因此，近代中日关系的主题应该就是日本的侵华与中国人民的抗日斗争；而与“战争”相对的“和平”，则是对于近代中日关系历史的“前事”之结、“前车之鉴”。新时期中日两国在继续发展友好关系的同时，突出强调“和平”这个主题，不但是对于上述近代中日关系的历史借鉴，也是两国共同走和平发展道路的国内政治的外部诉求。而在国际条约中具有创举性意义的“反霸”条款，也应该放在这个意义上进行积极的理解，并继续坚持下去。因此，《中日和平友好条约》所体现的“和平”“友好”，作为两国关系发展的永恒主题，既是近现代中日关系的历史总结，也是两国关系继续发展的唯一正确的政治选择。

《中日和平友好条约》签订四十周年之际，2018年10月11日，由中国外文局和日本言论NPO共同实施的第十四届“北京—东京论坛”，发布了《2018年中日关系舆论调查报告》，其结果显示：对于该条约第一条，多数中国受访者认为“应该继续发扬下去”，如支持“缔约双方应在和平共处五项原则的基础上，发展两国间持久的和平友好关系”者占64.9%，支持“用和平手段解决一切争端，而不诉诸武力和武力威胁”者占64.2%，其比率均超过了六成；对于该条约四十年来诸条款的实施情况，83.4%的中国受访者认为在两国中“大部分”或“一定程度”得到了实现。这个调查结果，一定程度上反映了“和平”“友好”的中日关系之主题，已经深入了中国民众之心。

七十多年前，英国首相丘吉尔在二战最困难的“至暗时刻”，曾有句名言：“你回首看得越远，你向前看得也会越远”（The farther backward you can look， the farther forward you will see）。在纪念《中日和平友好条约》签订四十周年之际，我们对于近代以来的中日关系史之回顾与对于未来新时代中日关系的前瞻，应该用得着这句名言。

# 美学和美好生活

北京大学艺术学院　彭锋

【内容提要】

美学的研究对象集中于美、审美和艺术，它们都是一些富有弹性、甚至充满争议的话题，属于美好生活的领域。对于这些问题的澄清，有助于更好地满足人民群众日益增长的对美好生活的追求。本次讲座将重点讲解美学、美、日常生活审美化和美好生活四个话题，期待美学知识能够在提升同学们的生活质量方面发挥作用。

# 作者介绍

彭锋，北京大学艺术学院教授、院长，教育部长江学者特聘教授，中国美术家协会理事、中国文艺评论家协会理事，从事美学、艺术理论、艺术批评、展览策划、剧本创作等研究和实践，出版学术专著14部，学术译著7部，策划“第54届威尼斯国际艺术双年展中国馆”等展览100余次，创作电影剧本《艺术死了》、音乐剧剧本《大红灯笼》、话剧剧本《理由》等9部。

今天我们讲“美学和美好生活”。我先介绍一下什么是美学，然后讲什么是美，这个可能是大家最感兴趣的问题，再讲一讲美学在今天这个时代所发挥的作用。我认为美学在这个时代发挥的作用可能非常大，远远超过了以往的时代，所以美学已经不仅仅是学院里或者是艺术圈里讨论的问题，它有可能跟大家的生活紧密相关，因为它已经渗透到日常生活里去了。最后我们讲一讲美好生活的一些基本要素，主要是我个人的理解和体会。

## 一 什么是美学

### （一）美学的中文翻译

美学这个学科是在十八世纪中期建立起来的，其中一个最关键的人物就是德国的哲学家鲍姆嘉通（A.G.Baumgarten），他在1735年最先使用了Aesthetics这个概念，今天我们把它翻译成“美学”。这个词的本来含义是感性认识，它在字面上跟美没什么关系。1750年，鲍姆嘉通出版了世界上第一本美学书。

我们来看看它的中文翻译，第一个翻译它的人是罗存德（W.Lobscheid），一个传教士，德国人，他最早在1866年编辑出版了一本英汉字典，当时叫《英华词典》。他把Aesthetics这个词翻译成了“佳美之理”和“审美之理”，跟美有了关系，但实际上这个词是跟感官、感觉有关系的，它跟美没有关系。第二个翻译这个词的人也是传教士，汉学家，叫花之安（E.Faber），曾在上海圣约翰大学教书。他用了美国人写的《心灵学》一书作为教材，把其中的Aesthetics这个词确切翻译成美学。他可能是我们见到的最早将这个词确切翻译成美学的人。

还有一种看法，认为美学一词是日本人的翻译，后来传到了中国。日本有一个叫中江兆民的人，他是日本近代思想或者现代思想奠基者，据说他翻译了一百多本书，他把这个词翻译成美学，王国维和康有为等人把这个词从日本引进到中国，于是我们也把它翻译成美学了。因为这个词本身跟美没有关系，而大家都将它翻译成美学，因此有人说译错了。例如有一个美国美学家舒斯特曼（R.Shusterman），他说人们将Aesthetics翻译成美学，有很大的缺陷。它的缺陷在于，限制了这个学科对广大的感性认识领域的关注。Aesthetics不仅要研究美，也要研究丑，因为对于美和丑我们都是用感觉来识别的。总之，凡是我们用感性来判断和认识的领域，都属于美学领域。凡是我们用理性来认识和判断的领域，都不是美学研究的领域。其实，将Aesthetics翻译为美学，并非中国人的独创。前面提到的美国人写的那本《心灵学》，就将Aesthetics理解为关于美的科学了。中国人和日本人的翻译，都受到了美国人写的这本书的影响。总体说来，将Aesthetics译为美学也不能说是完全译错了，因为尽管在字面上它本身跟美没关系，但从历史上来看，很多美学家研究的对象就是美。

### （二）美学的主要定义

美学的主要定义有三个：第一个是美的科学，第二个是感性认识的科学，第三个是艺术哲学。

美，比较好理解，后面还要讲，这里先暂时放一放。感性认识，好像不太好理解，但是如果学过艺术的话，就不难理解了。举一个例子，比如有些人天生对形状敏感，画什么像什么，这就是天赋。还有人对颜色敏感，辨色力强，他的画色彩效果就要好很多。这种感觉多半是天生的，训练可以改善一点，但不能彻底改善。还有音乐的乐感，比如说有人唱歌老跑调，这是乐感不好，乐感也不完全是训练出来的。节奏感也是如此，节奏感不好的人跳舞老踩不到点子上，不是因为他跳舞跳得少，而是因为他节奏感不好。这些属于感觉的东西，绝大部分都是天生的，后天的训练可以改善一部分，但是一般不能产生质的变化。艺术跟感觉关系密切，这种感觉也就是前面讲的感性认识。

艺术哲学指的是用哲学的方式讲艺术。而且无论是美还是感觉，都跟艺术有关。黑格尔晚年的时候专门教授美学课，在他美学讲演录中开宗明义，指出当时人们对美学的三种理解：感性认识的科学、美学和艺术哲学。他认为美学这个学科的名称应该叫艺术哲学，但是既然大家对于感性学已经习惯了，叫它感性学也无妨。但是，需要明确美学研究的对象是艺术中的美。由此可见，美学这个学科的含义从一开始就比较复杂，既是感性学，又是美学，还是艺术哲学。尽管它们三者有密切关系，但是一个学科用三个名称，还是体现了它的复杂性。

**（三）美学的学科位置**

美学学科比较复杂，这从它在学科体系中所占有的位置也可以看得出来。比如在北京大学，哲学系开设美学课，艺术学院也有美学课，中文系也有老师上美学课。别的大学，如中央美术学院、清华大学、中国艺术研究院也都有美学课。当然，不同学校或不同院系所讲的美学课会有不同的侧重，如哲学系更多是讲与真和善并列的美。从这个意义来讲，美学是广义的哲学分支学科中的一个，与此并列的还有研究真的认识论，研究善的伦理学。广义的三大哲学分支学科就是认识论、伦理学和美学这三个。

另外，如果从感性认识的角度来说，美学也是研究人的认识能力和思维能力的科学。研究理性认识的我们叫逻辑学，研究感性认识的我们叫美学。

如果从艺术哲学这个角度来说，它同道德哲学、政治哲学、科学哲学、文化哲学、经济哲学、教育哲学等，一起构成了哲学的应用学科，它是用哲学的方法和观点去研究艺术。总之，美学学科比较复杂，很多交叉，也可以说它是交叉学科。要学好美学不是一件容易的事情，因为你需要哲学的知识，需要各门类的艺术知识，你要懂绘画、懂音乐、懂建筑、懂舞蹈……因此需要学习和体验的事情非常多。

## 二　什么是美

**（一）美是清楚明白的现象**

美是一个大家都感兴趣的话题。常言道，“爱美之心，人皆有之”。但对于什么是美的问题，存在很多争议，有“萝卜白菜各有所爱”的说法。其实，美是清楚明白的现象，我们通常不会弄错。当我们看到古希腊人体雕像时，我们自然的反应就是美。当我们看到古埃及壁画时却会感到古怪。如果让一个小孩子进行选择，他/她也会认为古希腊人体雕像才是美的。其原因就在于，古希腊雕塑追求的就是美，因此它们表现出来是美的就不奇怪了。但是，美不是古埃及壁画追求的主题，古埃及艺术追求的是永恒，它们表现的是事物最有特征的那个方面，换句话说，它们表现的是人们对事物的理解，而不是事物的美。

**（二）影响审美判断的生物学法则**

之所以说美是一个清楚明白的现象，是因为很有可能存在影响审美判断的生物学基础。也就是说，人类的审美偏好一直保留在遗传基因里，这是近来进化论美学的研究成果，而且在工业设计和当代艺术中得到了体现。例如，在地中海岛屿出土的彩陶与中国仰韶文化中的彩陶，在器型与纹样上存在着高度相似性。由于当时的交通和通信技术不发达，很难说是西方的彩陶影响了中国的彩陶，或者中国的彩陶影响了西方的彩陶。一个相对合理的推测是：人类具有共同的审美基因，这使得虽远隔千山万水的人，做出来的彩陶在器型和纹样上却高度一致。我们将这种生物学基础称之为影响审美判断的生物学法则，是全人类都遵守的法则，不论古今中外的人，都会遵守这种法则。再讲一个例子，1993年至1998年，两个苏联艺术家完成了一个大型的绘画项目，名字叫作“人们的选择”。他们到全世界几十个国家做民意测验，调查人们的美丑喜好，根据调查的数据画出不同国家的人们最喜欢的绘画和最不喜欢的绘画，也就是最美的画和最丑的画。结果非常惊人，全世界人民最喜欢的绘画居然差不多是一样的，仿佛有个原型似的。这个原型就是东非大草原的风景。根据进化论美学家的解释，人类在几十万年前在东非大草原完成了进化，我们的遗传基因里还保持着对那个地方的记忆。这样大范围的民意测验不止一次，每次得出的结论都差不多，它们都暗示出人类的审美偏好受到生物学法则的影响。这种影响在今天的全球化工业产品中也可以看得出来。随着全球经济的一体化，人们发现中国人喜欢的产品，美国人也喜欢，日本人也喜欢，韩国人也喜欢。今天的工业设计，也是自觉或不自觉地遵守了审美的生物学法则。

总之，在进化论美学家看来，从更长的历史范围来看，艺术总是美的。即使在某些历史阶段存在追求丑的艺术，它们也是暂时的，随着历史的继续，这些丑的艺术终将被淘汰出局。站在进化论美学的立场，新西兰美学家达通（Denis

Dutton）对丑的艺术进行了有力批判。在他看来，今天被艺术市场捧得火红的当代艺术家，他们的作品完全不美，这是因为他们要保持作品的独一无二性，以便资本运作。这些丑陋的当代艺术作品只是资本运作的道具，根本就算不上艺术，因为它们不美。只有美的艺术才能留存下来，才能经得起历史的检验。

进化论美学家不仅强调艺术是美的，而且强调美是客观的、有标准的。德国美学家沃尔夫冈·韦尔施（W.Welsch）就力图证明人类对于美的偏好是普遍的。在《论美的欣赏的普遍性》一文中，韦尔施明确提出他的主张："所有文化都看重美。所有人都看重美的事物。对美的欣赏是普遍的。"这里的美并不是抽象的观念，而是具体可感的特征。美首先体现在自然景观和人的身体上，其次体现在令人震惊的艺术作品上。韦尔施认为，我们不仅可以欣赏美，而且可以总结出美的模型，比如对于比例、对称、相似性、多样统一等形式的偏爱。韦尔施试图从进化论心理学和神经美学的角度来解释这种美的模型。

在《动物美学》一文中，韦尔施将考察范围从人类社会扩大到动物世界，认为动物世界也存在对美的欣赏现象，因此，"人类美学有可能是从动物美学中发展而来的"。如果人类美学是从动物美学的基础上发展而来的，而动物美学在根本上遵循达尔文发现的适者生存的进化论规律，那么用进化论规律来解释人类社会的审美现象也就是合理的。正因为如此，不少美学家试图用进化论规律来解释人类社会的审美现象。然而，从目前的情况来看，这些解释并不令人满意。人类社会的审美现象要复杂得多，完全用进化论规律来解释难免削足适履、以偏概全。即使是努力建构动物美学的韦尔施也承认，动物世界中不可能有人类社会中复杂的审美现象，不可能有毕加索和约翰·凯奇。尽管人类美学是在动物美学的基础上建立起来的，但是随着文化进化的开始，人类美学就走上了不同的道路，产生了不同的结果。

遗憾的是，韦尔施没有处理人类美学与动物美学之间"似与不似"的关系。他没有追问人类美学中哪些部分受到动物美学的影响，哪些部分是从人类文化独自发展起来的，尤其是没有追问人类美学与动物美学之间的关系，它们为什么相似，为什么不同，这些不同又是如何发展起来的，发展的机制究竟怎样，等等。

无论如何，进化论美学对艺术与美的关系的强调，对美的欣赏的普遍性的推崇、以及根据进化论规律来解释人类社会的审美现象，都会因为过于绝对和狭隘而遭到反对。尤其是当美学家们用遗传基因来解释审美偏好的时候，会引起一个意想不到的严重后果：一些有不同审美偏好的人很有可能会被认为人种不纯而备受压力。总之，无论进化论美学家找到多少证据证明艺术与美有关，而美又与生物本能有关，都无法让人信服这一点：人类灿烂的艺术文明都可以由进化论规律来解释。

**（三）影响审美判断的文化习惯**

除了生物学法则之外，影响审美判断的还有文化习惯。文化习惯的加入，就会导致不同文化中的人有不同的审美偏好。从世界范围来看，以希腊文明为源头的西方文化和以中原文明为源头的中国文化可以形成对照。我们今天所说的东方与西方，主要指的是这两个文化体系。中国美学重神，西方美学重形。“凡人所生者神也，所托者形也。神大用则竭，形大劳则敝，形神离则死。死者不可复生，离者不可复反，故圣人重之。由是观之，神者生之本也，形者生之具也。不先定其神，而曰我有以治天下，何由哉？”（《史记·太史公自序》引司马谈《论六家要旨》）这段话体现了中国美学对神的推崇。

西方艺术追求完美的形。这可以米隆（Myron）《掷铁饼者》为例。这是古希腊时代雅典的雕塑，后来罗马人把它翻新了，表现了完美的形。没有人可以达到这样完美的高度，因为它是符合数学比例的。中国艺术追求十足的神。这可以东汉的击鼓说唱陶俑为例。中国人喜欢生动和十足的“神”，不喜欢完美的“形”。“神”有味道，中国人喜欢十足的“味”。形与神之间的差别特别大。为了把十足的神态充分表达出来，有时需要牺牲一定的形，形状不能做得太完美。西方人为了维持完美的形状，有时候也需要牺牲神态。西方艺术追求数理。通过计算可以算出最美的形状。达·芬奇有一个著名作品《维特鲁威人》，是他算出来的人体比例图。中国艺术追求气象，如梁楷的《李白行吟图》体现的就是高古和空灵的气象。

米隆　《掷铁饼者》

东汉　击鼓说唱陶俑

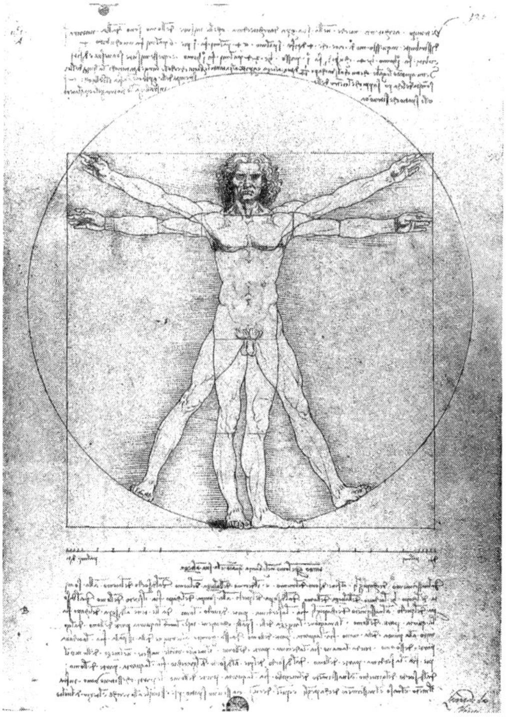

达·芬奇　《维特鲁威人》

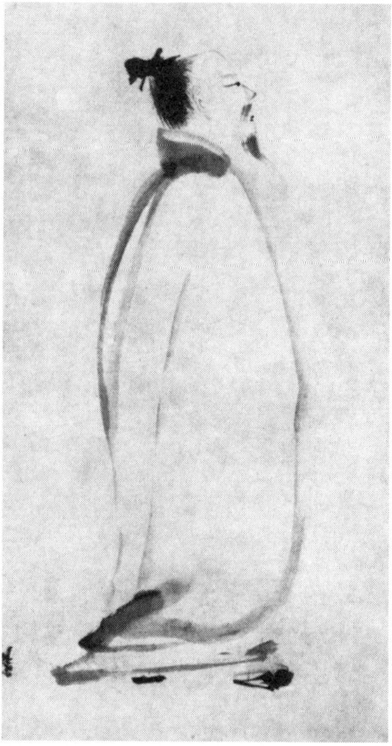

宋　梁楷《李白行吟图》

这方面的对照还可以列举很多，总之东西方文化的审美是有差异的。这种差异来源于不同文化的差异，它们的对照是很强烈的。中国美学重神，西方美学重形，是由这两种文化培育出来的。

今天我们似乎受到西方美学的影响更多，对于中国传统美学反而比较陌生了。在这里我稍微展开讲一点。什么是中国美学呢？这个问题很难用三言两语来回答。不过，回答什么是中国美学的问题，并不必然要撰写中国美学史或者中国美学体系，我们也可以三言两语来回答它。甚至，某些撰写中国美学史或者中国美学体系的人，并不一定能够清晰地勾勒出中国美学的轮廓，因而不能简明地回答什么是中国美学的问题。如果不是因为比较文化或者跨文化传播的需要，我们真有可能只是研究中国美学而不会提问什么是中国美学。我们只是有意识或无意识地使用中国美学，而无须确切地知道什么是中国美学。如果不拉开距离，对于自我的确难以获得清晰的认识，尤其是对于艺术、审美这些高度依赖个人趣味和文化习俗的事物来说，就更是如此了。

对于中国美学总体认识的困难，导致一些辞书中缺乏“中国美学”条目。比如，《斯坦福哲学百科全书》就没有收录“中国美学”，但收录了“日本美学”。撰写“日本美学”条目的作者帕克斯（G.Parkes）用物哀、侘寂、幽玄、粹、切等一组概念，就将日本美学的面貌清晰地勾勒出来了。我们能够仿照帕克斯用一组概念将中国美学的面貌勾勒出来吗？或者我们还有什么其他办法给出有关中国美学的核心信息吗？我想我们面临的困难是显而易见的。一些重要的辞书中没有收录“中国美学”条目，不是因为辞书编撰者对于中国美学存有偏见，而是我们自己对于中国美学的研究不够深入，同时也是因为中国美学博大精深而不容易概括。

也有一些美学工具书中收录了“中国美学”条目，比如库柏（D.Cooper）主编的《美学手册》中就收录了“中国美学”条目，不过是与“日本美学”放在一起构成“中国和日本美学”条目。作者德沃斯金（K.Dewoskin）将该条目分为三个部分：东亚美学的基础，中国论艺术和文学，日本论戏剧、文学和文化。在作为中国美学的核心部分“中国论艺术和文学”中，作者只是按照历史顺序讲到先秦乐论，陆机和刘勰的文论，顾恺之、宗炳和谢赫的画论，并没有对中国美学的特征作出概括，只是在第一部分“东亚美学的基础”中，在有些概括性的论述中揭示了中国美学的某些特征。德沃斯金认为：（1）东亚艺术的最高境界，是对美、情感直接和率真的表达，追求没有矫饰的自发性。（2）东亚美学对否定的感受力和宁静的外观有兴趣，将“大音希声，大象无形”视为艺术的最高境界。（3）尽管东亚艺术特别强调天赋，但是不像西方浪漫主义那样，突出原创、个性和个人情感的表达，而是强调对传统和规则的遵从。即使偶尔对传统和规则的背离，也是源于内在的精神动力，是更深层的内在和谐的体现。（4）东亚艺术中的创新，与其说体现在艺术作品中，不如说体现在艺术家的人格和生活中。艺术家的生活方式、人格修养、天赋异禀、技巧锤炼等，成为美学关注的中心。尽管这些概括不够全面，甚至有失偏颇，但是仍然给出了中国美学的某些重要信息。

凯利（M.Kelly）主编的《美学百科全书》中有了完整的“中国美学”条目。该条目分为三个部分，分别由三位作者完成。第一部分为“概述”，由苏源熙（H.Saussy）撰写。第二部分为“绘画理论与批评”，由卜寿珊（S.Bush）撰写。第三部分为“中国当代美学”，由王斑撰写。三位作者都是美国知名的研究专家，但遗憾的是，该条目没有对“中国美学”作出任何概括性描述。按理在“概述”部分应该有一些概括性描述，但是苏源熙除了提醒注意不同艺术媒介之间的交替和哲学取向的变迁之外，就直接进入历史叙述了。

苏源熙将中国美学史分为四个阶段：第一个阶段是公元前1000年至公元300年，大致相当于先秦两汉时期。第二个阶段是公元300年至1400年，大致相当于魏晋南北朝至元朝时期。第三个阶段是1400年至1911年，相当于明清时期。第四个阶段是1911年至2000年，相当于现当代时期。对于为什么作出这样的分期，苏源熙并没有作任何说明。苏源熙将第一阶段命名为古风时期，主要讨论礼乐制度，尤其是乐论。最后讨论了汉代的关联主义宇宙论，并试图用它来解释这个时期的乐论。苏源熙没有给第二个时期命名，只是描述性地将它称作“从‘清谈’到重建的古典主义”，主要讨论刘义庆的《世说新语》、刘勰的《文心雕龙》和严羽的《沧浪诗话》。对于小标题中的“重建的古典主义”这种说法，没有作任何解释。第三个阶段的标题为“重新评价日常性”，主要讨论明清小说及其理论，最后着重介绍王国维的《人间词话》和《宋元戏曲考》。第四个阶段的标题为“白话、大众和消费艺术”，讲到对西方小说的译介，白话文运动，木刻版画运动，《在延安文艺座谈会上的讲话》，朱光潜和李泽厚的美学，徐冰等人的当代艺术实践，等等。苏源熙为“中国美学”条目写的“概述”自始至终没有作出任何概括性的描述，对于借助《美学百科全书》来了解中国美学的读者来说，不能不说是一大遗憾。

当然，苏源熙之所以采取这种方式来撰写“中国美学”条目的“概述”部分，与他的研究方法和文化观念不无关系。受到德里达和德曼的影响，苏源熙并不是努力作出总括性的描述，相反的，而是致力于解构固定的看法，包括由汉学家们构建起来的对“中国性”和“中国美学”的固定看法。

苏源熙将解构概要性的看法视为自己的学术追求，将解构概览性的系统表述视为学术的胜利。认识到他的这种学术趣向，对于他撰写的“中国美学”条目的“概述”部分缺乏概括性的描述，就不应该有所苛责。然而，读者翻阅百科全书的目的，就是为了获得对某个研究领域或问题的概览性的系统表述，尤其是在其中的“概述”部分。苏源熙以反概述的立场和方法来撰写“概述”，其结果必然会让人失望。换句话说，用苏源熙的方法可以写出一本好的中国美学史，但不一定能写出一个好的“中国美学”条目。

与苏源熙不同，稻田龟男（K.lnada）不反对概要性的系统表述，而且他在《东方美学理论绪论》一文中作出相当成功的尝试。在稻田龟男看来，尽管我们今天已经有了各种各样的美学理论，但是没有任何一种美学理论具有绝对的确定性和普遍性。无论是西方还是东方，都没有一种美学理论能够涵盖所有的领域。稻田龟男承认，他所说的东方美学理论，指的是融合佛家和道家思想的美学理论。这也是他与苏源熙不同的地方。苏源熙的研究多限于儒家的解释学传统，稻田龟男的研究偏重佛家和道家的形而上学传统。如果说从儒家的角度来看，东西方美学的差距并没有那么明显的话，从佛家和道家的角度来看，东方美学的独特性是显而易见的。

在稻田龟男看来，东方美学的独特性基于东方形而上学的独特性。“如果要用一个词来概括佛家和道家形而上学，这个词就是‘活力论’（dynamism）。”换句话说，与西方形而上学建立在“存在”的基础上不同，以佛家和道家为代表的东方形而上学建立在“生成”的基础上，前者追求“永恒”，后者肯定“无常”。与专注于“存在”的西方形而上学一味肯定“有”不同，专注于“生成”的东方形而上学看重“有无相生”。

基于这种专注于“生成”的形而上学，东方美学追求“有”与“无”、“秀”与“隐”之间的张力和动态平衡，这与西方美学单纯注重“有”和“秀”等可感觉的领域不同。就像刘勰所说的那样，“情在词外曰隐，状溢目前曰秀”。“秀”是可感觉的领域，“隐”是不可感觉的或者说超越感觉的领域。“秀”与“隐”之间的张力，推动了审美经验的动态展开。与此相应，东方艺术体现出与西方艺术不同的美学追求。比如，以水墨画为代表的东方绘画，表面看起来像单色画，但是实际上水墨画中的黑白，表达的是对色彩不持偏见，意味着可以替换为任何色彩。在稻田龟男看来，最能体现东方美学精神的是受到禅宗影响的艺术，特别是日本艺术。帕克斯在《斯坦福哲学百科全书》“日本美学”条目中提到的那些范畴，被稻田龟男视为东方美学的代表。

尽管稻田龟男研究的领域是受佛家和道家影响的东方美学，因而没有将日本美学与中国美学区别开来，但是他从东方形而上学与西方形而上学的区别着手研究，试图从总体上揭示东方美学的特征，这种方法与苏源熙的解构主义解释学和修辞学的研究方法全然不同。就有效地给出“中国美学”的总体面貌来说，稻田龟男的研究方法似乎可以借鉴。

对于“中国美学”总体特征的把握，有不少中国美学家进行了有益的尝试。鉴于在这方面作出探索的中国学者较多，为了简明起见，我想以叶朗为例，梳理一下中国美学家在这方面的思考。在1985年出版的《中国美学史大纲》中，叶朗对二十世纪八十年代中期以前的流行观点进行梳理和批判性的分析，他重点分析了三种看法：第一种看法：西方美学重“再现”、重模仿，所以发展了典型的理论；中国美学重“表现”、重抒情，所以发展了意境的理论。第二种看法：西方美学偏于哲学认识论，侧重“美”“真”统一；中国美学偏于伦理学，侧重“美”“善”统一。第三种看法：西方美学偏于理论形态，具有分析性和系统性；而中国美学则偏于经验形态，大多是随感式的、印象式的、即兴式的，带有直观性和经验性。在叶朗看来，这三种流行的看法都犯了以偏概全的错误。叶朗提议，对于中国美学，应该先作深入的研究，后作总体的概括，而不是相反。尽管在撰写《中国美学史大纲》的时候，叶朗倾向于不对中国美学作总体性概括，但是他的一些总体性认识对于后来的中国美学史研究仍然具有极大的启发意义。比如，在研究对象上，他认为应该以“意象”为中心，而不是以“美”为中心。“在中国古典美学体系中，‘美’并不是中心的范畴，也不是最高层次的范畴。‘美’这个范畴在中国古典美学中的地位远不如在西方美学中那样重要。如果仅仅抓住‘美’字来研究中国美学史，或者以‘美’这个范畴为中心来研究中国美学史，那么一部中国美学史就将变得十分单调、贫乏，索然无味。”（《中国美学史大纲·绪论》）叶朗的这个认识对于中国美学史的研究非常重要。在我看来，正因为有了这种明确的认识，他的中国美学史的研究和写作才得以比较顺利的进行，而且其研究成果在国际上产生了重要影响。比如，叶朗对于中国美学的认识，对于德国汉学家沃尔夫冈·顾彬（W.Kubin）的中国文学史研究产生了重要影响。顾彬在《中国对于西方的意义》一文中说：“1994年我有机会到北京大学进行三个月的访学，有机会跟叶教授见面，他告诉我不应该从‘美’来看中国文学，应该从意象、境界来看，这完全有道理。这不是说我不能用西方的方法来分析中国文学，但是如果我们也能够同时从中国美学来做研究工作的话，那显然就能够加深中国文学作品的深邃和深度。所以我们需要中国的学者发现并指出我们的问题所在。叶朗是一个很好的例子，他说得非常具体。所以叶朗丰富了我对中国文学的印象，我从1994年开始在他的影响之下写了《中国文学史》。”在1988年出版的《现代美学体系》中，叶朗尝试将“意象”和“感兴”这样的中国美学概念运用到现代美学理论的建构之中，实现中国美学与西方美学的融合和对话。同时，叶朗也意识到从文化大风格上来总结中国文化审美特征的重要性，将受儒家影响的文化审美特征总结为

"中和"，将受道家影响的文化审美特征总结为"玄妙"，与西方美学中的"优美"和"崇高"形成对照。

到2009年出版《美学原理》的时候，叶朗对中国美学的特征有了更加清晰的认识，明确提出了"美在意象"的主张。"美在意象"的主张，不仅很好地支持了稻田龟男所说的东方"活力论"，而且与西方根深蒂固的"主客二分"架构拉开了距离。说它很好地支持了东方"活力论"，是因为"意象"不是一成不变的，而是始终处于动态生成之中；说它挑战"主客二分"的架构，是因为"意象"既不属于"心"，也不属于"物"，在西方"主客二分"的形而上学框架中找不到"意象"的位置。借用庞朴的术语来说，"意象"属于"形而中"，与它相对的是属于"形而上"的"道"和属于"形而下"的"器"。

在《美学原理》中，叶朗不仅对"意象"的本体论地位有了清晰的认识，而且对中国文化审美大风格的认识也有了推进。在《现代美学体系》中，叶朗用儒家的"中和"和道家的"玄妙"来对应希腊的"优美"和希伯来的"崇高"，到了《美学原理》，叶朗尝试用"沉郁""飘逸"和"空灵"来总结中国文化的大风格，将它们分别对应于儒家、道家和禅宗。叶朗指出："在中国文化史上，受儒、道、释三家影响，也发育了若干在历史上影响比较大的审美意象群，形成了独特的审美形态（大风格），从而结晶成独特的审美范畴。例如，'沉郁'概括了以儒家文化为内涵、以杜甫为代表的审美意象的大风格，'飘逸'概括了以道家文化为内涵、以李白为代表的审美意象的大风格，'空灵'则概括了以禅宗文化为内涵、以王维为代表的审美意象的大风格。"①

中国美学对于审美风格的区分非常细腻，有关概念众多，比如司空图的《二十四诗品》中就列出了二十四个概念，与此类似的还有《二十四画品》《二十四书品》《溪山琴况》等，用来描述审美风格的概念数以百计。不过，叶朗认为这些概念多数还不能成为审美范畴，因为它们还称不上是文化大风格。他之所以选出"沉郁""飘逸"和"空灵"三个概念作为中国审美范畴，原因是它们分别与儒、道、释三种思想文化紧密相关，因而是文化大风格。当然，至于审

① 叶朗《美学原理》，北京大学出版社2009年版，第321页。

美范畴是否一定是文化大风格的结晶，这一点尚可商榷，尤其是在推崇多元文化和鼓励艺术创新的今天，究竟允许多少风格概念成为审美范畴，是一个需要慎重考虑的问题。不过，用“沉郁”“飘逸”和“空灵”来取代之前的“中和”和“玄妙”，已经可以看出叶朗在这个问题上的思考有了推进。这里的推进不仅体现在范畴数量的增加，更重要的是体现在这些范畴与文艺实践的关系更加密切，尤其是与代表性的诗人结合起来之后，能够让人对这些范畴的内涵有更加直观的理解。沿着叶朗的这个思路进一步研究，说不定我们可以像帕克斯和稻田龟男用一组审美范畴概括出日本美学的特征那样，用一组审美范畴概括出中国美学的特征。这项工作还有待年轻学者来完成。

**（四）影响审美判断的个人策略**

个人策略也会影响审美判断。个人策略在某些领域里面体现得特别明显。比如，明星最怕撞衫。撞衫就说明自己的趣味与别人是一样的，而明星标榜自己的趣味与众不同，因此害怕撞衫。避免撞衫的唯一理由，就是要跟别人不同。这就叫个人策略。个人策略不仅在日常生活里有体现，在西方现代艺术里也有明显的体现，这叫作影响的焦虑。影响的焦虑是说艺术家特别担心自己的艺术里有别人的影子，只要看到有别人的影子就会焦虑。中国相反，特别担心自己的艺术里没有别人的影子，如果没有别人的影子就是胡来，不能称为艺术。

明星和老百姓的追求不太一样，1984年有部电影叫《街上流行红裙子》，如果我是一般老百姓，会拼命买一条红裙子。如果是明星，就一定要买条绿裙子。明星不能跟普通人一样。在这个领域里，个人策略容易渗透进去，以至于我们认为审美判断完全是主观的，没有什么客观性。其实是有的，有特别客观的生物学法则，也有在文化共同体里都尊重的文化习惯，这两点在我看来是客观的。

从总体上来看，个人策略在艺术领域里的运用，就是不断地挑战已经确立的规范，尽力别出心裁，追求新奇的效果。这通常被西方美学神化为天才的创造，在二十世纪的现代艺术中得到了明显的体现。现代艺术家所理解的创造，就是单纯的创新，不管它是否具有统一、秩序、和谐、永恒和精神性等价值。艺术创造被等同于永远求新的实验。

追求新异性，是现代艺术的一个重要的特征。正如E.H.贡布里希（E.H.Gombrich）所说："在谈'现代艺术'时，人们通常的想象是，那种艺术类型已经跟过去的传统彻底决裂，而且在试图从事以前的艺术家未曾梦想过的事情"。[①]现代艺术的这种特征，使得它好像从艺术发展的历史中游离出来的，如果说我们可以比较清楚地看到历史中各种艺术现象之间的前后影响关系，因而说它们构成了一部艺术史的话，我们在现代艺术中则看不到这种影响关系，各种新异的现象好像是平行展开的，它们是同时向我们展现的纷繁的群星，星座与星座之间没有关系。因此，贡布里希感叹，尽管将一部艺术史一直写到当前是非常有诱惑力的，但对于二十世纪的艺术史来说是尤其困难的，因为如果确实有什么东西标志着二十世纪的特征，那就是实验各种各样想法和材料的自由。

由于将创新视为艺术的最重要甚至是唯一的标志，二十世纪的艺术家有一种前人从未有过的影响的焦虑。一个艺术家仿佛只有标明自身的独创性，才能获得艺术家的身份。正如布鲁姆（H.Bloom）所说，"美学领域里每一次重大的觉醒似乎意味着越来越善于否认曾经受到过前人的影响；与此同时，一代一代的追逐声名者不断地将别人踩翻在地。"[②]为了标明这里的艺术是独创性的，艺术家们开始清洗自己身上的传统印记。如美国诗人华莱士·史蒂文斯（W.Stevens）在写给另一位诗人理查德·埃伯哈特（R.Eberhart）的信中说：

我非常同情你对我这方面的任何影响之否认。提起这类事总会使我感到刺耳。因为，就我本人而言，我从来没有感到曾经受到过任何人的影响；何况我总是有意识地不去阅读被人们拱若泰斗者如艾略特和庞德的作品——目的就是不想从他们的作品里吸收任何东西，哪怕是无意中的吸收。可是，总是有那么一些批评家，闲了没事干就千方百计地把读到的作品进行解剖分析，一定要找到其中对他人作品的呼应、模仿和受他人影响的地方。似乎世界上就找不到一个独立存在

① ［英］E.H.贡布里希《艺术发展史》，范景中译，天津人民美术出版社1998年版，第310页。
② ［美］哈罗德·布鲁姆《影响的焦虑》，徐文博译，三联书店1989年版，第4页。

的人，似乎每一个人都是别的许多人的化合物。[①]

在这些现代诗人和艺术家看来，他们的作品完全是独创的，即使在某些方面与过去的传统不谋而合，那也决不能说是传统影响了自己，最好解释为通过自己的独创发现了被人遗忘的传统。那位极具个性的史蒂文斯曾非常坦率地说：

当然，我并不否认我也来自“过去”，但是，这个“过去”是属于我自己的过去，上面并没有打上诸如柯勒律治和华兹华斯等人的标记。我不知道有什么人对于我具有特别的重要意义。我的“现实—想象复合体”完全属于我自己，虽然我在别人身上也看到过它。[②]

在史蒂文斯看来，在别人身上发现的那些与自己相似的特征，并不能证明自己受到了别人的影响，因为这可能只是一种偶然的相似。

对于现代艺术对创造和新异性的追求，西奥多·阿多诺（T.W.Adorno）的美学给予了很好的理论总结。不过，阿多诺对于新异性的理解是非常独特的，对此彼得·比格尔（P.Bürger）作了很好的分析。比格尔列举了历史上出现过的三种不同的新异性概念，即宫廷诗人、法国悲喜剧作者以及俄国形式主义者所追求的新异性。宫廷诗人只是在同样的主题和现成的基调的基础上追求有限的变异，法国悲喜剧者只是在追求一种令公众惊奇的效果，俄国形式主义者只是在追求新异的技巧。“在这三种情况下，新异性的意义与阿多诺在使用这个概念来表示现代主义时的意义有着根本的不同。在现代主义中，我们所拥有的既不是一种体裁（‘新’歌）的狭窄的限制中的变异，也不是保证惊异效果（悲喜剧）的图式，更不是在一个特定体裁的作品中文学技巧的更新。我们不是在发展，而是在打破传统。使现代主义的新异的范畴，与过去的、完全合理地运用同样范畴相区别的是，与此前流行的一切彻底决裂的性质。这里所否定的不再是在此以前流行的艺

①② ［美］哈罗德·布鲁姆《影响的焦虑》，徐文博译，三联书店1989年版，第5页。

术技巧或风格原理，而是整个艺术传统。”①由此可以看出，阿多诺所理解的现代艺术的创造，与美学史上出现的任何创造概念都不相同。现代艺术对新异性的追求与其说是一种创造，毋宁说是一种革命。由此，我们便不难理解阿多诺为什么对传统美学的灵感、天才和独创性观念持批判态度，因为这些传统的与创造相关的观念都是指艺术传统之中的创新，至少没有达到对整个艺术传统进行彻底否定的程度。

阿多诺的这种思想与他的否定辩证法有关。与黑格尔将辩证法理解为对立双方的和解不同，阿多诺的否定辩证法中没有和解，只有不断的否定。在阿多诺看来，最能体现这种否定辩证法精神的就是现代艺术。现代社会的工具理性使得整个社会现实都服从同一性原则，进而造成了现代社会的不公正性和虚假性。以通俗艺术为主体的文化产业不仅是工具理性的同一性思维的产物，而且麻痹人们对非同一性存在的敏感，让人们对工具理性的统治逆来顺受。现代主义艺术的革命性就体现在非同一性存在的拯救。现代艺术不仅颠覆了以往的所有艺术传统，而且还不断否定自身，体现了阿多诺的否定辩证法不断指向差异性的特征，因此阿多诺将人类解放的希望寄托在不断创新的、不断展示非同一性思维的现代学者身上。

弗朗索瓦·利奥塔（J.F.Lyotard）正是在这种意义上来理解现代艺术的。现代艺术精神就是一种不断自我否定的精神。“所有接受的东西都必须被怀疑，即便它只有一天的历史……塞尚挑战的是什么样的空间？印象主义者的空间。毕加索和布拉克挑战的是什么样的物体？塞尚的物体。杜尚在1912年与何种预先假定决裂？与人们必须制作一幅画——即便是立体主义的画——的想法。而布伦又检验了他认为在杜尚的作品中安然无损的另一预先假定：作品的展示地点。‘一代一代’以令人吃惊的速度闪过。”②

阿多诺这里所说的现代艺术和利奥塔所说的后现代艺术，也就是所谓的前卫艺术。不过，前卫艺术在不断实验中的自我否定会造成一种悖论，那就是最

① ［德］彼得·比格尔《先锋派理论》，商务印书馆2002年版，第133—134页。
② ［法］让-佛朗索瓦·利奥塔《后现代性与公正游戏》，上海人民出版社2018年版，谈瀛洲译，第138页。

终没有任何艺术可以称得上前卫艺术。正如霍罗威茨（G.Horowitz）指出的那样，“所有对前卫艺术的当代状况的负责任的探究，都必须认可那种艺术可能并不存在。这种非存在性对于许多人来说将是一个让人沮丧的消息，因为尽管前卫艺术这个概念可能什么也没有涉及，但许多作家和艺术家仍然继续投入其中，好像它照亮当代艺术和审美实践的能力是一种理所当然的事情。”（《牛津美学手册》）霍罗威茨进一步分析说：“如果前卫主义确实是一种艺术界现象，那么为什么‘前卫艺术’不具备有意义的概念内容就变得非常清楚了；更确切地，就像它的名字所显示的那样，它对一种趋势的前锋的选择，将威胁着要破坏其领域的完整性，‘前卫’意味着艺术世界机构以一种致力于隐藏在历史哲学的外表之下的目的的方式重新配置其状态（一种像艺术市场一样古老的现象）的发动机。遵照这种用法，就会产生这种古怪的结果：一个人可以很有理由地不再称呼当代抽象表现主义绘画为当代艺术的前卫，因为它现在被装置和影像艺术所统治。”（《牛津美学手册》）显然，今天最具前卫精神的装置和影像艺术在不久的将来又会被新的艺术形式所否定。由此，我们可以说有一种前卫精神，而很难说有一种前卫艺术。

事实上现代艺术对新异性的追求很难称得上是一种创造，因为创造一词不仅意味着标新立异，而且意味着具有正面的价值。根据阿尔佩松（P.Alperson）的总结，一般的美学家都会承认艺术中的创造性至少有三个相互关联的方面：第一，艺术中的创造通常被认为是某种具有正面价值的东西。‘创造的’（creative）一词无论是用于艺术家还是作品，都差不多总是一种荣誉性的术语，一种在适当的文化语境中具有肯定性评价的术语。尤其是艺术中的创造性被认为是艺术的完美性的一种重要性质或维度。第二，‘真正的’创造是一种十分稀罕的成就。……艺术中的创造性似乎要求一种或一组将艺术家与一般类型的人类区别开来的特别才能。第三，我们通常将创造性与独创性（originality）联系起来，与生产某种在某种重要意义上是新的或唯独的东西联系起来。

现代艺术对新异性的追求符合阿尔佩松所总结的创造的第三个方面的含义，但很难说符合第一方面和第二方面的含义。当然，如果要从根本上批判现代艺术的创造观念，我们需要一种关于创造的成熟的哲学理论，并以此为依据来界定创造的实质。个人策略有别于审美创造，个人策略是追求为不同而不同，而审美创造不一样，是追求有价值的不同。创造都是继承创新，没有继承很难有创新，个人策略和审美创造在理论上是可以区分清楚的。

总之，审美判断之所以显得复杂，是因为这三种因素都在发挥作用。不过，我想指出的是，这三种因素发挥作用的领域不同：在大众文化领域，更多遵守的是生物学法则；在精英文化领域，个人策略可能占的比重更大。

## 三 日常生活的审美化

随着生产力的发展，人类的基本生活需求基本满足了，可以进一步满足广大人民群众对美好生活的愿望了。于是，出现了日常生活审美化的现象。换句话说，现代化转向了审美化。

### （一）日常生活审美化的表现

日常生活审美化最直观的表现是外表的装饰。除了通过美容美发美妆等手段达到的个人装饰之外，整个社会环境也越来越重视装饰或者美化了，出现了城市景观。当建筑的成本超过一半用于装饰，或者说用于功能的费用占比不到总建筑成本一半的时候，整个社会就由现代化进入审美化了。经济生活审美化表现为符号具有价值，科学技术决定产品的质量，经济运作决定产品的价格，美学决定产品的符号价值。消费符号价值已经成为一种普遍的消费方式，生活方式本身也具有符号价值。动植物世界的审美化，在于基因技术的进步使得品种改良美化成为可能；社会现实的审美化，在于日益发达的传媒改变了社会现实，而社会现实经过传媒的叙事之后被故事化、审美化了，传媒对人的生活发生了实质性的影响，人们开始模仿传媒将日常生活故事化。伦理生活也审美化了。今天做一个好（good）人远没有做一个美（beautiful）人有吸引力，而且人们可以用虚拟的方式来实践自己的生活。

### （二）对日常生活审美化的批判

一些西方学者发现，审美化只不过是一种新的、更巧妙的控制形式，在表面的自由与轻松愉快的背后隐藏着政治的控制、资本的控制和技术的控制。在我看来，随着技术的持续进步，这些控制都会减弱，但是有一种控制会变得越来越强，这就是平均美的控制。审美化普遍采取的是平均美，这种美是有标准的、可测量的，而且只是引起纯粹感官愉快的，对于平均美的欣赏不需要任何审美敏感力。因此，审美化实际上是以美的名义扼杀审美敏感力，恰如弗朗西斯·福山（F.Fukuyama）在《我们的后人类未来》中写到的那样，这种平均美会导致“美的荒原”。为了抵制平均美，我们需要培养出真正的审美敏感力。

## 四 美好生活三要素

摆脱追逐平均美的最好方式，是恢复不可定义的美的本来面目，对于不可定义的美的欣赏，不可能给我们关于真善美的确定知识，但能够培养起我们面对真善美的三种行为方式：“生、爱、乐”。鉴于“关于真善美是什么”的问题处于无休止的争论之中，因此美好生活的三要素实际上是“生、爱、乐”这三种具体的行为方式，只要一个人做到了“生、爱、乐”，他就拥有了美好生活。“生、爱、乐”的关键就在于形成生活方式，而不能在空洞的知识当中活着。我们应当做的是先去追求美，才有机会真正知道美。“生”是一种“创生”，“生”比“灭”优先，是专注于眼前的、现在的事；“爱”是一种“融合”或“结合”，“爱”比“恨”优先；“乐”则是我们应当有的基本生活态度，“乐”比“忧”优先。审美教育如果有意义的话，就是使人获得艺术化的生命。在现实人生中，审美经验是一种最能体现“生、爱、乐”的经验，所以我们常说审美创造（生）、审美移情（爱）、审美愉快（乐）。在这种意义上，我们说审美化的生活是一种美好生活，艺术化的人生是一种美好人生。一个拥有美好生活的人是一个生动之人、豁达之人、快乐之人，是一个充分展示自己内在气质之人，因而是一个具有完整人格和独特风格之人。美好人生是一些同样的却又不一样的人生。

# 漫谈科技发展与创新思维

清华大学美术学院 徐迎庆

【内容提要】

通过设计案例分析来介绍如何通过多学科交叉融合实现创新设计与研究，结合清华大学未来实验室的实际工作，描绘“计算、传播、媒体、艺术汇聚合一”愿景，探索在跨学科交叉研究和技术创新中人文精神所起的重要作用，探讨在人才培养和学术科研方面注重人机物融合发展的新路径。

# 作者介绍

徐迎庆，工学博士，清华大学美术学院长聘教授，清华大学未来实验室主任。曾任清华大学美术学院信息艺术设计系主任，微软亚洲研究院主管研究员，微软—北京电影学院“数字化卡通与动漫联合实验室”联合主任。中国计算机学会会士、中国美术家协会会员、国际电器电子工程师协会(IEEE)高级会员。

今天，借这个讲座的机会，我想和同学们聊一聊学业和未来发展的事情。在创建、培育和运行清华大学未来实验室的过程中，我们一直在思考如何突破学科壁垒，不断探索未来，希望将未来实验室打造成为清华大学交叉学科领域的选育站、过滤器和孵化器。通过开展跨学科交叉研究和学术交流，组织团队针对人类认知、互动、逻辑产生影响的若干问题，开展科技创新研究，促进人机物融合的社会发展与变革，借助企业家精神和文化的融入，推动相关产业发展。

## 一　比专业更重要的是热爱和坚持

现在许多家长和孩子都在追热门专业，其实相比选择一个热门专业，更重要的是热爱和坚持自己所感兴趣的专业。有时我们很容易夸大专业的重要性，比如学生物的人会跟你说二十一世纪是生物的世纪，而学数学的人则说二十一世纪和二十二世纪都是数学的世纪，学化学的人又可能说二十三世纪是化学的世纪。其实上述说法都不确切，没有一个世纪只属于一门学科。如果这个世纪只属于一门学科，那么这个世纪一定也没什么希望，因为我们的世界本来就是一个靠多学科支撑的世界。各专业都需要自己的人才，需要顶尖的人才，特别需要一批人去尝试和努力，才会有所成就。

未来生物学的应用会非常广泛，物理学和材料学也会有大用。我不是学生物的，但对生物科学的应用有特别大的兴趣。很多人小时候都玩过一种游戏，就是在手臂上画一块手表，可惜这块手表是不会走的。我们现在做的一个项目就是在皮肤上喷出一块手表，而这个手表能靠生物电走起来，这里面就涉及生物学、物理学、生物医学和生物传感等学科技术。

学习任何一门学科到一定程度，都会让人觉得前面一片光明，背后是一段值得思考的回忆。如果你对自己所学的专业兴趣不很大，想放弃，建议你与其去学其他专业，还不如咬咬牙坚持下去。等到某一天你回头一看，也许会发现自己当年的坚持是多么正确。当然，如果特别不喜欢某个专业，换个专业也未尝不可。每年都有很多其他专业的学生转到我所在的信息艺术设计系。我们系设在清华美院，需要学习一定时间的编程，但依旧受到很多学生的喜爱。当然，也有本系同学转到其他专业的。

其实我不反对转专业，我自己也不是一个专业学到底的人。简单地给大家讲一下我个人的经历。我大学本科学的是数学专业，毕业后没有读研究生就直接参加工作了，第一份工作是做“有限元分析”（学机械学、土木工程的人都知道）。刚上班领导就问：你会编程吗？我说不会。他说不会编程能干什么呢？我说：那就学呗。于是我就玩命地自学，很快就学会了，一直做了七年，做得还可以。之后有一个机会，有一位老师，是一个数学家，也是很有名的画家，他问我是否有兴趣和他一起做动画，于是我就去了北方工业大学CAD中心，做了好几年的动画。中国第一部动画电影，第一部动画电视，第一个三维动画广告都是我们做的。所以我认为，努力做事，展现出自己最好的一面，这一点最重要。

一些同学不想学本专业的原因之一，就是专业课成绩不好。同样的学习，有的同学成绩好一点，有的同学成绩差一点，这个不用太计较。关键在于相信自己能把这个东西学好，并且坚持努力，成绩就一定会上来。而且，成绩也不是万能的。

## 二　创意创新来自身边

如果一个年轻人，坐在客厅的沙发上，忽然想站起来绕过茶几，从椅子和电视前面经过，走出家门，这是再平常不过的了。但如果我们把人物换一下，换成一个八九十岁的老奶奶，独居在家，想完成以上的动作，可能就没有那么容易了。是不是应该有人提醒她，您旁边有个椅子，小心点；不要碰到您前面的茶几，注意点儿。如果这个时候，能有一个人工智能助手关注她，跟她说话，提醒她不要出现意外，这就是一件很有意义的事了。

现在社会上一些人在教四五岁的孩子学编程，学做机器人，对此我并不赞同。我觉得相比让孩子四五岁就成为程序员，激发孩子的创造力更重要。让孩子善于对日常生活进行观察，并结合日常所需进行想象和创造。我希望孩子在小时候，知道有一个东西叫程序，未来可以用它做很多事情就够了。等孩子们大一点，上学以后，再去学编程都不晚。为此，我们实验室设计了很多小程序套件，当孩子们把积木车搭好以后，程序自动生成在屏幕上，形成一个图形用户界面。孩子们只要用手点一点这个界面，车就被激活了，就可以跑起来，这就够了。小孩子懂得激活屏幕上的小程序，让它动起来，就很好了。孩子们知道有一个东西叫程序，可以激活，将来如果他们喜欢，很快就可以学会。

近年来，我们和企业合作，做一些激发青少年好奇心、培养青少年创造力的项目。例如，过去孩子们学唐诗是通过读、写、背、默完成的。现在我们要在这些基础上，用积木把唐诗的意境搭出来。“千山鸟飞绝，万径人踪灭，孤舟蓑笠翁，独钓寒江雪。”这样一首脍炙人口的唐诗，让孩子们思考如何用积木把其中的意境搭出来。在这个过程中，孩子们会提出很多问题，如当小孩子拿着一个钓鱼人的模型开始构思搭建“孤舟蓑笠翁”的意境时，他可能会问：这个人是怎么来的？他的脚印去哪儿了？是不是因为他来的时间太长了，雪太大了，所以把脚印遮盖了？因为下雪，所以他要穿上蓑衣。孩子在自问自答中就解决了很多问题。再比如钓鱼肯定要站在江边而不能到江中间；如果是江面上结冰了，是不可以钓到鱼的；或者可以砸一个冰窟窿钓鱼？冰窟窿里的水应该和冰是不一样的颜色，那会是什么颜色呢？江水应该越深颜色越重吧？等等。孩子们一边问问题，一边讨论，一边搭唐诗的意境。等孩子们搭完后做测试，我们发现在这个过程中，这些玩积木搭唐诗意境的孩子与单纯读、写、背、默的孩子相比，所使用的词汇量比平时增加了93.5%。原来他可能只会说大地一片白茫茫看不见人影，现在他就会说雪下得太大，把原来大地上面的东西都遮住了，甚至把钓鱼的人来时的脚印也遮住了。再如，让孩子用积木搭另外一首唐诗：“鹅鹅鹅，曲项向天歌。”孩子可能就会问：什么叫曲项？是弯着脖子，还是直着脖子，直着脖子的鹅怎么叫？如果弯着脖子，鹅能叫得出来吗？他会提很多这样的问题。当孩子们一动手，问题就变得很不一样了，很多细节就会显现出来。我们希望通过这些项目激发孩子们去思考一些问题，答案老师肯定会讲的，但可能没有统一的答案，结果会有很多的差别。但在这个过程中，我们探索了如何让孩子更有效、更有创造力地学习。

我们现在打电话买火车票、机票，或者需要售后服务时，很多客服电话都是机器人接听的。在你心情不好的时候，你可能会觉得怎么是这样的服务态度，不冷不热的。它没法热，它就是一台机器。对此，我们就可以创新：我们可以通过对人类情绪的理解和分析，使机器和人类交流时更有情感，让机器的回答更具有人性一些，这样就可以使客户的心理感受好一些，服务效果也会更好。这样的创新，需要交叉学科的融合，至少涉及信息科学、语言学、心理学、声学、脑科学等。

## 三　坚守是一切创新的基础

十几年前我们去过一个盲人学校，其中一个盲人女学生给大家留下很深的印象。她渴望通过电脑和外界进行交流，但是她只有一点光感，所以她每天就把头贴在屏幕上。如果你没去过盲人学校，就根本不知道普通人学习知识的方式，对于盲人来说是多么困难。我们当时就想，能不能研制出供盲人使用的计算机。我们先组织团队学习盲文，学着用盲文做笔记，发现其实很难；我们也试着蒙上眼睛在屋里待一天，模拟全盲一天的生活，感觉非常不好。在这之后，我们与一些盲人进行了多次沟通，也和专家进行了很多的讨论，搜集了大量的资料，然后尝试研制一台专供盲人使用的计算机。

全球至少有22亿人视力受损或失明，远远超出了我们的想象。现在越来越多的国家，推行让有条件的学校接受盲人和普通学生一起学习，盲人学习的课程和普通学生的几乎一样，他们也要学代数、几何、物理和化学，有的甚至还要学医学，如很多盲人学习按摩。完成如此多的学习任务，对盲校老师和盲人学生都是很大的挑战。长期以来，盲人可以通过语音和盲文阅读来帮助学习，盲人阅读盲文的速度非常快，但他们在学习过程中对图形和图像的认知、理解始终是一个难点。现在互联网越发达，盲人离这个世界就越远，网上大部分信息都是用视觉图像来表示的，让他们融入互联网就显得非常重要和必要。当然也有一些辅助盲人学习的设备，但价格非常高，很少有人买得起。

为了解决这个问题，我们开始做关于触觉的认知研究。人体皮肤表层有不同的触觉传感器，可以接触到不同的信号。人体皮肤对外界的刺激反应非常敏感，分辨度也很高，如手指的分辨率。针对这些研究，我们用了将近十年时间设计开发了一种面向盲人学生的相对低成本的触觉图形显示器，也就是俗称的“盲人用计算机”，在它上面可以渲染内容丰富的触觉图像，可以作为盲人学习图形和图像知识的辅助工具，它能够显示物理和化学方程、几何图形以及一些艺术品。显示器的屏幕由触觉点阵排列组成，类似于普通显示器的像素排列结构，盲人学生可以通过触摸和按压图标来选择学习的内容；还可以通过使用盲文键盘或使用语音识别来录入文字，文字可以盲文的形式显示在专为盲人学生设计的触觉图形用户界面上。在课堂之外，触觉屏显示器可以被广泛应用，帮助盲人获取更多的知识，比如博物馆里的展品可以通过显示器的方式显示出来。这种设备利用储存的有关产品的图像和文字信息，在屏幕上生成相关的触觉图像，盲人可以通过触摸来学习和理解。这种设备还可以用于网络社交平台，可以在设备上登录即时通讯应用后，与好友交流，并以触觉图像的形式来分享信息。它为盲人提供了一种新的网页浏览和交互方式，通过文字和访问之间的自动转换，可以将普通网页上的内容，以适合盲人理解的方式显示在设备的触觉点上。比如网上购物，在触觉辅助的指导下，盲人朋友可以更好地了解产品的图形细节，从而理解产品。他们还可以参考产品的描述，用户评价等文字信息，来帮助实现购买体验。触觉图形显示器能为视觉受损者提供帮助，成为他们学习和生活中的好帮手。我们曾让一个盲人女同学用该设备的模拟器给她的同学在网上买了一个水杯作为礼物，那个女同学特别激动，说这辈子也没想到有能力去上网买东西，还能自己选择。那一瞬间，我们在场的所有团队成员都非常激动，觉得这十年没有白干，觉得能做一点帮助他人改变生活方式的事，很骄傲。

讲到这里，我们可以说说学科交叉的重要性了。这项研究，是任何单一学科都无法完成的。光靠计算机技术不行，光靠光学研究或者医学研究也不行。这项研究，至少需要计算机、光学、医学、神经科学、脑科学、艺术学、物理学等多个学科的配合。经过十年的不懈努力，我们最终把这台计算机做出来了，而且是按照我们的设想做出来的。计算机放在一张桌子的中间，显示器旁边是功能键，前面是音箱，底下是一个盲文键盘，现在已经做到第四代，可以批量生产了。

我们一直在做盲人触觉认知的系列研究，做了一些认知区域的比较，搜集了各种各样的数据，研究可能会推进对人脑认知的理解，以及人类对图像的理解。我们普通人读文字的时候，大脑中负责图像的区域会被激活。我们通过实验研究证明，盲人阅读盲文的时候，他的图像区域也会被激活，这是非常有意思的事情。如果这个项目能够坚持做下去，坚持十年、二十年就厉害了。这个世界上没有多少人能在一件事情上坚持十年或以上，但事实证明，只要坚持下去，就大有可为。

下面再讲一讲我们关于嗅觉的应用研究。大家都知道人有五感：触觉、视觉、听觉、味觉、嗅觉。现在关于触觉、视觉、听觉的研究和应用已经有人做了，味觉和嗅觉还没有人做。味觉有点难，研究嗅觉的人也很少。嗅觉研究涉及很多领域的科学技术，如材料学、精密仪器、数据科学、心理学和化学等，可查阅的有关嗅觉的资料也比较少。但资料少并不是坏事，起码意味着这件事儿没什么人做。有几种可能：一是太难了无法做；二是人们还没顾上或者还没有意识到；三是虽然意识到了，也大概知道怎么做，但条件不成熟，没办法让它落地。几种可能都存在，我们想那就试试吧。我们就组成团队，有学电子的、化工的、化学分析的，还有学工业设计、心理学的，总共七八个人。很快研究就取得了较大的进展。其实，嗅觉传感器对大家来说也不是什么新鲜的东西，烟雾传感器就是一种嗅觉传感器。但如何让气味数据化、电子化却是一个挑战。

人工嗅觉系统，涉及气味识别算法、气味数据库和电子信息技术探索等很多方面，还有很多实践的要求，如对于水果腐败的检验就需要多感官融合，检测起来非常复杂。美国发明家亚历山大·贝尔在1914年就说过，检测气味是一个世界难题。一直到五十年以后的1964年，一些科学家利用金属氧化物和半导体来进行氧化还原反应，才开始进行气味的检测。再往后，到了二十世纪八十年代，英国有教授提出来用传感器阵列模式识别不一样的味道，这是最早的气味识别研究。气味电子鼻的基本原理就是对气味进行组合编码。我们人类可以闻出上千种不同的气味，我们希望能把人类嗅觉、生物嗅觉和人工嗅觉融合在一起，对不同气味进行判断和识别。研究电子鼻的目的，是让它完成一些特定的任务，识别多成分混合的化学物质。

我们也希望把气味检测装置用在人类的健康护理上，比如养老院、医院里对老人、病人的护理。有一些老人或病人，生活不能自理，如果借助气味传感器，闻到不好的气味后，马上通知护工进行清理，会让这些人的生活质量得到提升。

我以上面这些研究为例，是想说明：第一，单独的学科，不可能包打天下，很多创新研究，往往都是多学科融合交叉完成的。同时，只有不同学科之间不断交流、不断碰撞，才有可能产生新的想法。可能有人说，人文学科是没有“实用”价值的学科，其实，文学能激发人的想象力，哲学能提升人的思辨力，史学有利于我们从人类文明中汲取智慧，这些学科都是未来创新不可或缺的学科。第二，坚守是非常重要的，凡事持之以恒，就有可能做成别人做不了的事情，就有可能取得超出常人的成就。

## 四　正确把握创新发展的趋势

现在人工智能在各个领域都发展得很快，工业机器人已经得到广泛的应用，机器人能够代替人类从事繁重的劳动。我曾带学生去保时捷、奔驰和宝马公司参观，看到他们的生产线上都是巨大的机器人，令人震撼。人和机器有了分工，机器干机器的事儿，人干人的事儿。像卓别林的时代，人还要在生产线上不断地拧螺丝，装小零件。今天因为有了机器人，我们可以不用干这些简单的重复劳动，而去做一些其他的更有创造性的、更有意义的事情。

我认为，人工智能就是人类造出来的智能，或是机器智能，而不是人类智能的模拟或者镜像。今天的人工智能可以解决很多带有规则性的问题，比如说下棋的阿尔法狗。大家知道，阿尔法狗下围棋很厉害，但如果我们换个地方开始下跳棋，阿尔法狗可能就懵了。当然我们人类也可以让它学习如何下跳棋，然后它可能依旧把人类杀得一塌糊涂。下棋不是一个简单的复盘，它是一个空间的搜索能力，有很多时候需要发挥你的想象力和决策力。虽然今天阿尔法狗打败了人类棋手，但也许再过几年，人类棋手又会把阿尔法狗打败，其实人类和机器在共同进步。

人工智能在艺术领域方面也有出色的表现。今天的计算机甚至可以画出非常漂亮的画。我有一个博士后，是学计算机的，他非常喜欢用机器人画画，在某次中央电视台的节目上，他用机器人画的“虾”挑战两个艺术家的作品，请观众投票，结果大部分人都投给了机器人，这也算是计算机战胜了人类。但迄今为止，计算机创作不出艺术作品，因为艺术品是有情感的东西。当你画一幅画的时候，其实你是把对这个世界或某一事物的理解，以及你赋予这些事物的一些内心情感放在画作里面了，而机器做不到。计算机画的东西，仔细看还是可以看得出来的，因为它没有灵魂，没有那些非常细腻的人性化的表现，因为这些东西机器目前是不懂的。机器所接受的是一些数据，机器做的是数据处理，而我们人类画家做的是数据处理+人类情感。

机器人画家实际上是计算机视觉、大脑处理、人工智能和图像处理结合在一起的计算机图形系统。它不能与人的能力和智力相匹配，再过五十年或者更长时间，可能依旧如此。无论人工智能发展到何种程度，都不可能完全取代人。

## 五　终身学习，永不停步

做科研是需要付出的。新冠肺炎疫情爆发后，我们的医生们非常了不起，冒着随时可能被感染的危险，救治一批一批的病人，这些人就是我们的英雄。在这些人身上，体现了我们平常说的社会责任和社会担当。

你们今天的学习态度，决定着这个国家的明天，我希望大家仔细想一想。希望大家能够努力学习，大学四年的学习态度决定了你以后四十年的工作状态。四年期间你学得好、很努力，后四十年你的生活状态以及你周围的状态，以及你所在的团队状态是完全不一样的。这是我对大家的一点小的希望，希望各位将来比我们现在做得更好。

# 后 记

2020年秋，我受北京石油化工学院聘请，担任人文社科学院特聘教授，负责学校原有的清源书院的工作，规划学校的人文通识教育课程，提升这所工科学校大学生的人文素养。为此，我策划了一个提升学生人文素养的系列名家讲座，拟出讲座专家和讲座内容后，受到了校领导的充分肯定和支持，校党委刘颖书记和时任校长的蒋毅坚教授亲自审阅了我初步拟定的系列讲座设计，决定秋季学期以课程形式举办十次讲座，并决定以后每年秋季学期举办十次。蒋毅坚校长还委托我为系列讲座取一个名字。我想我们有一个很好的书院名字，就用书院来命名吧，于是取名为“清源书院人文素养大讲堂”。

我随即向各位专家发出邀请，特别幸运也特别感激的是，得到了多位知名教授的大力支持。

我们确定的系列讲座的宗旨是：使学生增长人文知识，开阔人文视野，陶冶高尚情操，弘扬中华优秀传统文化，活跃校园人文氛围。为此，经过与每位受邀专家的协商，确定了讲座的内容，并根据听讲者为理工科高校本科生这一特点，要求讲座尽量做到基础性与专业性相结合，通俗性与学术性相结合，趣味性与知识性相结合。

感谢各位主讲专家慨然接受我们的聘请，感谢各位主讲专家慨然提供演讲稿给我们。正是各位主讲专家的不吝支持，我们的系列讲座才能够持续进行，才会有本书呈现给各位读者。

“清源书院人文素养大讲堂”系列讲座得到了北京石油化工学院领导的高度重视，也得到了学校多个部门特别是教务处、人事处、校办、宣传部的大力支持。人文社科学院为精心组织系列讲座投入了大量精力，时任院长的闫笑非教授每次讲座均到场，并主持了两场讲座。杨钟红副院长每次讲座前都提前到场安排场所，检查设备，并设计了非常有效的课堂管理程序。人文社科学院先后两任党委书记曾卫兵老师和王荣霞老师也多次到现场听讲座，有效保证了大型课堂的管理秩序和讲座效果。人文社科学院青年教师陶丽博士为讲稿的收集整理付出了大量的精力，在此一并表示衷心的感谢！

收录于本书的十篇讲演稿，是各位主讲专家根据讲座录音重新整理修改而成的。根据出版社的要求，本人对部分讲演稿做了少量的字句调整。由于自身知识结构和水平的限制，主编这样一本文集，对我来说，能力是远远不够的，书中存在的不足和疏漏，概由本人负责，并请各位主讲专家原谅，请读者批评指正。

感谢中国教育出版传媒集团有限公司的李云龙先生帮助联系语文出版社出版本书，感谢责任编辑康宁女士认真细致地审读、编辑文稿。

杨荣祥

2021年12月21日